CHINESE FARMER COOPERATIVES DEVELOPMENT REPORT 2019

基金支持

1. 浙江大学"高峰学科建设计划"——农林经济管理

2. 浙江省社科规划青年课题（20NDQN288YB）

编写组

顾　　问	黄祖辉
主　　编	徐旭初
编审人员	郭红东　梁　巧　吴　彬
	金建东　吴儒雅　余凤洁
责任编审	吴　彬

中国农民合作社发展报告 *2019*

浙江大学 CARD 中国农民合作组织研究中心 / 编著

ZHEJIANG UNIVERSITY PRESS
浙江大学出版社

序　言

　　农民合作社是农业生产经营者在我国农村基本经营制度基础上自愿联合、民主管理的互助性经济组织,是在我国"三农"治理进入新阶段后承继农村改革发展的一项重大制度改进。当前,在实施乡村振兴战略,加快推进农业农村现代化的新的时代背景下,党中央、国务院高度重视农民合作社发展。习近平总书记多次做出重要指示,指出"要突出抓好农民合作社和家庭农场两类农业经营主体发展,赋予双层经营体制新的内涵,不断提高农业经营效率"①。党的十九大和多个中央一号文件都对农民合作社在新时期的发展提出了明确要求。

　　为客观反映和中肯评述当前我国农民合作社的发展状况及其突出问题,浙江大学 CARD 中国农民合作组织研究中心编写了《中国农民合作社发展报告 2019》一书。本书虽然定位为年度发展报告,但实际贯穿近三至四年,尤其是着重衔接了前作——《中国农民合作社发展报告 2016》(浙江大学出版社,2017 年)。

　　在中国农村改革 40 周年及 2017 年修订的《中华人民共和国农民专业合作社法》正式实施的基本背景下,本书首先简要陈述了我国农民合作社发展取得的显著成效,并分析了在我国农业转型这一数百年未遇之大变局下农民合作社的未来发展趋势。同时,围绕合作社规范化建设这条主线,分别对 2017年修订的《中华人民共和国农民专业合作社法》进行解读,对农民合作社的规范化建设议题进行检视,并聚焦"空壳社"专项清理工作,甄选了近年来关于"空壳合作社"问题的主要讨论观点。其次,围绕党的十九大提出的"实现小农户和现代农业发展有机衔接"的重要论述指引,本书甄选了二十余篇近年来关于小农户和现代农业发展有机衔接问题的主要讨论观点。再次,理论是灰色

---

① 习近平.把乡村振兴战略作为新时代"三农"工作总抓手[J].求是,2910(11).

的,而实践之树常青。本书还特别选取了北京市奥金达蜂产品专业合作社等10家涵盖各主要类型的农民合作社案例,就其基本情况、主要做法及主要成效进行分析。第四,为方便广大读者查阅,本书还系统梳理了2016年至今的农民合作社相关政策法规,对相关政策要点进行摘编。最后,面对近年来我国农民合作社近乎汗牛充栋的研究文献,经过中心研究人员推荐、关注度检索和转载引用情况等方面综合考量,在《中国农民合作社发展报告2016》基础上继续遴选推出了"最值得推荐阅读的农民合作社研究论著(2007—2016)",以及"最值得推荐阅读的农民合作社研究论著(2016—2018)",以飨读者。

本书的编写人员均为中心长期从事农民合作社研究的资深学者和青年学者,保证了本发展报告应有的质量和水平。尽管如此,由于种种原因,本书难免存在不当和疏漏之处,敬请各界同仁批评指正。

《中国农民合作社发展报告2019》编写组

2019年8月

目录
CONTENTS

2016 年

2017 年

第一章
新阶段、新功能与新发展
——中国农民合作社发展述评*

一、农民合作社发展现状及趋势

(一)农民合作社的发展现状①

在实施乡村振兴战略,加快推进农业农村现代化的时代背景下,党中央、国务院高度重视农民合作社发展。习近平总书记多次做出重要指示,指出"要突出抓好农民合作社和家庭农场两类农业经营主体发展,赋予双层经营体制新的内涵,不断提高农业经营效率"。党的十九大和多个中央一号文件,都对农民合作社发展提出了明确要求。为贯彻落实党中央、国务院关于突出抓好农民合作社、促进农民合作社规范提升的部署要求,农业农村部会同有关部门和单位,建立健全法律制度,强化政策扶持,加强指导服务,促进了农民合作社快速发展。其中,修订后的《中华人民共和国农民专业合作社法》(以下简称《农民专业合作社法》)自 2018 年 7 月 1 日起施行;农业农村部启动农民专业合作社质量提升整县推进工作。这些都意味着农民合作社既面临着可持续发展的广阔空间,也已到了提质转型的关键阶段。同时,毋庸讳言,2018 年也是农民合作社备受质疑的一年,一些媒体纷纷对所谓空壳合作社现象提出质疑,认为"八成合作社成空壳",一时间,众说纷纭。在合作社发展数量持续快速扩张,目前总量已超 200 万家的背景下,存在大量的空壳合作社确实给合作社整

---

* 执笔人:徐旭初(浙江大学中国农村发展研究院)、吴彬(杭州电子科技大学法学院)。

① 在中国语境中,农民合作社在狭义上主要指农民专业合作社。

体形象造成了不利影响。

总体而言,我国农民合作社取得了蓬勃的发展和显著的成效,呈现出如下特点:[1]

1.合作社的数量、规模与带动能力持续增长

截至 2018 年,全国依法登记的农民合作社总数达到了 217.3 万家,与 2007 年相比增加了近 83 倍,2014 年首次突破 100 万大关,年均增加合作社数量约为 19.5 万家,年均增幅为 64%,但增速逐步放缓(详见图 1.1)。同时,农民合作社资产、营收已经达到相当规模。《农民日报》三农发展研究中心的调查数据显示,在 555 家有效样本中,2017 年合作社营业收入社均约为 2329.07 万元,可分配盈余达到 338.48 万元,社均盈余返还额 213.91 万元,社均期末贷款余额 138.33 万元。其中,合作社社均农民(出资、入股)成员数约 263 户,社均服务农户数约 2618 户。合作社带动能力也不断增强,实有入社农户超过 1 亿户,辐射带动全国近一半的农户。而且,农民合作社表现出了较强的带农增收能力。在接受调查的合作社当中,能够带动入社农户户均增收 2000～4000 元的合作社达到 40.2%、2000 元以下的 21.8%、6000 元以上的达到 19.4%,4000～6000 元的达到 18.6%。

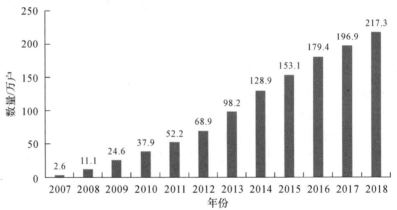

图 1.1　农民合作社数量情况(2007—2018 年)

资料来源:根据国家工商总局和农业农村部发布数据整理。

---

[1]　部分参考自:杨久栋,纪安,彭超,饶静.2019 中国新型农业经营主体发展分析报告(二)——基于农民合作社的调查和数据[N].农民日报,2019-02-23.

2.合作社在发展模式、产业领域和服务功能上呈现多元化

合作社在发展模式上集中生产要素和资源配置,提高农民经济效益;在产业领域上向休闲农业等新业态延伸,拓宽一、二、三产业融合发展空间;在服务功能上完善社会服务机制,满足农业市场双向需求。

从合作社经营活动类别上看,在 682 个有效样本中,77.1%的合作社从事种植业;34.9%从事养殖业;从事农畜产品加工、营销的合作社占比分别为12.8%、18.9%;还有 14.4%的合作社从事农资经销;从事休闲观光农业的合作社占比为 18.3%;从事农机、农技等服务,农副产品加工利用的合作社占比相当,分别为 19.1%和 19.4%;而从事乡村旅游服务、电子商务运营平台及其他经营活动的合作社比例较低。从事的行业为两个或两个以上的合作社占比为 60.7%。

从合作社为社员提供的服务上看,八成以上的合作社提供农产品销售服务。调查发现,在 682 个有效样本中,为社员提供农产品销售服务的最多,比重为 80.6%,另有 78.9%的合作社为社员提供农业技术培训服务,提供良种引进和推广服务、农业生产资料购买服务的比重相当,分别为 73.6%、73.5%。从整体上看,合作社为社员提供的服务类型多,但在购买农业保险方面稍显不足(占比仅为 23.0%)。另外,在农产品加工服务、农产品运输及储藏服务方面也略有欠缺(占比分别为 46.0%、48.2%),还有 1.3%的合作社未提供过任何服务项目。

农民合作社不断引入新技术,发展新业态。就合作社从事新业态情况进行分析,在接受调查的合作社中,从事生态农业的最多,其比重达到 49.0%。从事循环农业、休闲观光农业的占比次之,分别为 37.0%、30.2%。从事会展农业的最少,其比重为 5.1%。另外,有 43.8%的合作社从事两种及两种以上新业态,有 19.8%的合作社未发展新业态。

在电子商务方面,专业合作社使用互联网购买生产资料、农产品和使用互联网销售生产资料、农产品的行为均高于预期,有一半以上的合作社已使用互联网来购买、销售生产资料和农产品。具体来看,无论是使用互联网购买生产资料、农产品,还是使用互联网销售生产资料、农产品的合作社数量,均要高于未使用互联网购买和销售生产资料、农产品的合作社数量。使用互联网购买生产资料、农产品的合作社数量要比使用互联网销售生产资料、农产品的合作社数量高出 11.9 个百分点。

虽然专业合作社在开展农产品电子商务的广度上有所提高,但专业合作社在开展农产品电子商务的深度上仍处于较低水平,即专业合作社使用互联

网购买或销售过农产品、生产资料的比重不高。在使用互联网购买过生产资料、农产品的 427 家合作社中，购买比重不足 30％的合作社占到调查总体的 67.2％。在使用互联网销售过农产品、生产资料的 346 家合作社中，销售比重不足 30％的合作社占到调查总体的 67.6％。具体如图 1.2、图 1.3 所示。

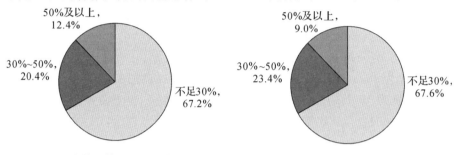

图 1.2　合作社使用互联网购买过
生产资料、农产品的比重

图 1.3　合作社使用互联网销售过
生产资料、农产品的比重

　　在对使用过互联网销售生产资料、农产品的合作社进行统计分析后发现，合作社使用互联网销售生产资料或农产品的途径主要集中在入驻第三方电商平台和其他途径上。其中，合作社通过入驻第三方电商平台进行网销的比重最大，有效占比约为 77.7％；通过其他途径（如社交平台、微信朋友圈等形式）网销的占比其次，为 60.1％；通过自建手机 APP 电商平台和自建门户网站电商平台的合作社数量基本持平，有效占比分别为 37.3％、34.1％。有 37.6％的合作社通过两种及两种以上的网销途径销售生产资料和农产品。

　　对专业合作社未进行过"网购"或"网销"的原因进行统计分析后发现，影响专业合作社参与电子商务的因素较多，不懂电商平台使用和网络经营技巧，相关物流服务不完善，市场费用、推广费用较高，合作社生产规模小导致无法满足电商平台需求等因素在不同程度上制约着专业合作社开展电子商务，其中不懂平台使用和网络经营技巧是影响合作社参与电子商务的主要因素。

　　2015—2017 年来，八成以上的合作社引进新技术、新设备，分别用于种养、管理、加工和营销环节。在 584 家引进新技术、新设备的合作社中，近六成合作社将新技术、新设备用于种养环节上，在加工、管理、营销方面依次递减，分别为 25.1％、11.2％和 6.3％。具体如图 1.4、图 1.5 所示。

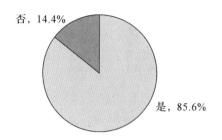

图1.4　2015—2017年合作社
引进新技术、新设备的情况

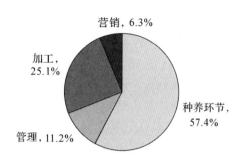

图1.5　引进新技术、新设备的
使用环节情况

近年来,农民专业合作社已由单一的生产经营向多种经营和服务的综合化方向发展。例如"滴滴农机",通过"互联网＋农业"发展方式,开拓农资购买、农产品销售、金融等一系列服务。此外,部分合作社为解决农户融资难、融资慢、融资利息高等难题,积极开展内部信用合作,为成员提供融资服务。有的合作社还以"龙头企业＋合作社""合作社＋农户"等担保模式,通过互保互益、共担风险的形式,为农户提供信贷担保服务,提高合作社及成员的还贷能力。

3.合作社的标准化生产、品牌建设和质量认证水平持续提升

随着我国进入上中等收入国家行列,城乡居民消费结构不断升级,对农产品的需求已经实现从"有没有""够不够"向"好不好""优不优"转变。据农业部统计,全国农产品质量安全例行监测合格率连续5年稳定在96％以上,绿色农产品、有机农产品和地理标志农产品数量达到3.6万个。因此,面对市场需求的新变化,大部分合作社已实行标准化生产、品牌化销售,逐步开展农产品质量认证。

目前,根据观察点体系合作社调查682个有效样本中,已有90.8％的合作社实施了标准化的生产和服务。有63.9％的合作社拥有自主品牌,其中22.0％的合作社能够拥有两个及两个以上的品牌,但仍有36.1％的合作社没有自主品牌。有71.1％的合作社注册了商标,有20.7％的合作社能够注册两个及两个以上的商标。具体如图1.6、图1.7所示。

从合作社在生产经营过程当中执行农业标准级别方面来看,有26.1％的合作社能够执行国家标准;执行农业行业标准的合作社占比最大,为32.7％;执行地方标准的合作社占比为16.0％;执行企业标准、自有标准和其他标准的合作社占比依次递减,分别为9.7％、7.5％和1.8％;仍有6.3％的合作社

未执行任何农业标准。

六成以上的农民合作社开展了农业产品认证，保障农产品质量安全，保证地理标志农产品的品质和特色，提升农产品市场竞争力。就合作社生产农产品认证类别来看，在接受调查的合作社中，通过无公害农产品认证的最多，其比重达到42.4%；通过绿色食品认证、农产品地理标志认证、有机食品认证的依次递减，分别为24.0%、14.4%和11.1%；通过其他农产品认证标志的最少，其比重为7.5%；另外，仍有32.3%的合作社未通过任何农产品认证。

4.合作社的社会责任意识不断加强

随着农民合作社规范化水平不断提高，越来越多的合作社主动承担社会责任。农民合作社不仅在农民

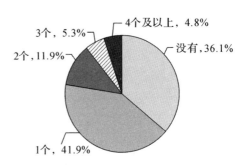

图 1.6　合作社拥有自主品牌数量的情况

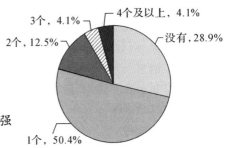

图 1.7　合作社注册商标的情况

增收、农村稳定、农业增效方面肩负了重要责任，充分发挥了"领头雁"的作用，更肩负起质量安全标准、绿色发展、公共服务、精准扶贫等方面的社会责任。在我国社会发展的进程中，农民合作社始终把"服务"的落脚点扎实定位在"三农"范围内，其扮演的角色更多，承担的责任也随之更重。

在农产品标准化工作和质量安全方面，农民合作社普遍建立了相关的质量安全控制措施。在对合作社进行农业标准化工作情况统计分析后发现，仅有3.5%的合作社未做过任何农业标准化工作，有83.0%的合作社做过两项及两项以上的农业标准化工作。具体来看，六成以上的合作社均进行了规范使用农产品投入、建立农产品生产记录、宣传培训标准化生产、检测农产品质量安全状况，比重分别为68.3%、67.9%、65.5%和65.0%。完善产品标准体系、农产品追溯体系和其他标准化工作的比重依次递减，分别为53.7%、40.0%和6.0%，可见农产品追溯体系、质量安全监控方面仍要进一步提高，这也是政策支持可以考虑的方向。

在带农增收方面，大部分合作社都能够通过分红、二次利润返还等方式带农增收。参与调查的合作社中，2017年有61.6%的合作社进行过分红，有

41.5%的合作社过对社员农户实施二次利润返还。具体如图1.8、图1.9所示。

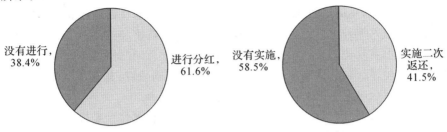

图 1.8　接受调查合作社
2017 年分红情况

图 1.9　接受调查合作社 2017 年
二次利润返还情况

在提供农村社区公共服务方面,合作社积极参与基础设施建设、文化建设并且扶难济困。参与调查的合作社中,有53.5%的合作社提供过农村社区基础设施建设,有28.9%的合作社为农村社区文化建设做出过贡献,有66.3%的合作社为社区内的困难群众提供过帮助。但是,也应当看到,有6.3%的合作社在农村社区公共服务方面投入不足。此外,合作社在精准扶贫中也发挥着重要作用。通过整合贫困户的资源,如土地、资金、劳动力等方式,保障贫困户权益,帮助他们逐步走上现代农业的道路,解决"小农户"与"大市场"衔接难的问题,实现市场"弱者"向"强者"的转化,从而夯实贫困户脱贫致富的基础,促进农业、农村长远发展。

实践证明,农民合作社在组织带动小农户、激活乡村资源要素、引领乡村产业发展、维护农民权益等方面发挥了重要作用,已成为实施乡村振兴战略、助力脱贫攻坚、把小农户引入现代农业发展轨道的重要力量。但是,从总体看,我国农民合作社仍处于发展的初级阶段,呈现"大群体、小规模"的特征,农民合作社数量众多,但单体规模普遍较小,实力较弱,在组织带动小农户进入大市场时,还面临着种养技术集成水平不高,产销衔接不够紧密,加工流通能力不强,缺乏品牌宣传平台,融资难、融资贵等困难和问题。①

(二)农民合作社的发展趋势

当前,我国正迎来一场极其深刻的、前所未有的农业大转型。其一,农业

---

① 参考自:农业农村部农村合作经济指导司张天佐司长于 2019 年 4 月 19 日在农业农村部"联手推动农民合作社高质量发展"新闻发布会上的讲话。

从业人口数量日趋减少,农村劳动力日益老龄化;其二,与之相应的,农业规模化程度迅速提升,农地集中速度迅猛,与过去缓慢进行的农业规模化相比,现在可以用"疾风暴雨般的变化"来形容;其三,工商资本蜂拥进入农业,许多工商资本家正大举冲进价值较高的畜牧业、林业、水果业,甚至蔬菜产业;其四,消费者需求差异化越来越大,对农产品质量日益关注,由此对农业生产经营产生了专业化、规模化、标准化、集约化、品牌化的倒逼效应;其五,电子商务在农业农村中得以迅速应用和扩展。

在这样的背景下,农民合作社将呈现出一些值得关注的发展趋势。

(1)在农村基本经营制度改革、调整和完善中,农民合作社将越来越显现出核心作用,将应用到农业生产各环节和农村生活各方面中。十八大以来,中央明确提出要"发展多种形式规模经营,构建集约化、专业化、组织化、社会化相结合的新型农业经营体系",这一纲领性原则充分体现了中央推动农村基本经营制度改革的新理念和未来方向。十九大报告提出了乡村振兴的重大战略,提出要实现小农户和现代农业发展有机衔接,而农民合作社也理应成为实现小农户和现代农业发展有机衔接的主要载体。合作社顺应了农业现代化、农村市场化和农民组织化的潮流,昭示了加快农业经营方式转变的发展方向。诚然,在当前诸多农业经营主体中,家庭农场(或专业大户)是基础,合作社是关键,农业企业是龙头,社会化服务组织是支撑。而未来,各级政府和社会各界将日益认识到合作社这种制度的优越性和发展空间,日益自觉地将合作社这种制度形式移植到农业生产的各环节和农村生活的各方面中,日益把关注和支持农业发展的着力点转移到发展农民合作社上来。

(2)农民合作社数量增加势头持续减缓,但将呈现单体规模逐渐扩大并进一步呈现合作社联合和联盟的普遍趋势。① 合作社联合和联盟是合作社发展到一定阶段的必然产物。农民合作社在快速发展过程中逐步暴露出单个合作社产业规模偏小,服务领域比较狭窄,经济协作难以开展,维护权益势单力

---

① 在国际上,这一历史特征呈现最为明显的当属美国。19 世纪末至 20 世纪 20 年代是美国农业合作社的繁荣期,共出现了大约 1.4 万家农业合作社,历经百余年的发展,农业合作社在农业食品领域的重要性越来越大,据保守估计,其市场份额占 35% 左右。然而,农业合作社的数量却是急速减少,相比繁荣期缩水近九成,截至 2017 年底只剩下 1871 家。而与此同时,美国农业合作社的并购趋势越来越明显,单个合作社的体量越来越庞大,大型合作社(年营业额大于 1 亿美元)甚至超大型合作社(年营业额大于 10 亿美元)层出不穷,合作社的联盟化、巨头化成了当前美国合作社发展的一个显著特点。详见:吴彬.美国农业合作社发展的一个显著特点[J].中国农民合作社,2019(4):66-67.

薄等问题,迫切需要在专业合作社基础上进行再合作、再联合、再提升,进而参与、融入并获益于现代农业产业组织体系。在新修订《农民专业合作社法》新增"第七章 农民专业合作社联合社"章节的立法导向之下,可以预见,为了扩大经营规模,获得大量资本,增强市场竞争力,一些合作社之间将出现持续的合并与联合浪潮,将会出现一批有相当的生产规模、相当的加工能力、相当的品牌影响、相当的市场竞争力、组织规范、运作正常的大型合作社或合作社联合社。与此同时,以联合社或联合会为载体的区域性联合购销平台、联合加工平台、联合物流仓储平台、农技服务平台、信用评估平台、农村产权流转交易平台等将大量出现。

(3)农民合作社将在继续以农产品营销、农资供应为主体业务的同时,越来越由专业性经营向综合性经营发展[①];专业合作社这一组织形式将被引入农业生产经营各环节和农村经济发展各领域,将涌现大量服务型合作社[②]。此外,还将继续出现一批农民利用资本合作与劳动合作相结合的股份制合作机制,使合作创业成为广大农民创业的有效组织形式。

(4)合作社将越来越重视纵向一体化,特别是农业生产合作与农产品营销、深加工合作的一体化。实际上,面对我国日益鲜明的以垂直协调为主要特征的农产品供应链管理趋势,合作社必须顺应农业产业发展趋势,紧随市场环境变化,对其自身组织结构及经营机制进行及时而深刻的变革,主动地、积极地实施供应链管理策略,才可能顺利地摆脱困境,赢得挑战。可以预见,农民合作社将会从"公司＋合作社＋农户"的模式,逐步发展到"合作社＋公司＋农户"的模式。这既是国外发达国家普遍的方式,也是比较符合我国大部分地区实际情况的路径。

(5)农民合作社,尤其是那些介入农产品深加工领域的合作社的组织结构将会发生深刻的变革。除了"新一代合作社""有限合作社"的组织形式将进一步得到推广,还可能引入可交易股份[③]等新型融资手段,当然也不排除会出现比较传统的合作社转变成有限责任公司的现象。可以预见,农民合作社的制度内涵将进一步与国际现代合作社形式接轨,相当部分合作社及其社员将在《农民专业合作社法》的基本框架下,越来越倾向于股份化持股、差别化投票

---

① 这里所谓综合性的农民专业合作社是指合作社业务将不再局限于某一类农产品的某些环节,而是扩展到某一大类农产品的若干个环节甚至所有环节。应该特别指出,这里所谓综合性的农民专业合作社并非是日本农协式的社区综合型合作社,这两者有着本质性差异,不可混淆。

② 诸如农机合作社、消费合作社、旅游合作社、劳务合作社、物业合作社等合作组织形态。

③ 它包括允许在成员内部转让的股份和允许非成员拥有的股份。

及按股分配,在传统合作基础上引入灵活的资本联合形式。

(6)农民合作社的组织旨趣将日益由社员需求导向向市场需求导向转变。组织结构日益趋于精英专业管理与成员民主控制并重,企业化经营色彩将日益浓厚。随着合作社经营规模及业务量的不断扩大,非社员业务的增加及向新的经营领域的拓展,合作社聘请专职管理人员也不可避免,传统的成员控制模式将逐渐被专业的委托管理模式所代替,全体社员大会将逐渐被代表大会所代替,特别是在那些规模大、综合经营的合作社中。同时,出于市场竞争的需要,合作社的非社员业务不断增长,社员与合作社的关系可能日渐疏远。而且,合作社与其成员之间越来越呈现商业化交易态势,普遍采取严格的成本核算原则,以确保产品质量。这种控制在纵向一体化的合作社中尤为明显。

(7)农民合作社将积极与其他农村组织制度创新对接,特别是将广泛地应用于农村集体产权制度改革中。除了专业合作社将进一步发展壮大之外,让农民通过股权分红获得土地长期收益的土地股份合作社,以及转变村级集体经济发展方式的社区股份合作社将大量组建。

(8)农民合作社将探索建立如"农合联"的合作经济组织联盟性组织体系。[①] 这种联盟性组织体系具有开放边界,采用混合治理结构,各类成员在其中互动共赢、共生演化。这种互动和演化的落脚点在于为以合作社为主的营农主体提供各种社会化综合服务,提高农民的组织化程度,其可持续性在于能够进行持续的内外部体制机制(特别是供销社系统)的优化和创新。

(9)农民合作社将在农业社会化服务、农业技术推广、农产品质量安全控制、农业产业开发、现代商业业态创新等方面发挥越来越重要的作用。

(10)合作社的农产品品牌化建设工作将成为一大工作重心。当前,农民合作社普遍处于有产品无品牌的初级阶段,而在客户导向的农产品供应链环境下,合作社要获得持续稳定的收入,简单地销售农产品是不够的。

(11)合作社将积极参与农村电子商务服务业。在信息社会中,农民合作社将充分利用电子商务进行产品销售、商品采购,以合作社或村为单位的配送点、配送中心将普遍建立,以合作社(包括联合社、联合会)为主要载体、广大农民参与的新型农村电子商务模式将得到普遍推广。

----

① "三位一体"农民合作经济组织联合会(简称"农合联")是在新形势下,将各类为农服务组织联合起来,建立具有生产、供销、信用"三位一体"服务功能的农民合作经济组织体系及有效运转的体制机制。

（12）合作社将在扶贫攻坚和产业扶贫中扮演越来越关键的角色。农民合作社是弱势群体联合成立的互助性经济组织，"天然地"具有益贫性的组织特征，因此，在扶贫攻坚和产业扶贫中，农民合作社（或农村合作组织）将扮演越来越关键的角色，将被视为合适的内源组织载体、外源介入载体和政策瞄准载体，大力发展贫困地区农民合作社（或农村合作组织）将被视为合适的实现精准扶贫、提升扶贫效应的实施路径。

总之，目前我国农民合作社已经进入一个优化转型的新阶段。在此新阶段中，各类合作社将在农业转型的新背景下，进一步优化功能、优化制度、优化运营，进一步规模经营、产业融合、转型升级，进一步获得持续快速健康的发展。

二、新修订《农民专业合作社法》解读

（一）新修订《农民专业合作社法》修改的主要内容①

2007 年实施的《农民专业合作社法》有效促进了农民合作社的发展。近十年来随着各地农民合作社的不断探索和发展，合作类型逐渐增加，合作模式不断丰富，合作功能逐步拓展，尤其是各地联合社的发展，已经突破了原有法律的内容。为适应发展实践的需要，修订和完善农民专业合作社法，成为一个重大课题。2015 年，全国人民代表大会启动了农民专业合作社法修订工作；2017 年 6 月，全国人民代表大会向全社会公布《农民专业合作社法（修订草案）》，并于 12 月 27 日由第十二届全国人民代表大会常务委员会第三十一次会议修订通过。2018 年 7 月 1 日，新修订《农民专业合作社法》正式实施。②

本次《农民专业合作社法》修订，坚持大稳定与小调整相结合、顶层设计与基层实践相结合、合作社基本原则与尊重农民自主权相结合的修改思路，适应农民专业合作社发展的新形势，吸纳农民专业合作社制度建设的新内容，确认农民专业合作社实践探索的新成果，做出农民专业合作社规范运行的新规定，修改幅度较大，新增内容较多，主要体现在如下几个方面。

---

① 主要参考自农业农村部合作经济指导司《农民专业合作社法修改的主要内容》，http://www.hzjjs. moa. cn/zcjd/201807/t20180709_6289069. htm，2018-07-09。

② 新修订的《农民专业合作社法》全文参见附录 1，《农民专业合作社法》2007 年旧版与 2017 年新版的修订内容对照表参见附录 2。

1. 严格农民专业合作社的组织和行为，推动规范运行

《农民专业合作社法》修订坚持问题导向，把规范农民专业合作社的组织和行为作为立法的首要目的，并予以补充完善，为农民专业合作社规范运行划出法律底线。注重章程作为农民专业合作社生产经营的基本准则，新增农民专业合作社不得从事与章程规定无关的活动（第八条）；在章程应当载明的事项中，增加成员出资的转让、继承、担保和附加表决权的设立、行使方式和行使范围（第十五条）；新增农民专业合作社应当按照国家有关规定，向登记机关报送年度报告，并向社会公示（第十七条）；明确成员的入社程序，申请者应当向理事长或者理事会提出书面申请，经成员大会或者成员代表大会表决通过后，成为本社成员（第二十四条）；增加成员的除名规定，明确予以除名的情形、除名程序、被除名成员的权利及成员资格终止时限（第二十六条）；增加成员代表大会的人数限制，成员代表人数一般为成员总人数的百分之十，最低人数为五十一人（第三十二条）；在坚持盈余主要按照成员与农民专业合作社的交易量（额）比例返还基本原则的基础上，突出强调可分配盈余主要按照成员与本社的交易量（额）比例返还、其返还总额不得低于可分配盈余的百分之六十；新增经成员大会或者成员代表大会表决同意，可以将全部或者部分可分配盈余转为对农民专业合作社的出资，并记载在成员账户中（第四十四条）；新增农民专业合作社的市场竞争退出机制，明确规定农民专业合作社连续两年未从事经营活动的，吊销其营业执照（第七十一条）。必须准确理解法律规范农民专业合作社组织和行为的有关规定，提升农民专业合作社运行质量，实现农民专业合作社依法健康发展。

2. 丰富农民专业合作社合作领域和业务范围，促进创新发展

法律修订回应农民群众对农民专业合作社日益多元的服务诉求，充分考虑在农民专业合作社专业化生产服务基础上延伸产业链条、发展综合化业务的趋势，进一步定义了农民专业合作社的实质内涵，丰富了农民专业合作社的服务类型，对合作领域、业务范围、出资方式等进行延展拓宽，鼓励农民专业合作社创新发展。修订后的《农民专业合作社法》不再局限于"同类"农产品或者"同类"农业生产经营服务的范围，允许不同农产品的生产者或者不同的农业生产经营服务的提供者、利用者自愿联合成立农民专业合作社（第二条）。以列举方式扩大农民专业合作社业务范围，新增农村民间工艺及制品、休闲农业和乡村旅游资源的开发经营，以及与农业生产经营有关的设施建设运营等服务（第三条）。适应农民财产多样化和土地承包经营权"三权分置"的发展趋势，允许以土地经营权、林权等作价出资（第十三条）。新增其他主体兴办农民

专业合作社的适用规则,明确国有农场、林场、牧场、渔场等企业中实行承包租赁经营、从事农业生产经营或者服务的职工,兴办农民专业合作社适用本法(第七十三条)。必须充分认识法律鼓励农民专业合作社创新发展的导向,增强农民专业合作社发展活力,使之成为振兴乡村的中坚力量。

3. 保障农民专业合作社平等的法律地位,改善营商环境

《农民专业合作社法》实施以来,农民专业合作社数量增长较快,但社会认可度不高,一些农民专业合作社在生产经营中没有被作为真正的市场主体对待,向公司投资、获得银行贷款、从事农产品深加工以及其产品进入超市销售等方面存在诸多限制。修订后的《农民专业合作社法》注重对农民专业合作社平等权利的保护,新增相关规定,强调国家保障农民专业合作社享有与其他市场主体平等的法律地位(第七条),明确登记类型为农民专业合作社(第十六条)和农民专业合作社联合社(第五十七条);农民专业合作社可以依法向公司等企业投资,以其出资额为限对所投资企业承担责任(第十八条)。必须切实保障农民专业合作社享有与其他市场主体平等的法律地位,畅通农民专业合作社市场发展渠道,提高农民专业合作社的引领带动能力和市场竞争能力。

4. 确立农民专业合作社联合社的法人地位,提升合作层次

农民专业合作社按照自愿、平等、互利的原则设立联合社,是世界各国农业合作社发展的普遍做法。修订后的《农民专业合作社法》将农民专业合作社联合社纳入法律调整范围,赋予了农民专业合作社联合社法人地位,明确农民专业合作社为扩大生产经营和服务的规模,发展产业化经营,提高市场竞争力,可以依法自愿设立或者加入农民专业合作社联合社(第九条);增加"农民专业合作社联合社"一章(第七章),明确农民专业合作社联合社的成员资格、注册登记、组织机构、治理结构、盈余分配及其他相关问题。农民专业合作社联合社应当是经营实体,只有农民专业合作社才能成为农民专业合作社联合社的成员,三个以上的农民专业合作社在自愿的基础上,可以出资设立农民专业合作社联合社(第五十六条);农民专业合作社联合社依法登记取得法人资格,领取营业执照,登记类型为农民专业合作社联合社(第五十七条);农民专业合作社联合社不设成员代表大会(第五十九条),成员大会选举和表决实行一社一票(第六十条)。必须深刻把握法律对农民专业合作社联合社的有关规定,扩大农民专业合作社的合作规模和合作层次,更好地发挥规模效应。

5. 建立综合协调指导服务机制,明确政府职责

2013年国务院批复建立全国农民合作社发展部际联席会议制度,全国联席会议由农业部、发展改革委、财政部、水利部、税务总局、工商总局、林业局、

银监会、供销合作总社等9个部门和单位组成,农业部为牵头部门。各省相继建立了本级人民政府农民专业合作社工作的综合协调机制,统筹指导、协调、推动农民专业合作社的建设和发展。修订后的法律将这一行之有效的机制上升为法律规定,要求县级以上人民政府应当建立农民专业合作社工作的综合协调机制,统筹指导、协调、推动农民专业合作社的建设和发展(第十一条)。要发挥立法对农民专业合作社指导服务和依法行政的保障与推动作用,形成促进农民专业合作社发展的支持合力。

6. 强化农民专业合作社政策支持,提升竞争实力

修订后的《农民专业合作社法》坚持促进法的性质,将鼓励、支持、引导农民专业合作社的发展作为立法目的之一,在现有扶持政策基础上,针对农民专业合作社发展的实际需要,增加了表彰奖励、保险服务、互助保险、用电用地等内容,进一步充实了对农民专业合作社的扶持措施。新增对特定区域农民专业合作社的优先扶助,将革命老区、民族地区、边疆地区和贫困地区的农民专业合作社纳入优先扶助范围(第六十五条);鼓励保险机构为农民专业合作社提供多种形式的农业保险服务,鼓励农民专业合作社依法开展互助保险(第六十六条);农民专业合作社从事农产品初加工用电执行农业生产用电价格,生产性配套辅助设施用地按农用地管理(第六十八条)。发挥褒奖先进的正向激励引导作用,新增对发展农民专业合作社事业做出突出贡献的单位和个人,按照国家有关规定予以表彰和奖励(第十条)。必须全面贯彻落实法律给予农民专业合作社的扶持政策措施,帮助农民专业合作社提升竞争力,让广大农民群众和农民专业合作社有更多的获得感。

(二)新修订《农民专业合作社法》解读

与2007年实施的《农民专业合作社法》相比,新修订《农民专业合作社法》(以下简称"新法")在内容上有若干重要的制度创新和变化,对于这些创新和变化,大致可以进行以下几方面的解读。

1. 把规范合作社的组织和行为作为立法的首要目的,体现了引导农民专业合作社规范发展的新导向

当前,农民专业合作社面临着发展质量参差不齐的现实问题,新法比较鲜明地回应了这个关切,将原来法律中第一条修改为"为了规范农民专业合作社的组织和行为,鼓励、支持、引导农民专业合作社的发展,保护农民专业合作社及其成员的合法权益,推进农业农村现代化,制定本法"。新法把规范农民专业合作社的组织和行为明确为立法的首要目的,这是一个非常重大的转变。

为了突出规范发展的要求,新法对不少具体条款内容作了相应修改、补充或完善。比如,第八条新增"不得从事与章程规定无关的活动"表述;第十五条,在章程应当载明的事项中,新增成员出资的转让、继承、担保和附加表决权的设立、行使方式和行使范围;第十七条中新增"农民专业合作社应当按照国家有关规定,向登记机关报送年度报告,并向社会公示"表述;第二十四条和二十六条进一步规范和细化了"入社自愿、退社自由"的原则,分别新增了成员入社和成员除名的表述,明确入社"应当向理事长或者理事会提出书面申请,经成员大会或者成员代表大会表决通过后,成为本社成员",成员的除名"应当经成员大会或者成员代表大会表决通过。在实施前款规定时,应当为该成员提供陈述意见的机会"。第三十二条新增成员代表大会的人数限制,"依法设立成员代表大会的,成员代表人数一般为成员总人数的百分之十,最低人数为五十一人";第四十四条在坚持盈余主要按照成员与农民专业合作社的交易量(额)比例返还基本原则的基础上,突出强调"可分配盈余主要按照成员与本社的交易量(额)比例返还",新增"经成员大会或者成员代表大会表决同意,可以将全部或者部分可分配盈余转为对农民专业合作社的出资,并记载在成员账户中";第七十一条新增规定"农民专业合作社连续两年未从事经营活动的,吊销其营业执照"。新法对于合作社规范发展的看重和强调应当引起全体合作社人的高度重视。

2. 取消了对合作社农产品生产经营或农业生产经营服务的"同类"限制,界定了农民专业合作社的新定义

为回应农民群众对农民专业合作社日益多元的服务诉求,适应合作社在专业化生产服务基础上延伸产业链条,向综合化发展的趋势,新法扩大了农民专业合作社的服务类型,取消了对合作社农产品生产经营或农业生产经营服务的"同类"限制,扩展了法律的适用范围。第二条明确规定:"本法所称农民专业合作社,是指在农村家庭承包经营基础上,农产品的生产经营者或者农业生产经营服务的提供者、利用者,自愿联合、民主管理的互助性经济组织。"而且,第三条用列举的方式明确农民专业合作社可以"以其成员为主要服务对象,开展以下一种或者多种业务:(一)农业生产资料的购买、使用;(二)农产品的生产、销售、加工、运输、贮藏及其他相关服务;(三)农村民间工艺及制品、休闲农业和乡村旅游资源的开发经营等;(四)与农业生产经营有关的技术、信息、设施建设运营等服务"。这样,新法允许合作社从事多种业务、吸收不同种类产品的生产经营者加入,更有利于合作社配置生产要素,扩大合作领域,提升服务能力,为农户提供更多服务。同时,休闲农业、工艺制品等合作社登记

困难和得不到政策支持的现状也因法律适用范围的扩大而改变。

3. 允许合作社成员以土地经营权、林权等向合作社出资，为合作社发展提供了新要素

为适应农民财产多样化和土地承包经营权"三权分置"的发展趋势，新法第十三条规定："农民专业合作社成员可以用货币出资，也可以用实物、知识产权、土地经营权、林权等可以用货币估价并可以依法转让的非货币财产，以及章程规定的其他方式作价出资；但是，法律、行政法规规定不得作为出资的财产除外。"作为农民专业合作社的一种出资方式，新法将出资分为货币出资、非货币出资和其他形式的出资等三类，其中，特别允许合作社成员以土地经营权、林权等向合作社出资，这是一个明显的变化。可以用土地经营权出资，从法律意义上讲有三个方面：一是强化合作社对小农户的带动，增加小农户的财产性收入；二是在我国如果将出资能力局限为货币出资，那么大量的小农户不具有出资能力，当土地经营权可以作价出资到合作社时，在一定程度上会削弱合作社成员异质性特征，消除成员异质性带来的影响，并且增强小农户的话语权，有助于实现成员共同治理，优化股权结构；三是提高合作社的资源配置能力。

4. 首次将联合社纳入调整范围，赋予联合社法人地位，确立了农民专业合作社的新主体

总体上看，目前我国农民专业合作社普遍规模较小、竞争能力较弱。而随着合作社的发展，设立或者加入联合经济组织的意愿日渐强烈。联合社的发展不仅增强了合作社的发展能力，更推动了农业规模化经营，加快了现代农业建设步伐。但由于缺乏法律依据，一定程度上影响了联合社的进一步发展。为此，新法专门增加一章，对农民专业合作社联合社作了规范，赋予其法人地位。第五十六条规定："三个以上的农民专业合作社在自愿的基础上，可以出资设立农民专业合作社联合社。"第五十七条规定："农民专业合作社联合社依照本法登记，取得法人资格，领取营业执照，登记类型为农民专业合作社联合社。"而且，新法还从组织性质、责任方式、治理结构、盈余分配等方面做出专门规定。设立联合社制度的意义，一是做大做强，为合作社或联合社改善竞争地位，为其提供公平的竞争环境；二是通过建立联合社使小规模农户有更多介入产业链两端的机会并分享盈余。

5. 新增了表彰奖励、保险服务、互助保险、用电用地等支持政策，强化了农民专业合作社发展的新措施

新法坚持促进法的性质，将鼓励、支持、引导农民专业合作社的发展作为立法目的之一，在现有扶持政策基础上，针对农民专业合作社发展的实际需要，增加了表彰奖励、保险服务、互助保险、用电用地等内容，进一步充实了农民专业合作社扶持措施。比如新增第十条："对发展农民专业合作社事业做出突出贡献的单位和个人，按照国家有关规定予以表彰和奖励。"新增第六十八条："农民专业合作社从事农产品初加工用电执行农业生产用电价格，农民专业合作社生产性配套辅助设施用地按农用地管理，具体办法由国务院有关部门规定。"同时，为了给合作社指导、扶持和服务工作落地确立更为制度化的法律规定，在充分借鉴全国农民合作社发展部际联席会议制度的经验基础上，新增了第十一条："县级以上人民政府应当建立农民专业合作社工作的综合协调机制，统筹指导、协调、推动农民专业合作社的建设和发展。"新法使合作社的制度环境更为平等，支持政策更为完善，使组织更加可能实现健康可持续发展。

6. 新法一如既往地注重保护合作社及其成员的合法权益

新法虽有诸多制度创新，但其对于合作社基本原则和主要特征的本质性规定未发生根本性变化，对合作社中小规模农户成员利益保护的法律意旨未变，一如既往地将保护农民专业合作社及其成员的合法权益作为立法目的之一。

第一，成员数量上以农民为主体。新法第四条确立合作社的首要原则是："成员以农民为主体。"第二十条第一款规定："农民专业合作社的成员中，农民至少应当占成员总数的百分之八十。"可见，从立法意图看，合作社是以农民为主的经营主体，合作社主要服务对象是小农户。而且，第十三条规定土地经营权可以作价出资到合作社中，该条款不仅使合作社通过吸收入股获得可供经营使用的土地，更使得缺乏资金的小农户具备得以作价出资的财产而有机会分享合作社的资本盈余，进而改变合作社中少数出资成员控制合作社的情形，提升小农户成员在合作社中的话语权。

第二，表决方式上以农民为主体。新法第二十二条规定："成员大会选举和表决实行一人一票制，成员各享有一票的基本表决权。"成员大会由全体成员组成，是合作社的权力机构，具有不同于其他经营主体的表决权分配方式。尽管允许合作社通过章程赋予出资额或者与本社交易量（额）较大的成员附加表决权，但在合作社"一人一票"为核心的成员多数决制度下，新法规定，"本社

的附加表决权总票数,不得超过本社成员基本表决权总票数的百分之二十",所以以资本要素入股的成员行使附加表决权产生的影响力有限。如此,有助于保障小农户的"发声权",进而保障合作社的重要决策符合农民主体的意愿。

第三,利益分配上以农民为主体。尽管实践中对如何落实合作社盈余分配制度存在争议,但新法仍坚守"资本报酬有限"原则。新法第四十四条规定:"可分配盈余主要按照成员与农民专业合作社的交易量(额)比例返还","返还总额不得低于可分配盈余的百分之六十。"相对于追求资本报酬的大户而言,小农户是合作社的所有者、交易者、服务利用者,是与合作社交易的主体,因此,按交易量分配盈余是对小农户利益的倾向性保护。

第四,通过退社自由原则保护小农户利益。新法第二十五条规定:"成员要求退社的,应当在会计年度终了的三个月前向理事长或理事会提出书面申请。"保障小农户退社自由的权利有助于保障小农户在合作社遭遇经营困境且对"扭亏为盈"失去信心时及时止损,这对无力应对自然风险和市场风险的小农户维持生计稳定具有深远意义。

第五,通过约束管理者行为保护小农户利益。新法第三十六条规定:"农民专业合作社的理事长、理事和管理人员不得有下列行为:(一)侵占、挪用或者私分本社资产;(二)违反章程规定或者未经成员大会同意,将本社资金借贷给他人或者以本社资产为他人提供担保;(三)接受他人与本社交易的佣金归为己有;(四)从事损害本社经济利益的其他活动。"如若违反,则违法所得收入归该合作社所有;对该合作社造成损失,应承担赔偿责任。第三十七条规定禁止兼任业务性质相同的其他农民专业合作社的理事长、理事、监事、经理。对管理者的约束还体现在成员对合作社的监督权利上。按照新法规定,成员可通过代表大会决议等方式罢免不称职的合作社领导人,可通过查阅会计账簿等方式监督合作社经营活动,还可以授权监事会或者执行监事监督合作社事务。

第六,新法第七条强调:"国家保障农民专业合作社享有与其他市场主体平等的法律地位。"第十八条规定:"农民专业合作社可以依法向公司等企业投资,以其出资额为限对所投资企业承担责任。"这使得农民专业合作社可以对企业进行投资,延伸产业链条,使合作社及其农民成员能够分享产业链上下游的利润。

第二章
"空壳合作社"问题观点选编

一、"空壳合作社"专项清理工作方案

《农民专业合作社法》已于 2017 年 12 月 27 日修订通过并公布,修订后的法律自 2018 年 7 月 1 日起施行。新修订的《农民专业合作社法》进一步规范了农民专业合作社的组织和行为,其新增的第七十一条明确规定:"农民专业合作社连续两年未从事经营活动的,吊销其营业执照。"基于此,2019 年 2 月 19 日,中央农村工作领导小组办公室、农业农村部、国家市场监督管理总局、国家发展和改革委员会、财政部、水利部、国家税务总局、中国银行保险监督管理委员会、国家林业和草原局、中华全国供销合作总社、国务院扶贫开发领导小组办公室等十一部门联合印发了《开展农民专业合作社"空壳社"专项清理工作方案》(中农发〔2019〕3 号),其全文如下:

农民专业合作社(以下简称"合作社")是广大农民群众在家庭承包经营基础上,自愿联合、民主管理的互助性经济组织。自 2007 年农民专业合作社法施行以来,我国合作社发展迅速,在组织带动小农户发展生产、衔接产销、助力脱贫攻坚、促进现代农业发展和乡村振兴等方面发挥了重要作用。但与此同时,也出现了合作社数量不实、质量不高的问题,有不少合作社有其名无其实,沦为"空壳社",给合作社整体社会形象造成不利影响。为加强合作社规范管理,提升整体素质,决定在全国范围内集中开展农民专业合作社专项清理工作(以下简称"专项工作"),特制定本方案。

一、总体要求

认真落实党中央、国务院关于突出抓好和重视培育合作社发展、促进

合作社规范提升的部署要求,以加强合作社规范管理、提升发展质量为目的,以集中清理"空壳社"为重点,坚持依法清理、分类处置,做好统筹安排,强化部门协作,落实属地责任。通过专项工作,促进合作社依法规范健康发展,夯实乡村产业发展的组织基础,为推进脱贫攻坚和乡村振兴战略实施营造良好环境。

二、清理范围

按照突出重点、明确标准、分类处置的要求,在对合作社发展情况摸底排查基础上,重点对被列入国家企业信用信息公示系统经营异常名录、在抽查抽检中发现异常情形、群众反映和举报存在其他问题的合作社,查核具体情况,依法依规进行分类清理整顿。

清理整顿的问题主要包括以下六类:

(一)无农民成员实际参与。

(二)无实质性生产经营活动。

(三)因经营不善停止运行。

(四)涉嫌以合作社名义骗取套取国家财政奖补和项目扶持资金。

(五)群众举报的违法违规线索。

(六)从事非法金融活动,如变相高息揽储、高利放贷和冒用银行名义运营等。

三、重点工作和步骤

(一)摸底排查。在全国范围内开展摸底排查,摸清底数、掌握实情。市场监管部门将被列入经营异常名录、抽查抽检存在异常情形的合作社名单,共享给同级农业农村、水利、税务、林草、供销等部门和单位。税务部门负责整理提供合作社税务登记情况。农业农村部门对合作社发展情况和群众举报的合作社违法违规线索进行摸底排查。水利、林草、供销、扶贫等部门和单位分别负责开展涉及各业务领域或领办创办的合作社清理整顿工作。

(二)精准甄别。通过现场查看合作社经营场所、生产基地、管理制度、财务会计账目等,结合实地问询合作社交易相对人、成员、村两委等,对合作社经营状况作出准确判断。对摸底排查发现问题的合作社,逐一建立问题台账,为清理整顿提供依据。

(三)分类处置。根据排查结果,对存在问题的合作社区分类型,依法依规进行清理。对无农民成员实际参与、无实质性生产经营活动、因经营不善停止运行的合作社,引导其自愿注销;对领取营业执照后未开展经营活动、申请注销登记前未发生债权债务或已将债权债务清算完结的合作社,可采用简易注销方式办理注销。对有生产经营活动、运行管理不规范的合作社,通过开展有针对性的法律政策宣传,指导其对照法律法规,完善管理制度,规范办社;对发展遇到困难的合作社,及时跟踪帮扶。对缺乏合作社组织特征,但符合其他市场主体设立条件的,可引导其自愿设立、依法登记,并从政策咨询、经营方式等方面做好指导服务。

(四)严格依法惩处。在清理整顿工作过程中,发现涉嫌骗取套取涉农资金补助或中央预算内投资支持项目的,移交财政部门依法查处或由发展改革部门会同有关业务主管部门负责查处。发现涉嫌从事非法金融活动的,由地方金融工作部门会同银保监部门等负责查处工作。

(五)构建长效机制。以专项工作为契机,强化合作社规范发展长效措施,综合运用"双随机、一公开"监管、信息公示等手段,开展合作社运行情况动态监测。加强基层合作社辅导员队伍建设,提供合作社设立辅导和跟踪指导服务。加强合作社登记管理,依法规范登记注册,从源头上把好质量关。探索简化合作社注销登记程序,畅通合作社退出渠道。

四、责任分工

严格落实属地管理责任,明确责任主体,逐级压实责任,切实把清理整顿措施落到实处,确保取得实效。

(一)部级统筹推进。中央农村工作领导小组办公室牵头负责,会同农业农村部、市场监管总局、发展改革委、财政部、水利部、税务总局、银保监会、林草局、供销合作总社、国务院扶贫办等部门和单位,统筹协调推进专项工作,调度通报进展情况,联合开展检查指导,督促各地落实清理整顿任务和要求,总结进展和成效。

(二)省级加强指导。省级党委农村工作综合部门对本地区的专项工作负总责,要建立健全组织领导机制,抓好组织动员、清理整顿、监督检查等工作,指导本地按照属地原则压实责任。

(三)县级组织落实。县级承担实施专项工作的主体责任,负责专项工作具体组织落实,充分发挥合作社工作的综合协调机制作用,做好进度安排、任务落地、分类处置、辅导服务等工作。

(四)加强部门协同。地方各级党委农村工作综合部门统筹协调,加强专项工作指导和督促,建立健全信息共享、情况通报、联合查处等机制,各有关部门立足职责,加强协调配合,形成工作合力。

五、时间安排

（一）全面排查阶段。2019年4～6月底开展全面排查。各省、自治区、直辖市、计划单列市组织各县（市、区）开展全面排查，对有问题的合作社登记造册，建立问题台账。各省、自治区、直辖市、计划单列市党委农村工作综合部门牵头统计汇总排查清理情况，形成报告，于6月底前报中央农村工作领导小组办公室。

（二）清理整顿阶段。2019年7～10月底开展清理整顿，各省、自治区、直辖市、计划单列市督促各县（市、区）组织开展问题查处和分类处置。根据整顿整改情况，集中通报一批典型案例。组织相关部门开展联合督导检查，对重点地区清理整顿情况开展实地抽查核查。

（三）全面总结阶段。2019年11月底前，各省、自治区、直辖市、计划单列市党委农村工作综合部门要在认真总结各业务领域清理整顿情况的基础上，形成专题报告，填写《农民专业合作社"空壳社"专项清理工作统计表》，报中央农村工作领导小组办公室。

各地要高度重视，充分认识此次专项工作对促进合作社规范提升的重要性，严格属地管理，压实属地责任，及时解决清理整顿过程中出现的问题，切实把各项任务落到实处，确保取得实效。对清理整顿中发现的重大情况随时上报中央农村工作领导小组办公室秘书局。

二、"空壳合作社"问题观点选编①

于福波：农民专业合作社"空壳化"问题及对策研究②

"空壳化"合作社的表现形式主要有两种：一是"纯空壳合作社"，是指那些并没有明确的办社目的，申请注册合作社后，合作社并没有实际运作，而成为名副其实的套利工具。主要表现为：申请注册之初有明确的办社目的，但办社目的不纯，申请注册是为了套取国家优惠政策，从而利用国家给予的项目扶持资金。这类合作社虽在实际运作，却没有带动农民创收致富。所以纯空壳合作社只是在名义上获得了国家法律和相关部门的认可，但在实际运作过程中

---

① 说明：(1)观点排序依据作者姓氏笔画；(2)出于编辑考虑，也对个别文字和标点符号进行了必要修改。

② 于福波.农民专业合作社"空壳化"问题及对策研究[J].生态经济评论,2017(6):111-122.

却完全没有发挥合作社的主要功能。纯空壳合作社主要包括"挂牌合作社""套利型合作社""套牌合作社"等。二是"准空壳合作社",是指那些办社初衷是明确的,在运作过程中能够发挥合作社的主体功能,有着规范的章程和组织机构,在经营之初运作情况良好,但之后由于自身实力有限、内部矛盾或者融资困难等问题而逐渐败落。主要表现为:合作社连年亏损,社员数量减少,却又在苟延残喘地运作。这类合作社获得国家法律和相关部门的认可,也能够在一定程度上带动农民创收致富,但好景不长,终走向败落。这些合作社主要包括亏损型合作社、融资困难型合作社、管理困难型合作社等。

孔祥智:"模板"之外的合作社还是合作社吗?[①]

众多数据表明,农民合作社在农民增收、现代农业发展过程中起到不可替代的作用。我们在各地的典型调查结果也一再证明了这一点。尽管如此,社会上对于农民合作社的各种非议一直不绝于耳,尤其是在理论界,"假合作社""空壳社""套取补贴"等判断一直存在。也就是说,对于同一种现象,人们的认识会截然相反。我们究竟应当怎样评价当前合作社所发挥的作用呢?其实,当人们评价合作社的时候,头脑里面必然有一个标准,这就是英国的罗虚代尔先锋社。罗虚代尔先锋社制定了八项原则,如入社自愿、一人一票、按业务交易量分配盈余等,中国的《农民专业合作社法》也采纳了罗虚代尔原则。换句话说,当人们评价一个具体的合作社的时候,总是拿它和"模板"——罗虚代尔先锋社进行比较。这种分析事物的方法是正确的吗?我们已经知道,罗虚代尔先锋社是一个消费者合作社,其最大的特点就是同质性,即每个人的投资额是相同的,投入的劳动量也是相同的。而中国的农民专业合作社大都是异质的,一般为专业大户带动,所需资金也大多为少数人投资。这样的合作社如果严格按照交易量(额)分配盈余,显然是不公平的。

其实,无论按照交易量(额)返还还是按照投资额返还,都是按贡献分配的一种具体形式。而在现实中,我们很难判断各要素对合作社盈余的具体贡献。现实中出现的合作社类型很复杂,盈余返还类型也很多,不可一概而论,更不可以把现有法律的规定硬套在所有合作社上。现实中并不是所有合作社都按照《农民专业合作社法》所规定的条款分配盈余,那么,这些合作社还是真正的合作社吗?或者说,它们还是合作社吗?我的看法是,它们当然是合作社,只是没有那么符合人们心目中的模板。但它们选择了更适合自己的分配方式,

① 孔祥智."模板"之外的合作社还是合作社吗?[N].农民日报,2018-12-05.

从而调动了投资成员和非投资成员两个方面的积极性,使合作社的发展更顺畅,速度更快,质量更高,对社会的贡献更大,何乐不为呢?另外,必须注意的是,国家财政支持的方向一定是完全符合法律规定的合作社的,尤其是国家级和省级示范社,对盈余返还方式的要求极为严格。现实中,的确有一些"能人"领办合作社是为了套取政府的财政补贴,而且部分合作社还真的"套取"到了;也的确有一些地方政府为了"政绩"而扩大合作社注册的数量。但对于这些现象实际上更应规范政府的行为,因此,"板子"不应该全打在合作社身上。

孔祥智:对农民合作社的非议从何而起[①]

长期以来,学术界和社会上存在着对合作社的一系列负面议论,诸如"假合作社""空壳合作社"等,甚至有人提出了"假合作社"的比例。那么,为什么会出现这种情况呢? 21世纪以来,农民专业合作社在现代农业建设中起到了至关重要的作用。然而,并不是所有合作社都能够充分发挥作用。实际上,能够对成员有明显带动作用的大体只占总数的三分之一,基本没有发挥作用或者已经趋于倒闭的占三分之一左右,剩下的三分之一介于两者之间。由此可见,我们并不能以偏概全,既不能认为所有的合作社都在发挥作用,也不能认为所有(或者80%以上的)合作社都是"假合作社""空壳合作社"。事实上,即使是以营利为目的的企业,也有相当一部分基本没有运作或者运作一段时间后由于各种原因趋于沉寂甚至倒闭。此外,在民政部门注册的社会团体中,比如协会、学会等,也有相当一部分很少开展活动甚至基本没有活动。那么,人们对合作社的非议来自哪里呢? 一是政府把合作社作为承担农业政策的重要主体,合作社接受了相应的项目资金或补贴;二是地方政府为了完成某一农业农村项目,要求成立农民专业合作社;三是合作社多元化目标引起的混乱认识。

面对同一个合作社,从经济角度看,由于规模过小,因而产生了"空"的印象;从社会文化角度讲,由于不能完全满足民主管理的要求,因而产生了"假"的印象。但实际上,能够满足所有目标要求的合作社基本上是不存在的,即使偶尔出现这样的合作社,也很难发展下去。我们应该看到国际合作社发展的大趋势,对于合作社的认识和要求应该回归到其本源上来,即合作社就是一种企业——投资者所有、投资者受益的企业,也就是"民办、民管、民受益"。

---

① 孔祥智. 对农民合作社的非议从何而起[J]. 人民论坛,2019(4):64-66.

王玉斌等："空壳合作社"清理注销的思考与建议①

对于"空壳合作社"专项清理工作的推进,笔者有些许担忧。一是可能造成一定"误伤"。如果地方在操作过程中对标准把握不当,操作方式简单,可能导致政策红利转化成强制性政策工具的滥用,导致与地方领导发展意愿不一致的合作社成为"躺枪者";还会"误伤"部分还在发挥一定作用的"草根"合作社,进而伤害社员切身利益及其积极性。二是"套取"财政项目扶持资金的"空壳合作社"可能成为"漏网之鱼"。那些"成功套取"政府财政项目扶持资金或政府鼓励发展起来的合作社,往往"证照齐全""制度健全""账目清楚",很有可能成为清理的"漏网之鱼"。三是我国农民专业合作社实际上尚处"幼苗"阶段,还应给予更多呵护。针对中国的合作社"幼苗",还应从长远考虑,更多进行呵护,突出加强引导扶持。

针对以上担忧,笔者认为,需稳妥推进相关工作,确保合作社持续健康发展。一是先精准试点再铺开推进。"规范提升""清理注销"应该先行"试点",先划出尽量小块的"试验田",探索精准识别真正的"空壳合作社"的办法,既避免"漏网",又避免"误伤",呵护好农民积极性、创造性。要注意进度,边摸索边推进。二是完善法制和责任追究机制。法治不健全和社会诚信体系不完善是"空壳合作社"大量存在的根本原因。在《农民专业合作社法》(2017年修订)基础上进一步契合生产经营实际需要,完善强制审计监督机制,坚持依法办事;在财政项目和资金安排方面,弘扬正确政绩观,防止政府以监管财政资金的名义干预合作社的生产、经营和内部管理的自主权;建立终身责任追究倒查机制,有效规避官员的寻租行为。三是加大政策扶持力度。应该继续加大扶持合作社发展的力度,在此过程中,适当允许合作社在一定时期进行"空壳"探索,以财政补助等方式引导、促进合作社逐步规范发展,通过市场使合作社优胜劣汰。四是重视合作社能力建设与功能激活。对于"无实质性生产经营活动"或"因经营不善停止运行"的合作社先不要急于将其清除出列,而是要因社施策,对于自身发展能力有欠缺的应想方设法提升其能力,对于具有能力而功能不健全的应想方设法激发和帮助其发挥应有的积极作用。

---

① 王玉斌,冯开文,任大鹏."空壳合作社"清理注销的思考与建议[J].农村经营管理,2019(6):27.

李雄鹰、陆华东：80％以上合作社沦为空壳？乡村振兴莫让形式主义带歪①

合作社是零散村民以抱团形式发展规模现代农业、连接市场的有效载体，成为不少地方脱贫致富、乡村振兴的重要抓手。但就我们调研了解到，部分地方为应付考核、套取补贴，盲目大办合作社，大量合作社沦为空壳合作社。当前，合作社在农村到处可见，很多村还不止一家。东部某镇拥有 20 多个行政村，但大大小小的合作社有近 130 家，平均每个村有四五家合作社。然而，据半月谈调查，近 130 家合作社中，除仅有少数几家比较成功外，80％以上都属于空壳合作社。

基层干部反映，以前某些地方和部门考核基层部门时，对成立多少合作社、农民入社率达到多少等有要求，导致地方突击成立合作社、虚报合作社人数规模。现在，虽然对合作社没有直接的考核任务，但在精准扶贫和乡村振兴的背景下，一些地方干部和扶贫干部出于政绩宣传的考虑，仍热衷于办合作社。还有一些地方办理合作社是为了拿到政府补助。不少合作社负责人和基层干部反映，一些地方政府在脱贫攻坚和乡村振兴中，发展产业过于急躁，在没有充分调动贫困户积极性的情况下，采取村干部、种养大户等牵头的方式组建合作社，导致贫困户在合作社中没有话语权，在管理、决策、分配等方面没有参与感，失去积极性，合作社往往成为"一人社"。基层干部建议，应建立合作社风险共担机制，将合作社主要带头人和普通社员的利益捆绑在一起，收益风险共担，调动双方的积极性，让大家觉得合作社发展与自身利益息息相关。此外，还须建立合理的退出机制。

杨玉成：清除"僵尸社"　促进农民合作社健康发展②

现在，一些合作社出现了管理不民主、财务制度不健全等问题，甚至出现了仅为图利套取优惠政策资金而存在的"套钱社"。与此同时，很多农民合作社的发展已经延伸到农业休闲、农业观光和乡村旅游等许多方面，并且随着农村分工分业深化、农民分层分化加快，农民合作形式发展也越来越多元化，涌现出社区股份合作、土地股份合作、信用合作等多种类型的农民合作社，但《农

---

① 李雄鹰，陆华东.80％以上合作社沦为空壳？乡村振兴莫让形式主义带歪[DB/OL].（2018-11-29），http://www.banyuetan.org/dyp/detail/20181129/1000200033134991543455274824406536_1.html.

② 杨玉成.清除"僵尸社"　促进农民合作社健康发展[N].中华合作时报，2017-03-07.

民专业合作社法》都没有涉及。此外,考虑到农民的实际情况,设立合作社的标准条件、管理制度的规定等应相对宽松。要大力抓好示范社创建,把握以下原则:一要注重质量。国家级示范社创建宜精不宜多。二要严格标准。宁缺毋滥,要能真正发挥示范引领作用。三要出台政策。集中财力,重点扶持国家级示范社做大做强。同时,围绕当前存在的突出问题,要进一步制定"治理集资诈骗""特殊合作社登记""促进联合社发展""示范社动态管理"等制度文件,尽快建立退出机制,明确退出条件、细化退出程序、理顺部门职责,及时将异常经营合作社列入黑名单,依法依规对"空壳社""休眠社""僵尸社"予以清理注销,引导农民合作社在发展中规范、在规范中发展。

吴旭:"空壳合作社"要不得[①]

农村的农业合作社,是零散村民以抱团形式发展规模现代农业、连接市场的有效载体,已成为不少地方脱贫致富、乡村振兴的重要抓手。如今一些地方为了应付考核、套取补贴,盲目大办合作社,凑数的有之,虚报的有之,有名无实的有之,致使大量合作社沦为"空壳合作社"。本应抱团发展形成合力的合作社,竟成为一些政府部门的面子工程。"空壳合作社"是形式主义的产物,它违背了国家要求成立、发展农业合作社的初衷,不仅无法让农民从中受益,更不利于农村长远发展。对于合作社,应该有一个全面深入整顿的过程,盈利能力不足的合作社,要不断提升造血功能,在完善利益共享和风险共担机制上下功夫;对于钻扶持政策漏洞,套取国家补贴的"空壳合作社",则应严厉打击。

吴琦:政策诱变与调适:农民专业合作社"空壳化"的成因与治理[②]

实践中出现的农民专业合作社"空壳化"乱象,主要可归结为以下三种:一是注册登记后没有实际运营的"空壳"合作社。很多合作社虽然在工商部门登记注册,但实际上并没有相应的场所、设备、资金、人员,也不开展实质性的生产经营活动,提交的资料完全是一纸空文。二是不行合作之事而有名无实的空壳合作社。挂的是合作社的牌子,也有实际的生产经营活动,实为披着合作社外衣的营利性公司或企业。三是运营中难以为继而名存实亡的空壳合作社。因各种主客观原因,合作社经营困难,发展难以为继,逐渐成为名存实亡

---

① 吴旭."空壳合作社"要不得[J].中国老区建设,2019(3):13.

② 吴琦.政策诱变与调适:农民专业合作社"空壳化"的成因与治理[J].大理学院学报,2015(1):36-40.

的空壳合作社。

我国当前广泛发展农民专业合作社的基础条件还不够完备,如农业一体化程度并不高、土地制度不完善、农民合作意识不强以及合作能力欠缺等,当国家希望通过专门的政策安排与制度供给来催生和加速合作社的发展时,可能会"欲速则不达",甚至适得其反。大量空壳合作社的诞生与存在就是最好的印证。空壳合作社的诞生与政府的市场准入政策、扶持优惠政策、审核监管政策、绩效考核政策等有着密切关系。因此,必须通过政策调适,适当提高市场准入门槛、改善扶持优惠政策、强化动态监管、调整绩效考核指标等,引导合作社走上健康规范发展之路。

何慧丽:合作社如何"不空壳"[①]

从政府作用层面上来看,当前的"空壳社"主要有三类:一是政策"诱变"型合作社。在政府市场准入政策、扶持优惠政策、财税补贴政策等的诱使下,一些动机不纯,出于套现盈利目的的农民个人成立合作社,没有办公室,"一块牌子、一个章子、一张桌子"的"空壳社"由此出现。二是政府"缺位"型合作社。因政府政策支持缺位而由"实"变"空"的变异合作社,即动机端正但因条件不足而导致后期发展无力的合作社。人地资源矛盾以及"三农"在经济结构中的弱势地位,决定了农民在涉农领域的盈利空间有限,造成了农民去组织化的严峻问题。三是政府"越位"型合作社,即依靠行政命令强行推动的合作社。一些地方政府为了增加精准扶贫政绩,或者为了完成某种任务指标而采取行政推动,催生了一批"要我发展"的合作社,这是政府直接参与制造的"空壳社"。

合作社的本质属性,即农产品的生产经营者或者农业生产经营服务的提供者、利用者自愿联合、民主管理的互助性经济组织,创办宗旨是服务成员、谋求成员的共同利益。而"空壳社"一开始的创办目的就出现了偏差,只为了套现牟利,甚至出现钱权交易、权力寻租等现象。可以说,这些合作社,因为没有合作社的本质内涵,没有主体性和内生力,所以没有灵魂。可以说,主体性和内生力的缺失,是"空壳社"产生的根本原因。

要想农民专业合作社"不空壳",需要农民专业合作社的主体性内因与政府的主导性外因达到"中和"的状态,即各守其本,不错位、缺位和越位。首先,关于政府作为主导性外因的"补位"问题。来自政府方面的种种"失位"现象,要依靠其自觉的"补位"方式进行解决。需强调的是,政府作为合作社的主导

---

① 何慧丽.合作社如何"不空壳"[J].人民论坛,2019(4):67-69.

方,也是主要矛盾的一方,面对合作社弱势的境况,应充分发挥其主导方的引导和转化优势,在进行农民专业合作社教育培训和乡村振兴人才教育等方面发挥作用,不能一味地进行自上而下的强制推动。其次,关于合作社作为主体性内因的"固本"问题。农民专业合作社的人才培养不仅需要进行简单的教育宣传,也需要在社会实践中不断磨炼。因此,政府应尊重基层民众的首创精神以及宝贵经验,树真典型、找真经验,从群众中来,到群众中去。

徐旭初:空壳合作社一定要清理吗?①

毋庸讳言,空壳合作社现象确实存在,近年日盛,不容乐观。根据笔者长期从事合作社研究的亲身调研经验,我国农民合作社中,少数是规范的,多数是不规范的;不规范的合作社中,又有运营正常但不规范、运营不正常也不规范、空壳的三类。空壳合作社产生大致有三方面原因:其一,合作社发起人的投机主义动机使然。通过组建和注册一家空壳合作社,农民发起者期望获得政府财政补贴、项目扶持,企业发起人期望获得税收优惠、项目扶持,甚至也有一些农业经营主体未必冲着政府扶持,就是想注册一家合作社以备后用。其二,政府部门政绩偏好和考核压力使然。许多地方将合作社数量作为考核基层政府和相关部门的指标,这就促使政府部门的机会主义者只管组建、不管运营,而且往往以财政补贴诱导组建合作社。其三,工商部门的合作社注销制度烦琐也是一大原因。

这里的问题在于,我们讨论空壳合作社,是不是要根据作为发起人的某种市场经济主体的动机来评判其行为。显然不能。在市场经济环境下,任何市场主体都是本着自利的偏好和出发点进行相关市场行为的,我们并不能简单地根据其动机来对其做出道德判断。换言之,不宜道德化地指责合作社发起人的投机主义行为,而应更多地评判在合作社组建中的政府行为。近年来,政府日益对合作社发展表现出从主体化到载体化的期待,譬如在如今的扶贫攻坚中,各地为落实产业扶贫任务指标,往往热衷于组建扶贫合作社,强行将龙头企业和贫困农户扭在一起,也正如有些媒体所说的"村民'挂牌'领补贴,官员'靠牌'表政绩,各得其所,心照不宣"。显然,为了实现合作社的载体作用,也为了完成由上至下的相关考核指标,基层政府或相关部门倾向于努力引导、扶持甚至直接介入合作社的组建。可以说,政府部门对合作社的载体化期待

① 徐旭初.空壳合作社一定要清理吗?[DB/OL]. http://www.ccfc.zju.edu.cn/Scn/NewsDetail?newsId=21984&catalogId=332,2018-12-11.有修改。

以及相关考核机制是空壳合作社的主要产生原因之一。

最后,空壳合作社真的需要清理吗?问这句话显然有悖公议,但还是值得一问。不妨设想一下,我国是不是存在着很多空壳公司、空壳工商户?答案无疑是显然的。我们怎么没有对空壳公司、空壳工商户那么义愤填膺呢?毋庸置疑,空壳合作社确有较大的负面影响。一是分散了比较有限的财政扶持资源;二是破坏了农民合作社的社会形象;三是破坏了政府的社会公信力。其中,尤以后两者为甚。但细细想来,这些责任,其实主要并不在空壳合作社,而是因为人们对合作社附加了过多的道德想象和社会责任,因为政府对合作社提供了财政扶持。

因此,如果我们除却对于合作社的道德期许和政绩考核,那么,就要慎提清理空壳合作社,多提激活空壳合作社。所谓清理之说,似乎较多管理主义之嫌,较少尊重市场经济规律之意。当然,如农业农村部新近提出农民专业合作社质量提升行动,在30个试点县开展"清理整顿一批、规范提升一批、提升壮大一批"行动,也属正道。总之,空壳合作社虽然不合意,也有负面影响,但也不必杀声震天,还是要留出生路、促其发展、助其成长。实际上,当因组建合作社就能获得政府财政扶持的预期普遍消除,当工商部门的合作社注销制度大大简化,空壳合作社必将自行减少。

苑鹏:空壳农民专业合作社问题不容乐观[①]

自2006年《农民专业合作社法》颁布以来,我国农民专业合作社发展数量持续快速增长。调研发现,目前存在大量有名无实、没有开展任何业务活动的空壳社。空壳社的产生主要有政策投机、地方政府政绩工程、经营主体套取税收优惠、业务停止后未及时注销等原因。解决空壳社问题需要从以下几个方面着手:一是取消农民合作社发展数量的考核要求,坚决抵制地方政府"大跃进"式的行政推动行为。二是简化注销法人资格的程序,将农民专业合作社注销纳入《工商总局关于全面推进企业简易注销登记改革的指导意见》适用范围,允许农民专业合作社实施简易注销,及时让空壳社退出。三是尽早出台《农民专业合作社登记管理条例》修订版,进一步完善、细化对农民专业合作社注销法人资格和登记条件的相关规定,从源头上净化农民专业合作社群体。

---

① 苑鹏.空壳农民专业合作社问题不容乐观.[DB/OL]http://www.gungho-xn.org/nd.jsp?id＝158.2019-01-14.

苑鹏等:空壳农民专业合作社的形成原因、负面效应与应对策略[①]

空壳社问题已经成为农民专业合作社发展过程中的突出现象,在农村各地不同程度地存在,对农民专业合作社的健康可持续发展带来了不良影响,损害了农民专业合作社的整体社会信誉,侵占了正常开展业务的农民专业合作社的财政补助资源,并增加了行政机构的市场监管成本、服务成本和被寻租的风险。因此,及时解决"空壳社"问题已经成为当务之急。通过对8省(自治区)12县(市、区)614份农民专业合作社问卷、98份市场监管部门问卷的初步统计,以及与12县(市、区)市场监管部门座谈、30余家农民专业合作社的访谈发现,各地都不同程度地存在空壳农民专业合作社问题。"空壳社"的形成主要是为了套取国家项目资金、获得税收优惠、响应上级政府要求和"随大溜",还有少数是因经营不善或产业政策调整而被迫停业后没有及时退出。农民专业合作社法人注销制度要求烦琐,亦在客观上抬高了空壳社的退出门槛。

建议各级政府以"空壳合作社专项清理工作"为契机,以新修订实施的《农民专业合作社法》为依据,进一步改进政策、完善制度,努力消除"空壳社"的存在。具体建议如下:第一,强化《农民专业合作社法》的普法力度。进一步加强基层农民专业合作社辅导员队伍建设,将宣传普及《农民专业合作社法》作为一项长期化、常态化任务来抓。第二,改进现行政府考核机制。取消关于本地区农民专业合作社发展数量规模及其年报率的考核指标,促进农民专业合作社的发展以及工商年报制度体现真实性,尤其是应避免地方政府在实施精准扶贫战略中设置不符合当地发展条件和发展实际的硬性数量指标要求,防范出现新一轮的"空壳社"风险。第三,完善现行农民专业合作社扶持范围。应从社会公平、营造平等竞争环境的角度出发,改进政府财政扶持项目的申请条件,将农民专业合作社纳入小微企业扶持政策,逐步弱化政府按照市场主体的组织属性进行扶持的方式,取消一些财政扶持项目规定实施主体必须是农民专业合作社的做法,从源头消除建立农民专业合作社的投机行为。第四,因地制宜依法清退"空壳社"。在落实专项清理工作中,各地政府应根据本地区实际情况制定具体方案,防止采取过激行为,避免使用大规模、疾风骤雨式的清理整顿方式。第五,修订《农民专业合作社登记管理条例》。建议配合落实新修订的《农民专业合作社法》,及时启动修订《农民专业合作社登记管理条例》,

---

① 苑鹏,曹斌,崔红志.空壳农民专业合作社的形成原因、负面效应与应对策略[J].改革,2019(4):39-47.

进一步完善、细化对农民专业合作社的注册登记规定,以及吊销连续两年未经营的农民专业合作社营业执照的具体办法。

蒋颖、郑文堂:"空壳合作社"问题研究①

因产生的基础不同,"空壳合作社"主要有两大类型:一类是创立合作社之时目的就不纯粹,创办目的有偏差,或是为了获取国家的优惠政策,从中牟利,或是为了完成政绩,这类合作社在之后的发展中自然动力不足,产生空壳现象;另一类"空壳合作社"的出现并非产生于创立之初,主要是因为后期发展中遇到了各种障碍不得不停下发展脚步。而注册登记门槛过低、监管无力、规制理念偏差、监督管理滞后、意识欠缺、管理人才欠缺以及信息不完全都是"空壳合作社"产生的重要原因。因此,应该在严把注册登记关、强化合作社动态监管、建立退出机制、加大规范与监管力度、落实政策优惠、加大人才引进、发展合作社教育、建立第三方的合作社工作部门等方面加大工作力度。总之,适当提高合作社的门槛,加强对现有合作社的监督检查,对弱小合作社进行大力支持,并创造性地进行扶持、教育及管理,才能够减少并避免"空壳社"的产生,才能使合作社事业得到真实、稳健的发展。

---

① 蒋颖,郑文堂."空壳合作社"问题研究[J].农业部管理干部学院学报,2014(4):24-26.

第三章
小农户和现代农业发展
有机衔接问题观点选编

一、小农户和现代农业发展有机衔接问题的提出与要求

2017 年 10 月 18 日,习近平代表第十八届中央委员会在中国共产党第十九次全国代表大会上作了《决胜全面建成小康社会 夺取新时代中国特色社会主义伟大胜利》的报告,报告明确做出了实施乡村振兴战略的重大决策部署,其中明确指出要"实现小农户和现代农业发展有机衔接"。关于"小农户"的提法是改革开放以来在中央文件和历届党代会报告中从来没有过的,这表明党中央非常清醒地认识到在今后相当长的时间中,一家一户的小农户生产可能还是中国长期存在的一个历史现象,短期内是不可能把它完全消灭掉的。与此同时,随着土地流转费用刚性上涨以及农民非农收入日渐增加,土地出让收入的吸引力相对下降,近年来农村土地流转速度逐步放缓,规模化的"中农"和"大农"生产经营面临诸多限制。因此,在相当长一个时期内,中国农业生产经营的主要组织形式依然是小农户,小农户的现代化是中国农业现代化的关键所在。

按照中央关于促进小农户与现代农业发展有机衔接部署要求,调查了解当前我国小农户的发展情况,农业农村部办公厅于 2018 年 4 月 13 日专门发出《农业农村部办公厅关于请调查小农与现代农业发展有机衔接等情况的函》(农办经函〔2018〕9 号),函调具体内容如下:

一、小农户发展的基本情况。包括小农户类型(纯农户、兼业农户、非农户)、土地经营情况、年龄结构、收入结构、劳动力情况等内容。

二、面向小农户的扶持政策及落实情况。包括扶持小农户发展各项政策,如基础设施项目、财政补贴、金融保险、价格税收等。

三、促进小农户与现代农业发展有机衔接中存在的主要困难及政策建议。

四、促进小农户与现代农业发展有机衔接的好做法及经验。

在农业农村部前期调查的基础上,中共中央办公厅、国务院办公厅于2019年2月21日专门印发了《关于促进小农户和现代农业发展有机衔接的意见》(中办发〔2019〕8号),并发出通知,要求全国各地区各部门结合实际认真贯彻落实。《意见》全文如下:

党的十九大提出,实现小农户和现代农业发展有机衔接。为扶持小农户,提升小农户发展现代农业能力,加快推进农业农村现代化,夯实实施乡村振兴战略的基础,现就促进小农户和现代农业发展有机衔接提出如下意见。

一、重要意义

发展多种形式适度规模经营,培育新型农业经营主体,是增加农民收入、提高农业竞争力的有效途径,是建设现代农业的前进方向和必由之路。但也要看到,我国人多地少,各地农业资源禀赋条件差异很大,很多丘陵山区地块零散,不是短时间内能全面实行规模化经营,也不是所有地方都能实现集中连片规模经营。当前和今后很长一个时期,小农户家庭经营将是我国农业的主要经营方式。因此,必须正确处理好发展适度规模经营和扶持小农户的关系。既要把准发展适度规模经营是农业现代化必由之路的前进方向,发挥其在现代农业建设中的引领作用,也要认清小农户家庭经营很长一段时间内是我国农业基本经营形态的国情农情,在鼓励发展多种形式适度规模经营的同时,完善针对小农户的扶持政策,加强面向小农户的社会化服务,把小农户引入现代农业发展轨道。

(一)促进小农户和现代农业发展有机衔接是巩固完善农村基本经营制度的重大举措。小农户是家庭承包经营的基本单元。以家庭承包经营为基础、统分结合的双层经营体制,是我国农村的基本经营制度,需要长期坚持并不断完善。扶持小农户,在坚持家庭经营基础性地位的同时,促进小农户之间、小农户与新型农业经营主体之间开展合作与联合,有利于激发农村基本经营制度的内在活力,是夯实现代农业经营体系的根基。

（二）促进小农户和现代农业发展有机衔接是推进中国特色农业现代化的必然选择。小农户是我国农业生产的基本组织形式，对保障国家粮食安全和重要农产品有效供给具有重要作用。农业农村现代化离不开小农户的现代化。扶持小农户，引入现代生产要素改造小农户，提升农业经营集约化、标准化、绿色化水平，有利于小农户适应和容纳不同生产力水平，在农业现代化过程中不掉队。

（三）促进小农户和现代农业发展有机衔接是实施乡村振兴战略的客观要求。小农户是乡村发展和治理的基础，亿万农民群众是实施乡村振兴战略的主体。精耕细作的小农生产和稳定有序的乡村社会，构成了我国农村独特的生产生活方式。扶持小农户，更好发挥其在稳定农村就业、传承农耕文化、塑造乡村社会结构、保护农村生态环境等方面的重要作用，有利于发挥农业的多种功能，体现乡村的多重价值，为实施乡村振兴战略汇聚起雄厚的群众力量。

（四）促进小农户和现代农业发展有机衔接是巩固党的执政基础的现实需要。小农户是党的重要依靠力量和群众基础。党始终把维护农民群众根本利益、促进农民共同富裕作为出发点和落脚点。扶持小农户，提升小农户生产经营水平，拓宽小农户增收渠道，让党的农村政策的阳光雨露惠及广大小农户，有利于实现好、维护好、发展好广大农民根本利益，让广大农民群众的获得感、幸福感、安全感更加充实、更有保障、更可持续。

二、总体要求

（一）指导思想。以习近平新时代中国特色社会主义思想为指导，全面贯彻党的十九大和十九届二中、三中全会精神，坚持小农户家庭经营为基础与多种形式适度规模经营为引领相协调，坚持农业生产经营规模宜大则大、宜小则小，充分发挥小农户在乡村振兴中的作用，按照服务小农户、提高小农户、富裕小农户的要求，加快构建扶持小农户发展的政策体系，加强农业社会化服务，提高小农户生产经营能力，提升小农户组织化程度，改善小农户生产设施条件，拓宽小农户增收空间，维护小农户合法权益，促进传统小农户向现代小农户转变，让小农户共享改革发展成果，实现小农户与现代农业发展有机衔接，加快推进农业农村现代化。

（二）基本原则

——政府扶持、市场引导。充分发挥市场配置资源的决定性作用，更好发挥政府作用。引导小农户土地经营权有序流转，提高小农户经营效率。注重惠农政策的公平性和普惠性，防止人为垒大户，排挤小农户。

——统筹推进、协调发展。统筹兼顾培育新型农业经营主体和扶持小农户,发挥新型农业经营主体对小农户的带动作用,健全新型农业经营主体与小农户的利益联结机制,实现小农户家庭经营与合作经营、集体经营、企业经营等经营形式共同发展。

——因地制宜、分类施策。充分考虑各地资源禀赋、经济社会发展和农林牧渔产业差异,顺应小农户分化趋势,鼓励积极探索不同类型小农户发展的路径。不搞一刀切,不搞强迫命令,保持足够历史耐心,确保我国农业现代化进程走得稳、走得顺、走得好。

——尊重意愿、保护权益。保护小农户生产经营自主权,落实小农户土地承包权、宅基地使用权、集体收益分配权,激发小农户生产经营的积极性、主动性、创造性,使小农户成为发展现代农业的积极参与者和直接受益者。

三、提升小农户发展能力

(一)启动家庭农场培育计划。采取优先承租流转土地、提供贴息贷款、加强技术服务等方式,鼓励有长期稳定务农意愿的小农户稳步扩大规模,培育一批规模适度、生产集约、管理先进、效益明显的农户家庭农场。鼓励各地通过发放良技良艺良法应用补贴、支持农户家庭农场优先承担涉农建设项目等方式,引导农户家庭农场采用先进科技和生产力手段。指导农户家庭农场开展标准化生产,建立可追溯生产记录,加强记账管理,提升经营管理水平。完善名录管理、示范创建、职业培训等扶持政策,促进农户家庭农场健康发展。

(二)实施小农户能力提升工程。以提供补贴为杠杆,鼓励小农户接受新技术培训。支持各地采取农民夜校、田间学校等适合小农户的培训形式,开展种养技术、经营管理、农业面源污染治理、乡风文明、法律法规等方面的培训。新型职业农民培育工程和新型农业经营主体培育工程要将小农户作为重点培训对象,帮助小农户发展成为新型职业农民。涉农职业院校等教育培训机构要发挥专业优势,优先做好农村实用人才带头人示范培训。鼓励各地通过补贴学费等方式,引导各类社会组织向小农户提供技术培训。

(三)加强小农户科技装备应用。加快研发经济作物、养殖业、丘陵山区适用机具和设施装备,推广应用面向小农户的实用轻简型装备和技术。建立健全农业农村社会化服务体系,实施科技服务小农户行动,支持小农户运用优良品种、先进技术、物质装备等发展智慧农业、设施农业、循环农业等现代农业。引导农业科研机构、涉农高校、农业企业、科技特派员到农业生产一线建立农业试验示范基地,鼓励农业科研人员、农业技术推广人员通过下乡指导、技术培训、定向帮扶等方式,向小农户集成示范推广先进适用技术。

(四)改善小农户生产基础设施。鼓励各地通过以奖代补、先建后补等方式,支持村集体组织小农户开展农业基础设施建设和管护。支持各地重点建设小农户急需的通田到地末级灌溉渠道、通村组道路、机耕生产道路、村内道路、农业面源污染治理等设施,合理配置集中仓储、集中烘干、集中育秧等公用设施。加强农业防灾减灾救灾体系建设,提高小农户抗御灾害能力。

四、提高小农户组织化程度

(一)引导小农户开展合作与联合。支持小农户通过联户经营、联耕联种、组建合伙农场等方式联合开展生产,共同购置农机、农资,接受统耕统收、统防统治、统销统结等服务,降低生产经营成本。支持小农户在发展休闲农业、开展产品营销等过程中共享市场资源,实现互补互利。引导同一区域同一产业的小农户依法组建产业协会、联合会,共同对接市场,提升市场竞争能力。支持农村集体经济组织和合作经济组织利用土地资源、整合涉农项目资金、提供社会化服务等,引领带动小农户发展现代农业。

(二)创新合作社组织小农户机制。坚持农户成员在合作社中的主体地位,发挥农户成员在合作社中的民主管理、民主监督作用,提升合作社运行质量,让农户成员切实受益。鼓励小农户利用实物、土地经营权、林权等作价出资办社入社,盘活农户资源要素。财政补助资金形成的资产,可以量化到小农户,再作为入社或入股的股份。支持合作社根据小农户生产发展需要,加强农产品初加工、仓储物流、市场营销等关键环节建设,积极发展农户+合作社、农户+合作社+工厂或公司等模式。健全盈余分配机制,可分配盈余按照成员与合作社的交易量(交易额)比例、成员所占出资份额统筹返还,并按规定完成优先支付权益,使小农户共享合作收益。扶持农民用水合作组织多元化创新发展。支持合作社依法自愿组建联合社,提升小农户合作层次和规模。

(三)发挥龙头企业对小农户带动作用。完善农业产业化带农惠农机制,支持龙头企业通过订单收购、保底分红、二次返利、股份合作、吸纳就业、村企对接等多种形式带动小农户共同发展。鼓励龙头企业通过公司

＋农户、公司＋农民合作社＋农户等方式,延长产业链、保障供应链、完善利益链,将小农户纳入现代农业产业体系。鼓励小农户以土地经营权、林权等入股龙头企业并采取特殊保护,探索实行农民负盈不负亏的分配机制。鼓励和支持发展农业产业化联合体,通过统一生产、统一营销、信息互通、技术共享、品牌共创、融资担保等方式,与小农户形成稳定利益共同体。

五、拓展小农户增收空间

(一)支持小农户发展特色优质农产品。引导小农户拓宽经营思路,依靠产品品质和特色提高自身竞争力。各地要结合特色优势农产品区域布局,紧盯市场需求,深挖当地特色优势资源潜力,引导小农户发展地方优势特色产业,形成一村一品、一乡一特、一县一业。探索建立农业产业到户机制,制订"菜单式"产业项目清单,指导小农户自主选择。支持小农户发挥精耕细作优势,引入现代经营管理理念和先进适用技术装备,发展劳动密集化程度高、技术集约化程度高、生产设施化程度高的园艺、养殖等产业,实现小规模基础上的高产出高效益。引导小农户发展高品质农业、绿色生态农业,开展标准化生产、专业化经营,推进种养循环、农牧结合,生产高附加值农产品。实施小农户发展有机农业计划。

(二)带动小农户发展新产业新业态。大力拓展农业功能,推进农业与旅游、文化、生态等产业深度融合,让小农户分享二、三产业增值收益。加强技术指导、创业孵化、产权交易等公共服务,完善配套设施,提高小农户发展新产业新业态能力。支持小农户发展康养农业、创意农业、休闲农业及农产品初加工、农村电商等,延伸产业链和价值链。开展电商服务小农户专项行动。支持小农户利用自然资源、文化遗产、闲置农房等发展观光旅游、餐饮民宿、养生养老等项目,拓展增收渠道。

(三)鼓励小农户创业就业。鼓励有条件的地方构建市场准入、资金支持、金融保险、用地用电、创业培训、产业扶持等相互协同的政策体系,支持小农户结合自身优势和特长在农村创业创新。健全就业服务体系,扩大农村劳动力转移就业渠道,鼓励农村劳动力就地就近就业,支持农村劳动力进入二、三产业就业。支持小农户在家庭种养基础上,通过发展特色手工和乡村旅游等,实现家庭生产的多业经营、综合创收。

六、健全面向小农户的社会化服务体系

(一)发展农业生产性服务业。大力培育适应小农户需求的多元化多层次农业生产性服务组织,促进专项服务与综合服务相互补充、协调发展,积极拓展服务领域,重点发展小农户急需的农资供应、绿色生产技术、农业废弃物资源化利用、农机作业、农产品初加工等服务领域。搭建区域农业生产性服务综合平台。创新农业技术推广服务机制,促进公益性农技推广机构与经营性服务组织融合发展,为小农户提供多形式技术指导服务。探索通过政府购买服务等方式,为小农户提供生产公益性服务。鼓励和支持农垦企业、供销合作社组织实施农业社会化服务惠农工程,发挥自身组织优势,通过多种方式服务小农户。

(二)加快推进农业生产托管服务。创新农业生产服务方式,适应不同地区不同产业小农户的农业作业环节需求,发展单环节托管、多环节托管、关键环节综合托管和全程托管等多种托管模式。支持农村集体经济组织、供销合作社专业化服务组织、服务型农民合作社等服务主体,面向从事粮棉油糖等大宗农产品生产的小农户开展托管服务。鼓励各地因地制宜选择本地优先支持的托管作业环节,不断提升农业生产托管对小农户服务的覆盖率。加强农业生产托管的服务标准建设、服务价格指导、服务质量监测、服务合同监管,促进农业生产托管规范发展。实施小农户生产托管服务促进工程。

(三)推进面向小农户产销服务。推进农超对接、农批对接、农社对接,支持各地开展多种形式的农产品产销对接活动,拓展小农户营销渠道。实施供销、邮政服务带动小农户工程。完善农产品物流服务,支持建设面向小农户的农产品贮藏保鲜设施、田头市场、批发市场等,加快建设农产品冷链运输、物流网络体系,建立产销密切衔接、长期稳定的农产品流通渠道。打造一批竞争力较强、知名度较高的特色农业品牌和区域公用品牌,让小农户分享品牌增值收益。加大对贫困地区农产品产销对接扶持力度,扩大贫困地区特色农产品营销促销。

(四)实施互联网+小农户计划。加快农业大数据、物联网、移动互联网、人工智能等技术向小农户覆盖,提升小农户手机、互联网等应用技能,让小农户搭上信息化快车。推进信息进村入户工程,建设全国信息进村入户平台,为小农户提供便捷高效的信息服务。鼓励发展互联网云农场等模式,帮助小农户合理安排生产计划、优化配置生产要素。发展农村电子商务,鼓励小农户开展网络购销对接,促进农产品流通线上线下有机结合。深化电商扶贫频道建设,开展电商扶贫品牌推介活动,推动贫困地区农特产品与知名电商企业对接。支持培育一批面向小农户的信息综合服务企业和信息应用主体,为小农户提供定制化、专业化服务。

(五)提升小城镇服务小农户功能。实施以镇带村、以村促镇的镇村融合发展模式,将小农户生产逐步融入区域性产业链和生产网络。引导农产品加工等相关产业向小城镇、产业园区适度集中,强化规模经济效应,逐步形成带动小农户生产的现代农业产业集群。鼓励在小城镇建设返乡创业园、创业孵化基地等,为小农户创新创业提供多元化、高质量的空间载体。提升小城镇服务农资农技、农产品交易等功能,合理配置集贸市场、物流集散地、农村电商平台等设施。

七、完善小农户扶持政策

(一)稳定完善小农户土地政策。保持土地承包关系稳定并长久不变,衔接落实好第二轮土地承包到期后再延长三十年的政策。建立健全农村土地承包经营权登记制度,为小农户"确实权、颁铁证"。在有条件的村组,结合高标准农田建设等,引导小农户自愿通过村组内互换并地、土地承包权退出等方式,促进土地小块并大块,引导逐步形成一户一块田。落实农村承包地所有权、承包权、经营权"三权"分置办法,保护小农户土地承包权益,及时调处流转纠纷,依法稳妥规范推进农村承包土地经营权抵押贷款业务,鼓励小农户参与土地资源配置并分享土地规模经营收益。规范土地流转交易,建立集信息发布、租赁合同网签、土地整治、项目设计等功能于一体的综合性土地流转管理服务组织。

(二)强化小农户支持政策。对新型农业经营主体的评优创先、政策扶持、项目倾斜等,要与带动小农生产挂钩,把带动小农户数量和成效作为重要依据。充分发挥财政杠杆作用,鼓励各地采取贴息、奖补、风险补偿等方式,撬动社会资本投入农业农村,带动小农户发展现代农业。对于财政支农项目投入形成的资产,鼓励具备条件的地方折股量化给小农户特别是贫困农户,让小农户享受分红收益。

(三)健全针对小农户补贴机制。稳定现有对小农生产的普惠性补贴政策,创新补贴形式,提高补贴效率。完善粮食等重要农产品生产者补贴制度。鼓励各地对小农户参与生态保护实行补偿,支持小农户参与耕地草原森林河流湖泊休养生息等,对发展绿色生态循环农业、保护农业资源环境的小农户给予合理补偿。健全小农户生产技术装备补贴机制,按规定加大对丘陵山区小型农机具购置补贴力度。鼓励各地对小农户托管土地给予费用补贴。

(四)提升金融服务小农户水平。发展农村普惠金融,健全小农户信用信息征集和评价体系,探索完善无抵押、无担保的小农户小额信用贷款政策,不断提升小农户贷款覆盖面,切实加大对小农户生产发展的信贷支持。支持农村商业银行、农村合作银行、村镇银行等农村中小金融机构立足县域,加大服务小农户力度。支持农村合作金融规范发展,扶持农村资金互助组织,通过试点稳妥开展农民合作社内部信用合作。鼓励产业链金融、互联网金融在依法合规前提下为小农户提供金融服务。鼓励发展为小农户服务的小额贷款机构,开发专门的信贷产品。加大支农再贷款支持力度,引导金融机构增加小农户信贷投放。鼓励银行业金融机构在风险可控和商业可持续的前提下扩大农业农村贷款抵押物范围,提高小农户融资能力。

(五)拓宽小农户农业保险覆盖面。建立健全农业保险保障体系,从覆盖直接物化成本逐步实现覆盖完全成本。发展与小农户生产关系密切的农作物保险、主要畜产品保险、重要"菜篮子"品种保险和森林保险,推广农房、农机具、设施农业、渔业、制种等保险品种。推进价格保险、收入保险、天气指数保险试点。鼓励地方建立特色优势农产品保险制度。鼓励发展农业互助保险。建立第三方灾害损失评估、政府监督理赔机制,确保受灾农户及时足额得到赔付。加大针对小农户农业保险保费补贴力度。

八、保障措施

(一)加强组织领导。各级党委和政府既要注重培育新型农业经营主体,又要重视发挥好小农户在农业农村现代化中的作用,把贯彻落实扶持引导小农户政策和培育新型农业经营主体政策共同作为农村基层工作的重要方面,在政策制定、工作部署、财力投放等各个方面加大工作力度,齐头并进,确保各项政策落到实处。

(二)强化统筹协调。农业农村部门要发挥牵头组织作用,各地区各有关部门要加强协作配合,完善工作机制,形成工作合力。将推进扶持小农户发展与实施乡村振兴战略、打赢脱贫攻坚战统筹安排,推动各项工作做实做细。

(三)注重宣传指导。做好政策宣传,加强调查研究,及时掌握小农户发展的新情况新问题,系统总结小农户与现代农业发展有机衔接的新经验新做法新模式,营造促进小农户健康发展的良好氛围。

农业农村部门要会同有关部门,对本意见实施落实情况进行跟踪分析和评估,重要工作进展情况及时向党中央、国务院报告。

二、小农户和现代农业发展有机衔接问题观点选编①

王乐君等:构建新型农业经营主体与小农户利益联结机制②

近年来,各种适度规模经营主体蓬勃发展,与农户在产前、产中、产后各环节开展深度合作,形成了丰富多样的"风险共担、利益共享、合作共赢"利益联结关系。一是订单合同、专业合作等传统模式仍占主导地位,逐渐向多方位服务拓展。这种利益联结模式发展时间较长,群众基础较好,获得了新型农业经营主体和小农户的普遍认同。二是股份合作、农业产业化联合体等新型模式蓬勃兴起,日益向紧密型联结延伸。农民的钱袋子鼓起来是检验利益联结机制建设成效的重要标尺。三是多种联结方式并存的混合型模式日获青睐,受到普遍重视。现代市场之间的竞争,已不仅是企业与企业之间、市场主体与市场主体之间的竞争,而是产业链与产业链之间的竞争。四是农村一、二、三产业深度融合发展,进一步密切新型经营主体与农民的利益联结。当前,农村一、二、三产业融合进程不断加快,融合程度逐步加深,融合质量稳步提升。但从客观上讲,如何看待各种利益联结机制的紧密程度,要根据不同产业和不同方式的特点来评判,不能一概而论。

王亚华:什么阻碍了小农户和现代农业发展有机衔接③

当前,小农户和现代农业发展有机衔接面临的障碍主要有:第一,规模经营形成难,农业生产效率低。通常情况下,小农户存在农业经营规模小、耕地细碎化严重等突出问题,在劳动力、资金等诸多方面难以实现资源的优化配置,因此小规模经营往往导致小农户的农业生产效率低下。第二,产业链条衔接难,价值增值程度低。由于小农户的生产经营规模有限,资金、信息、技术等一系列客观条件使得小农户难以与现代农业产业链相互衔接,小农户难以全面借助现代农业发展的契机实现农业价值增值。第三,生产资金获取难,人才劳力均缺失。其中,小农户往往因为土地经营规模较小、经济实力较弱、缺乏

---

① 说明:(1)观点排序依据作者姓氏笔画;(2)出于编辑考虑,也对个别文字和标点符号进行了必要修改。

② 王乐君,寇广增,王斯烈.构建新型农业经营主体与小农户利益联结机制[J].中国农业大学学报(社会科学版),2019(2):89-97.

③ 王亚华.什么阻碍了小农户和现代农业发展有机衔接[J].农村经营管理,2018(4):15-16.

合格有效的担保物,难以获得贷款等金融支持。在金融服务方面,有限的农村金融产品无法适应小农户在农业生产中的多样化实际需求。第四,农业科技利用难,信息物流配套差。对农村而言,农村电子商务基础设施建设仍然滞后,相当多的小农户只能依赖企业、协会等中间商进行市场对接,定价权、订单权均较小。此外,当前我国农村物流体系建设仍然较为落后,村庄分散、物流体系建设不完善等客观条件限制了小农户对信息技术的利用。

孔祥智:健全农业社会化服务体系　实现小农户和现代农业发展有机衔接[①]

人多地少是中国基本国情,在相当长时期内,中国农村土地经营以小规模为主的状况无法明显改变,中国农业现代化只能在小农户基础上实现,必须在政策上引导小农户与现代农业发展对接,除此之外,无其他道路可走。在小农户基础上实现农业现代化,必须做好两项基础性工作,一是建立健全完善的农业社会化服务体系,二是将农民组织起来。健全农业社会化服务体系,基本途径主要有:第一,进一步提高农民组织化水平。将农民和各类新型经营主体高度组织起来才能实现社会化服务基础上的规模化水平,即服务规模化。第二,充分发挥政府系统农业技术推广体系的作用。有条件的地区要构建区域性农业技术推广中心,为农民提供基础性、公益性社会化服务,如小型农田水利设施建设、农村道路建设、农业技术培训及其他公益性服务。第三,充分发挥农民专业合作社、农业产业化龙头企业、社会化服务机构等社会组织作用,为农民提供全方位社会化服务。农民专业合作社主要为其成员提供服务,龙头企业主要为其基地农户提供服务,社会化服务机构则通过收费方式为用户提供服务(如机耕、机收作业等)。

孔祥智、穆娜娜:实现小农户与现代农业发展的有机衔接[②]

中国的农业规模经营,就具体形式来讲,不同地区的实践和做法尽管存在差异,但其实现方式无外乎土地的集中连片规模经营和农业社会化服务的规模化经营。然而,尤其是以土地租赁为主要内容的土地流转型规模经营存在很多问题:一方面,土地流转没有改变中国土地小规模经营的现状;另一方面,租地的规模经营主体会面临较大的经营风险和负面经济效应。这就表明,中

① 孔祥智.健全农业社会化服务体系　实现小农户和现代农业发展有机衔接[J].农业经济与管理,2017(5):20-22.
② 孔祥智,穆娜娜.实现小农户与现代农业发展的有机衔接[J].农村经济,2018(2):1-7.

国要在小农户的基础上实现农业现代化,走以土地租赁为主的土地流转型规模经营的道路是行不通的。把农民组织起来,进一步健全农业社会化服务体系才是中国发展现代农业的唯一出路。其中,把农民组织起来是实现中国农业现代化和服务规模化的重要前提,而发展农民专业合作社是提高农民组织化水平的关键措施。建立、健全完善的农业社会化服务体系则是实现中国农业现代化和服务规模化的关键保障。

叶敬忠、张明皓:"小农户"与"小农"之辩——基于"小农户"的生产力振兴和"小农"的生产关系振兴①

追溯"小农"和"小农户"的概念源流可以发现,"小农"是生产关系"质的规定性"(主体构成和所有制关系)和生产力水平"量的规定性"(土地规模和生存标准)的辩证统一,而"小农户"是"小农"的"量的规定性"的独立反映,是可进行独立核算的合成单元。二者尽管在概念范围上相互缠绕,但却有各自的表达边界。"小农"和"小农户"在概念性质、内容属性和适用理论方面均呈现差异性。两个不同的概念分别构造出乡村振兴的不同"想象",小农户视角的乡村振兴是关于乡村生产力的产业振兴,而小农视角的乡村振兴则是乡村生产关系的全面振兴,"小农户"和"小农"都是构成乡村振兴的主体基础。在乡村振兴的政策设计中应保持区分的敏感,充分认识"小农户"和"小农"存在的差别,在包容二者优势的基础上实现乡村的真正振兴。因此,乡村振兴的政策设计应采取差异化的思路,为小农户和小农设计不同的政策内容。在小农户方面,应强化产业振兴的扶持政策,调动小农户的生产潜能,创建小农户和新型农业经营主体以及现代农业发展的统筹衔接机制。在小农方面,应充分重视和保护小农所蕴含的丰富社会关系,推进小农和乡村振兴目标的互嵌和整合。

叶敬忠等:小农户和现代农业发展:如何有机衔接?②

在国际上,小农户和现代农业的发展与变迁主要有四种模式:一是以消灭小农为目标的英国模式,二是以合作社为主体的荷兰模式,三是以绿色革命为标志的印度模式,四是以农协为载体的日本模式。就中国实践而言,小农户和

① 叶敬忠,张明皓."小农户"与"小农"之辩——基于"小农户"的生产力振兴和"小农"的生产关系振兴[J].南京农业大学学报(社会科学版),2019(1):1-12.

② 叶敬忠,豆书龙,张明皓.小农户和现代农业发展:如何有机衔接?[J].中国农村经济,2018(11):64-79.

现代农业的发展衔接呈现出多元模式,包括:(1)农户自主联合型(依据合伙制原则,不同农户实现资源和资产共同管理和共同经营的模式,是以农户自主联合体为中介实现农户与现代农业发展的对接);(2)新农人＋小农户型(新农人是农民的先锋群体,新农人群体普遍具有创新和创业的精神);(3)中小规模新农民型(农户以中小经营规模和土地适度规模为载体,通过自主创业、自主经营和自负盈亏实现与现代农业发展的衔接,其中"小而精"的生产特性和经营的个体性是其基本特征);(4)合作社带动型(合作社是将分散的小农户进行整合,从而实现自我服务和自我管理的合作组织,是小农户和现代农业发展衔接最为普遍的组织载体);(5)公司＋农户型(以市场为导向,以经济利益为纽带,以农副产品加工销售等企业与农户结成利益共同体来进行生产经营活动的模式);(6)市场对接型(根据市场形态的不同,市场对接模式基本含括小农户和批发市场对接、农超对接和小农户与差异化产品市场对接三种类型);(7)城乡对接型(是立足于城市和乡村各自优势基础上的城市和乡村的联营和融通,是将城乡纳入产销一体化全过程的小农户和现代农业发展的衔接方式);(8)农业社会化服务型(是指由社会上各类服务机构为农业生产提供产前、产中和产后全过程的综合配套服务)。

当前,个体型、组织型和关系型衔接机制的杂糅构成了中国小农户与现代农业发展衔接的多元形态,但还未形成以小农户为主体的稳固衔接方式,小农户在不同程度上仍处于人格依附和市场依附的状态,不平等性和不稳定性依然潜藏于不同的衔接形态中。未来的发展方向除应坚持衔接机制多元化探索和积极借鉴国外有益发展经验之外,还应重点培育体现小农户自主性原则的形式,以实现小农户与现代农业发展的人格衔接、组织衔接和关系衔接。最后,应注重小农户与小农的差异性,充分认识并挖掘小农自身所蕴藏的丰富自然社会关系,实现小农和现代农业发展的有机衔接。

冯小:多元化农业经营背景下农业服务模式的创新与农业发展道路——基于三个典型案例的实证研究[①]

多元化的农业经营包括:小农制下的农业经营、技术集约化的分散小农经营和土地流转型的规模经营。与农业经营相配套的创新性农业服务模式,包括乡村组织的统筹和整合:组织化的服务供给模式;分散小农与服务规模化:

---

① 冯小.多元化农业经营背景下农业服务模式的创新与农业发展道路——基于三个典型案例的实证研究[J].南京农业大学学报(社会科学版),2018(3):75-83.

社会化的服务供给模式;土地规模化经营:农业服务的资本化供给模式。在土地细碎化格局与小农经营的基础上培育新型农业经营主体,是我国当前推进农业现代化的重要举措。针对江苏射阳、陕西白水、皖南平镇三个典型案例,研究了分散小农经营和规模化经营两种不同条件下的组织化、社会化、资本化三种农业服务模式。相比较而言,农业服务的组织化和社会化模式既可以实现普通小农经营的专业化和现代化,也可以构建一种新型农业经营主体与普通小农利益共享的均衡发展模式,而农业服务的组织化和社会化模式可以通过农民的组织化、农业服务的规模化以及农业服务的社会化分工实现。因此,政府通过做好农业服务的引导和支持政策,也可以实现新型农业经营主体和普通小农共赢的农业现代化发展。

刘西川:合作社促进小农户与现代农业发展有机衔接[①]

阻碍小农户与现代农业发展有机衔接的原因可以归结为以下三点:一是针对小农户生产经营的社会化服务供给不足,包括社会化服务供给机构、供给渠道和方式等;二是小农户组织化程度不高;三是小农户之间以及小农户与其他组织的联合与合作不够充分。促进小农户与现代农业发展有机衔接的本质是要将小农户融入大市场,小农户必须遵守市场经济公平交易的基本原则,合作社的基本功能是有效率地提供农业社会化服务,所以在促进小农户与现代农业有机衔接方面有制度优势,与其他市场组织不同,合作社在盈余分配上设计了二次返利制度,这个二次返利既是对一次定价的补充和完善,又是对风险责任的补偿。说到底,合作社提供的是一种服务,这种服务既涉及农资购买、具体生产管理经营和相关技术,还涉及农产品销售等;作为成员的小农户需要服务,当然也需要付费。

刘同山、孔祥智:小农户和现代农业发展有机衔接:意愿、实践与建议[②]

小农户和现代农业发展衔接机制的典型做法有:(1)规模扩大型(增加规模提高小农户的经营收入);(2)劳动力友好型(节约成本改善小农户的经营效益);(3)产值提升型(让小农户在小块土地上获得更高收入);(4)产业拓展型(让小农户分享资源资产增值收益)。为此,要支持有意愿、有能力发展现代农业的小农户经营更大规模土地,促其向"新中农"转变;强化小农户和其他主体

---

① 刘西川.合作社促进小农户与现代农业发展有机衔接[J].中国农民合作社,2018(6):42.

② 刘同山,孔祥智.小农户和现代农业发展有机衔接:意愿、实践与建议[J].农村经济,2019(2):1-8.

的利益联结,保障不能或不愿成为"新中农"的小农户的经营收益;深化农村集体产权制度,赋予小农户尤其是想退出农业生产的小农户更多财产权利;促进城镇人才、资金等回流,以先进理念和经营模式引领小农户发展现代农业。

阮文彪:小农户和现代农业发展有机衔接——经验证据、突出矛盾与路径选择[1]

实现小农户和现代农业发展有机衔接所面临的突出矛盾包括:(1)小农户分散经营与农业规模化标准化发展的客观要求之间的矛盾;(2)小农户的商品农产品增长与市场交易成本居高不下之间的矛盾;(3)小农户适度规模经营要求推进农地流转与农民市民化保障制度供给短缺之间的矛盾;(4)小农户对集体经济组织统一服务的需求与农村集体经济组织的服务能力薄弱乃至缺失之间的矛盾;(5)小农户的市场谈判地位低下与农业市场化和国际化要求之间的矛盾;(6)小农户的保险需求不断增长与农业保险产品供给不足之间的矛盾;(7)小农户增强自然风险抗御能力的要求与农业农村基础设施建设滞后之间的矛盾;(8)小农户参与农业产业化经营与农业产业化组织的合约稳定性差之间的矛盾;(9)小农户对社会分工协作的需求与农业社会化服务体系不健全、服务不到位之间的矛盾;(10)小农户发展现代农业对人力资本增长的要求与农村教育科技公共卫生体制改革滞后之间的矛盾;(11)小农户经营主体世代更迭与现代农业接班人供给短缺之间的矛盾。

孙新华等:农业经营主体发展的多向性及其启示——基于世界农业发展历史的分析[2]

农业经营主体发展多向性是指其方向存在多种可能性,具体表现为小农户、中等规模经营主体和大规模经营主体将长期并存,而三者的具体比例会因时因地而异。农业经营主体发展多向性的表现主要为:以新大陆国家为代表的大规模经营主体主导模式、以欧洲国家为代表的中等规模经营主体主导模式和以东亚国家为代表的小农户主导模式。从三种模式的发展历程来看,尽管都经历了小农户不断减少、中等和大规模农业经营主体不断增多的过程,但

---

[1] 阮文彪.小农户和现代农业发展有机衔接——经验证据、突出矛盾与路径选择[J].中国农村观察,2019(1):15-32.

[2] 孙新华,刘秋文,周娟.农业经营主体发展的多向性及其启示——基于世界农业发展历史的分析[J].西北农林科技大学学报(社会科学版),2019(3):78-86.

是并没有出现农业经营主体发展单向论所指出的资本主义农场击败并完全取代小农户,或者小农户击败并完全排斥资本主义农场的局面。而是呈现出小农户和资本主义大农场(以大规模经营主体为代表)、资本主义家庭农场(以中等经营主体为代表)并存,并且在不同国家和地区呈现出三类农业经营主体分别占主导的局面,这种局面仍将在未来相当一段时间内保持下去,即农业经营主体的发展呈现出多向性而非单向性的特征。

张建雷、席莹:关系嵌入与合约治理——理解小农户与新型农业经营主体关系的一个视角①

当前中国新型农业经营体系的构建,其核心在于新型农业经营主体与小农户的关系问题,即如何发挥新型农业经营主体的引领作用,带动小农户参与构建现代农业经营体系,以最终实现小农户与现代农业发展的有机衔接。本质上,这依赖于新型农业经营主体与小农户之间合约关系的稳定。鉴于分散的小规模农业经营所面临的较高外部性社会成本,新型农业经营主体与小农户之间合约关系的稳定不仅仅依赖于其合约关系的市场绩效,也依赖于政府的政策和制度保障,以及村庄社会关系网络中所蕴含的丰富社会资源。政府和村庄社会的诸种正式性及非正式性关系资源对于降低新型农业经营主体同小农户打交道的组织成本,提高小农户的组织化水平及其组织收益,维持新型农业经营主体与小农户合约关系的稳定有着极为重要的作用。

因而,在当前中国新型农业经营体系的构建过程中,一方面,要大力培育和发展新型农业经营主体,发挥其带动小农户参与现代农业发展的引领作用;另一方面,要尊重小农户的主体地位,立足村庄社区中所蕴含的丰富关系网络资源,并借助政府政策和制度的保障,降低新型农业经营主体对接小农户的组织成本。而立足于村庄社会关系网络基础之上的新型农业经营体系建设,也将在农村资源外流的背景下,激活村庄社会的活力,增进农业生产的社区价值感,维系稳定的农村社会生产和生活秩序。宏观层面上,这对于保障转型期中国农村社会的基本稳定,以及工业化和城市化的稳步推进亦有着极为重要的意义。

---

① 张建雷,席莹.关系嵌入与合约治理——理解小农户与新型农业经营主体关系的一个视角[J].南京农业大学学报(社会科学版),2019(2):1-9.

张晓山：促进小农户和现代农业发展的有机衔接[①]

中国目前需要提倡或者促进新型农业经营主体，包括通过土地流转开展适度规模经营，培育现在所说的农业企业、家庭农场、专业大户或者是农民专业合作社等这一类新型农业经营主体。但是新型农业经营主体的旁边还有两亿多小规模兼业农户，这些小农户本身种点地、打点零工，开展多种经营，主要不是为了满足市场需求，而是为了满足自身的需求和增加收入。这部分农户通过自身的努力，保证自己的粮食安全，为保障全国人民的粮食安全也做出了贡献。关键问题是怎么样能够让他们也纳入到整个现代农业的体系之中。应该指出，这部分农户在未来几十年间，数量可能会逐渐减少，他们的生产经营活跃期可能会逐渐终结，但这是一个漫长的过程。

张益丰：以合作社为纽带实现小农户与现代农业的有机衔接——社会化服务的有效供给[②]

形成小农户与现代农业有机衔接的关键在于小农户获得合宜的和合意的全程社会化服务，并通过获得社会化服务来促进自身的发展壮大。而新小农户经营规模小、风险应对能力弱等特点决定了小农户在市场竞争环境中处于发展劣势，独立的小农户在生产过程中无法解决土地、资金、技术及市场等诸多问题，需要构建完善的农业社会化服务体系来为农户融入市场经营保驾护航。而农业社会化服务体系的形成，不仅需要政府的大力扶持，社会各界力量的参与，更需要形成以合作社为中枢的社会化服务运载平台，研究认为合作社及其衍生体可以作为农业社会化服务的承载者与供给者。

陈航英：小农户与现代农业发展有机衔接——基于组织化的小农户与具有社会基础的现代农业[③]

要实现小农户与现代农业发展的有机衔接，关键在于两点：第一，小农户的组织化问题；第二，现代农业发展的社会基础问题。首先是小农户的组织化问题，一个可行的办法就是由国家来承担小农户组织化的初始成本，一个可靠

---

① 张晓山.促进小农户和现代农业发展的有机衔接[J].群众,2018(4):9-10.
② 张益丰.以合作社为纽带实现小农户与现代农业的有机衔接——社会化服务的有效供给[J].中国农民合作社,2019(3):27-28.
③ 陈航英.小农户与现代农业发展有机衔接——基于组织化的小农户与具有社会基础的现代农业[J].南京农业大学学报(社会科学版),2019(2):10-19.

的做法就是发展和壮大集体经济;其次是现代农业发展的社会基础问题,这实际上是关于农业现代化道路的中国特色问题,中国必须因地制宜地走具有中国特色的现代农业发展道路。"中国特色"主要体现在两个方面:第一,中国特色现代农业与传统农业的关系不是改造与被改造的关系,而是继承和发展的关系。第二,中国特色现代农业追求农业、农村、农民三者的协同发展。

陈锡文:实现小农户和现代农业发展有机衔接[①]

在实现现代化强国目标的过程中,要始终坚持把解决好"三农"问题放在重中之重的位置,农民的就业、增收和农村的基层基础工作是当前农村存在的突出问题。农民就业需要和当时的整个经济形势吻合,要推动农村一、二、三产业融合发展,发展农村的新产业新业态,让农村在耕地之外能为农民创造更多的就业机会。建设中国的现代农业,一方面要通过土地确权登记办证等形式让承包土地的农民,对于流转自家的承包地更加踏实、更加有信心,另外还要通过各种各样的农业社会化服务,为小农户提供现代农业技术、经济服务。

苑鹏:小农户如何实现与现代农业的有机衔接[②]

要实现现代农业发展的目标,就要强化以小农户生产经营增收为导向的社会型政策,促进小农户深入参与到现代产业体系建设中来,更好实现广大普通农户的根本利益。一是将专业服务规模化作为引导小农户与现代农业发展有机衔接的主要举措,发展产业链上的各类专业性农业社会化服务组织。二是强化新型农业经营主体对小农户的带动作用,完善两者利益的联结机制。三是大力支持发展农民社区合作组织,提供综合性社会化服务,培育真正代表农民利益的合作组织。四是重视对小农户的培训,完善农村职业教育体系,强化对农村各行业领头人的培训,提升小农户的人力资本水平。五是改善小农户生产条件,加大对"耕地宜机化"和村庄道路建设的支持力度。六是加大对信息进村入户工程的扶持力度,拓展小农户生产的增收致富渠道,鼓励发展电商经济。七是建立以财政补助为主的保费分担机制,加快发展农业保险互助组织,提升政策性农业保险水平。

① 陈锡文.实现小农户和现代农业发展有机衔接[J].中国农村科技,2018(2):14.
② 苑鹏.小农户如何实现与现代农业的有机衔接[J].农村经营管理,2018(10):24.

苑鹏、丁忠兵:小农户与现代农业发展的衔接模式——重庆梁平例证①

加快培育农业社会化服务主体,不断完善农业社会化服务体系,是我国实现小农户与现代农业发展有机衔接、推动农业农村现代化的必由之路。重庆市梁平区针对兼业小农、专业小农、不在地农户的不同需求,通过给予农业社会化服务费补贴等方式,大力支持农机合作社、专业合作社、行业协会、土地流转服务股份合作社、劳务股份合作社等农业社会化服务组织发展,探索出小农户与现代农业发展对接的五种典型模式,成效初显。我国应针对兼业农户、专业小农及不在地农户的不同需求发展专业服务组织,坚持产业型政策与社会型政策相结合,兼顾效率与公平,制定优惠政策吸引本地人才返乡创业,充实农业社会化服务组织人才队伍。

姜长云:促进小农户和现代农业发展有机衔接是篇大文章②

促进小农户和现代农业发展有机衔接要有紧迫感和使命感。其一,要防止小农户成为现代农业发展的“边缘人”或利益受损者;其二,要防止过度挤出小农户影响粮食安全和农村文化传承、生态保护、社会稳定;其三,发展现代农业,实施乡村振兴战略应该让小农户共商共建共享。总之,要通过积极支持发展农业生产性服务业(所谓生产性服务即被其他产品或服务的生产过程用作中间投入的服务,主要表现为两种形态,一是内部化、非市场化的非独立形态,如农户或家庭农场自我提供农机服务;二是外部化、市场化的独立形态,如农机服务公司向农户或家庭农场提供市场化农机服务),积极支持工商资本和新型农业经营主体带动小农户与现代农业发展有机衔接,引导支持小农户增强与现代农业发展有机衔接的能力,多管齐下促进小农户和现代农业发展有机衔接。

徐旭初、吴彬:合作社是小农户和现代农业发展有机衔接的理想载体吗?③

小农户如何与现代农业接轨、与大市场对接,是新时代实施乡村振兴战略必须解决的大问题。党的十九大报告、2017 年中央农村工作会议和 2018 年

---

① 苑鹏,丁忠兵.小农户与现代农业发展的衔接模式——重庆梁平例证[J].改革,2018(6):106-114.
② 姜长云.促进小农户和现代农业发展有机衔接是篇大文章[J].中国发展观察,2018(Z1):47-50.
③ 徐旭初,吴彬.合作社是小农户和现代农业发展有机衔接的理想载体吗?[J].中国农村经济,2018(11):80-95.

中央一号文件明确指出了改造小农户的道路,就是加快小农户与现代农业发展有机衔接。小农户与现代农业发展有机衔接,有几个方面需要思考:第一,现代农业发展必然(过度)挤出传统小农,仅仅依靠传统小农自身力量去有机衔接现代农业发展,难度极大;第二,小农户与现代农业发展有机衔接,应该是有机的对接、嵌入和融合,而不是勉强迁就,换言之,并非所有形态的小农户都能够与现代农业有机衔接;第三,小农户与现代农业发展有机衔接,应有效缓解和克服小农户自身的弱势性,换言之,小农户与现代农业发展有机衔接的实现过程就是改造、提升"传统小农",培育"现代小农"的过程;第四,克服小农户弱点和弱势性,既要靠小农户自身的成长,更要靠相应的制度安排,特别是组织性制度安排。那么,有机衔接要怎么去衡量? 我们认为,大约要做到以下几点:第一,能够为小农提供所需服务。第二,能够有效抑制市场波动。第三,能够提高小农户组织化程度。第四,利益联结机制要具有保障小农户利益的合意性。第五,要让小农户有自我成长空间。

要实现小农户与现代农业发展有机衔接,必须通过组织化路径,提供现代农业服务。现代农业服务具有资本性、技术性和风险性三大属性要素。合作社的理论模型非常理想,对小农户非常友好,最能够保护小农户利益。当然,也应认识到,农民合作社在实践过程中并不尽如人意。具体而言,不难发现两个基本事实:其一,服务型合作社的技术性和风险性较低,定价相对透明,小农户明白了解业务内容,更容易参与和受益;但其中的装备类服务合作社的资本性较高,对小农户而言更多是社会化服务组织。其二,营销型合作社的资本性、技术性和风险性均较高,更容易出现精英控制、普通农户有限参与、定价不透明、利润分配不对称(最为人所诟病)等现象。然而,在相当程度上,作为农民合作社主体的营销型合作社依然是最可取的,虽然存在核心成员与普通成员的异质性及其分化分层现象,但与其说是精英俘获,不如说是一种内部分工、激励兼容的"类企业"制度安排。因此,应该客观地、理性地、辩证地看待合作社在小农户与现代农业发展有机衔接中的地位和作用。但无论如何,不能忘记"以合作社为载体"的价值期待。

郭庆海:小农户:属性、类型、经营状态及其与现代农业衔接①

农村住户可分为全职农户、兼业 1 型农户、兼业 2 型农户和非农户四类。其中,全职农户可以定义为以农业收入作为家庭主要收入来源的农户,其从业

---

① 郭庆海.小农户:属性、类型、经营状态及其与现代农业衔接[J].农业经济问题,2018(6):25-37.

收入(指工资性收入与家庭经营净收入之和)的 90％以上来源于家庭经营中的农业经营,这意味着全职农户对家庭农业经营具有高度的依赖性。全职农户可以分为两类,一类是规模经营农户,一类是小农户。全职型小农户虽然以农业为生,但他们中多数处于弱势地位,农业从业能力并不强。具体表现为,一是因其家庭收入水平低导致其再生产投入能力明显不足;二是对先进农业技术的接纳往往滞后于大农户或兼业型农户;三是偏重于自给性生产,有限的家庭预算使他们的商品购买力较低,家庭生产更倾向于自给自足;四是劳动边际生产率常常为零,绝大部分时间都花费在家庭经营中,不计较劳动成本,有能力有时间尽可能提高自给性生产比重以减少货币支出。

将小农户引入现代农业发展轨道的最有效方式是发展具有整合功能的服务组织载体。服务组织载体可分为三类:一是市场服务组织,在实践中的具体形式是以市场契约方式由生产性服务组织提供从整地、播种到收获的各类生产作业,或提供全程委托式经营,较为常见的服务组织是农机服务大户和提供生产作业服务的公司;二是农民服务组织,包括不同类型的农民合作社和农村集体经济组织;三是产业服务组织,即农业产业化经营组织。然而,服务载体的成长在目前还处于初级阶段,要努力构造它们自由发展的空间。当然,推进小农户与现代农业的衔接,并非要谱写小农户的田园牧歌。伴随着工业化和城镇化的进程,大量以兼业化形态存在的小农户将继续演绎其分化的历史。因此,在小农户与现代农业衔接这一政策命题之后,必然是小农户的退出机制问题。

崔宝玉:充分发挥合作社在推动小农户与现代农业发展有机衔接中的重要作用[①]

我国农民专业合作社发展时间虽然较短,但 20 年间,已经超过 200 万户,入社农户超过 1 亿户,其中绝大部分都是小农户,其对小农户的带动作用远超过如农业龙头企业、农业产业化联合体、家庭农场等其他组织。虽然我国农民专业合作社发展不甚规范,与小农户的利益联结还不太紧密,没有真正形成紧密的利益联结关系,但我国农民专业合作社特有的治理结构决定了我国小农户参与合作是低成本的,而低成本合作也决定了农民专业合作社的治理是有较强弹性的,降低了当前小农户与现代农业衔接的风险。同时,随着农民专业

---

① 崔宝玉.充分发挥合作社在推动小农户与现代农业发展有机衔接中的重要作用[J].中国农民合作社,2019(3):48.

合作社规范化的推进,尤其是随着小农户行动能力、资源禀赋的增强,农民专业合作社在转型创新、提质增效的同时,其也会重新审视小农户的比较优势和博弈地位,并变革其与小农户之间的合作模式,这样,小农户才能真正参与合作社、融入合作社和控制合作社。

韩长赋:积极推进小农户和现代农业发展有机衔接[①]

小农户占农民群体的大多数,实现好小农户的发展和福祉,让广大农民有获得感、幸福感、安全感,关乎党执政群众基础的巩固。因此,加快推进农业农村现代化,补齐小农户这一占据农民大多数群体的发展短板,既是农民的期盼,也是我国社会主义现代化发展全局的需要。同时,应当深刻认识当前小农户和现代农业发展有机衔接面临的突出问题:在工业化、城镇化深入推进过程中,小农户面临发展权利不充分的问题;在农村新产业新业态加快发展进程中,小农户面临发展机会不充分的问题;在农村一、二、三产业融合发展过程中,小农户面临分享现代农业发展成果不充分的问题等。

为此,要坚定不移实施乡村振兴战略,实现小农户和现代农业发展有机衔接;深化农村改革,加快构建现代农业经营体系,让小农户共享改革红利、着力推进农村一、二、三产业融合发展;加快构建现代农业产业体系,让小农户分享产业链增值收益;加强贫困地区农业物质装备条件建设,加快构建现代农业生产体系,让农村贫困人口同步迈入小康;发挥农业补贴的导向作用,进一步完善财政支农政策体系;让小农户参与价值链收益分配、拓宽农民增收渠道;逐步健全就业创业服务体系,让小农户共享人生出彩的机会。

---

① 韩长赋.积极推进小农户和现代农业发展有机衔接[J].求是,2018(2):26-28.

第四章
农民合作社发展典型案例选编

案例 1：北京市奥金达蜂产品专业合作社[①]

一、基本情况

北京奥金达蜂产品专业合作社成立于 2004 年 4 月，在理事长李定顺的带动下，合作社由弱变强、由小变大，一步步成长为"国家级示范社""全国农民专业合作社加工示范单位"，书写了密云人不辞辛苦、艰苦创业，依托小蜜蜂，发展大产业，实现腾飞梦的壮丽篇章。目前，合作社共有成员 490 户，注册资金 292.98 万元，固定资产 3100 万元，养蜂存栏 6.1 万群，年产蜂蜜 2800 吨，年产值 3200 万元，利润 90 余万元。合作社带动一线养蜂人员 1200 余人，养蜂户年均收入达 4.3 万元，成员涵盖密云区 9 个乡镇 91 个自然村。

二、主要做法

（一）寻梦——下岗职工建立合作社，带领农民共致富

李定顺原为密云供销合作社基层社主任，2004 年，随着国有企业的改制，他下岗了。凭着在供销社接触过养蜂业，熟悉密云养蜂产业的优势，他决心把松散的养蜂户联合起来共闯市场、共谋发展。当时密云养蜂业极为混乱，蜂农分散经营，蜂蜜价格波动大，蜂农收益难保证，他希望自己能带领大家伙儿扭

---

① 撰写者：李建黎（北京市农村合作经济经营管理办公室）。

转密云养蜂业整体低迷的现状。

2004年4月,李定顺等人在深入与养蜂户座谈、广泛征求意见的基础上,按照入社自愿、利益共享、风险共担的原则,依照当时仅能参考的《全国供销总社章程》,制定了合作社章程,把30余户蜂农组织起来,成立了全区第一家养蜂合作社——北京奥金达蜂产品专业合作社,致力于带领农民共同致富,率先走上了密云养蜂业以合作组织形式管理与发展的路子。

(二)追梦——克服困难寻销路,诚信经营稳发展

成立初期,合作社资金短缺,缺乏基本的加工设备。为解决这一困难,李定顺向亲朋好友筹借了7万元,动员广大蜂农增资扩股,吸收股金17万元,利用这些资金购买了运输车、蜜罐、蜂具等设备,解决了蜂农的燃眉之急。2004年底,合作社34户蜂农的蜂蜜全部卖出,很多持观望态度的养蜂户纷纷要求入社。

为解决用药难的问题,2004年,李定顺只身前往山西绛县,先后考察了8家蜂药厂,最终和振兴蜂药厂确立了合作关系。为给蜂农提供更多便利,他在县城和重点乡镇设立了四个蜂具、蜂药供应站,为蜂农运送生产资料2万余件、提供运输车辆680余次,受到广大养蜂户的欢迎。在和安徽厂商谈价钱时,他坚持原则,硬是把原价65元的蜂箱砍到了57元,为蜂农节省了8万余元资金。

他一方面要求蜂农诚信经营,确保产品品质,一方面主动找到北京百花蜂业有限公司委托销售。百花公司被他的诚意打动,同意进行试销。由于奥金达蜂蜜口感好、品质佳,百花公司主动与奥金达签订了每吨上浮市场价200元的蜂蜜购销合同,并把奥金达确立为原料供应基地,从此合作社蜂农吃上了定心丸。

(三)筑梦——院社合作,品牌支撑激发发展活力

1. 加强院社合作,提升研发能力

2007年,合作社陆续与中国农业科学院蜜蜂研究所、北京市农林科学院建立了合作关系,引进生产加工设备,组建产品研发机构,汇集了一批蜂产品方面的研发人员,将蜂产品基础性研究、应用性研究与产品开发相结合,将工艺和设备研究与生产水平提升相结合,不断研发新品推向市场。

2. 引龙头企业入股,实现共赢发展

2014年,经合作社成员的一致同意,在确保成员合法权益的前提下,合作社引进了同行业龙头企业——北京百花蜂业科技股份公司,共同研究解决生产经营中的问题,实现了双方的友好合作、共赢发展。

3. 突出规范指导,科学管理服务

一是成员培训专业化。每年春冬两季,合作社邀请中国农业科学院蜜蜂研究所、中国养蜂协会、北京市农林科学院、北京市园林绿化局等单位的专家教授开展专业技术培训,重点讲解四季养蜂、蜂王培育、标准化生产、无公害安全用药等方面的知识。几年来,合作社共举办培训班 12 期,培训蜂农 3800 多人次,其中 18 名蜂农通过了实用技术考评,成为蜜蜂行业的"土专家"。二是现场指导规范化。为缩小养蜂理论讲授与实践经验之间的差距,为蜂农提供面对面、手把手的直观生产指导,合作社坚持聘请有实践经验的专家和技术人员,深入蜂农家中进行现场指导,从各个环节提高社员的专业技术水平。三是服务蜂农便捷化。为方便蜂农购买养蜂用具、蜂药等产品,合作社特意在高岭、不老屯、冯家峪和密云城区建立了四个蜂具、蜂药销售点,积极为蜂农养殖户提供细致周到的服务,解决了蜂农的实际困难。此外,合作社还购买了蜂桶,免费发放给蜂农使用,把生产资料送上门,免费为蜂农提供车辆运输蜂产品。四是管理模式创新化。2015 年,合作社引进五条先进蜂蜜加工生产线,高科技的生产设备、先进的加工工艺、专业的检测水准使生产效率大幅度提高。合作社按照"七统一"经营模式开展业务,管理和运营逐步科学化、制度化、创新化。

4. 树立品牌战略,厚植发展优势

一是坚持产品标准认证。合作社成立之初,便积极树立品牌战略,抓好产品标准认证。2006 年,合作社生产的有机蜂蜜、蜂王浆全部通过北京中绿华夏认证中心认证;2007 年,"花彤"正式成为奥金达合作社优质蜂蜜的代名词;2008 年,合作社成为第 29 届北京奥运会原料供应商;2011 年,合作社蜂蜜产品通过了 ISO9001 质量管理体系认证、ISO22000 食品安全体系认证,并获得出口权;2016 年,合作社蜂蜜获得"中华人民共和国生态原产地产品保护"认证。近年来,"花彤"蜂蜜获得了"北京市著名商标""中国驰名商标""全国蜂产品龙头企业""蜂产品企业标准化生产优秀厂区"等荣誉称号。二是发挥平台销售作用。合作社设立了完善的市场销售中心,专门负责销售"花彤"蜂蜜。目前,蜂蜜先后走进了物美、超市发、国泰、西单等 90 多家大型连锁超市。近几年,随着互联网的快速发展,合作社适应时代商机的巨变,大举进入电商经营领域,在淘宝、京东、苏宁易购等网站,相继开设了"花彤"蜂蜜旗舰店,并在微信平台拥有了花彤微盟店,"花彤"蜂蜜迅速成为电商青睐的蜂产品品牌。三是建立产品追溯体系。2016 年,在"花彤"获得生态原产地认证之后,合作社乘势而上,建立了"物联网＋互联网＋蜂场实时监控＋产业链追溯"系统。消费者仅需一台智能手机便能实时监控蜂产品原料、加工、检测、销售的任一环节。随着系统的完善,合作社积极探索开展蜜蜂认养模式,全力提升蜂产业附加值,形成以蜜蜂认养为主体的以点带面的综合性多方位旅游体系。

三、主要成效

合作社在带领蜂农增收致富的同时不忘承担社会责任,将养蜂作为带动低收入户增收的产业。2006 年,合作社按照"合作社＋党支部＋蜂农"的新型农业产业化发展模式,以党建工作推动业务工作,创建了北京奥金达蜂产品专业合作社志愿者服务队。

2015 年,合作社积极响应政府要求,与位于南水北调核心水源区——湖北丹江口水库上游竹溪县的顺达农业合作社结成了对口帮扶关系,通过赠送光盘书籍、养蜂专业培训、签订蜂蜜收购合同等,给予顺达合作社全方位的帮扶,取得良好效果。2017 年,合作社积极响应密云区委区政府号召,经过层层筛选,共吸纳符合要求的 4 个乡镇共 75 户低收入户进入养蜂产业,旨在通过养蜂帮助他们脱贫。随着京津冀协同发展的推进,合作社还积极在河北省承德市的丰宁、滦平、兴隆建立了 3 家奥金达合作社分社,将其作为合作社原料基地,带动当地蜂农 350 余户,养蜂存栏 2.9 万群,年产蜂蜜 800 吨,使户均增收 1.3 万元。

此外,合作社注重挖掘蜂产品文化,助推合作社产业发展。2014 年,合作社投资 60 万元,在密云区蔡家洼生态产业园建立了拥有 500 群蜜蜂的蜂产品展示基地,利用这个平台,充分展示蜂蜜的文化元素,实现了养蜂产业、品牌宣传和旅游产业的有机结合。人们在休闲观光农业中了解养蜂、了解蜂产品,对提高产品附加值、促进蜂农增收起到积极作用。同时,合作社着手蜂文化展厅的筹建工作,预计 2018 年建成并投入使用。文化展厅提供博物馆参观、企业文化宣传、养蜂环节互动、蜂产品手工 DIY 制作、个性蜂蜜定制等服务,使人们在了解蜜蜂文化的同时,感受到养蜂体验活动带来的乐趣,促进产品销售及附加值提升,真正实现蜂农、品牌、合作社的共赢。

未来,合作社将继续发扬开拓创新的精神,扎实写好小蜜蜂大产业这篇文章,带领全体成员共同致富,实现充满生机的腾飞梦。

案例2：天津市金宝地水产养殖专业合作社[①]

一、基本情况

天津市宝坻区境内河流纵横交错、水网交织，近年来，该区依托良好的区位优势和水资源优势，深化与京津等地农业部门、农业科研院所的对接合作，协同工商、税务、土地、科技等部门共同发力，形成了"三辣"、水产养殖、稻田立体种养等特色优势产业，有力促进了宝坻区农业增效、农民增收。其中，天津市金宝地水产养殖专业合作社成为宝坻区农业发展的典型之一。

二、主要做法

（一）依托水资源优势抱团发展

宝坻区八门城镇，地处潮白河畔，淡水养殖面积达6万亩（1亩约等于666.67平方米），水资源丰富，一直都有水产养殖的传统。2010年12月，高建忠牵头成立了天津市金宝地水产养殖专业合作社，专门从事水稻种植和水产品养殖，并发展立体化种养殖模式，目前发展成员158户，形成了养殖设施标准化、养殖品种多元化、养殖模式多样化、养殖基地规模化的发展格局，建成出口泥鳅、黄颡、框鲤等标准化养殖基地4个，稻鳅、稻蛭、稻蟹立体种养示范基地3个，泥鳅水蛭苗种繁育基地1个，出口养殖场6个，出口中转场1个，带动周边1600余农户发展种养殖面积达2万多亩。

据理事长高建忠介绍，合作社从一成立就按照"坚持条件、遵循原则、规范管理、积极推进"的发展方针，坚持"民办、民管、民受益"和"在发展中规范、在规范中发展"的原则，立足天津本地市场，将产品销售半径扩大到了北京、河北等周边地区，并将泥鳅出口到了韩国、日本等市场，这都得益于合作社坚持的科技创新和规范发展理念。原来，泥鳅出口检验检疫非常严格，仅检测项目就达60多个，还需要获得相应的许可证，但出口价格较高，在30元/斤左右。因此，为了达到相应的标准，合作社应用科学的养殖技术和完善的管理机制养殖泥鳅，精养泥鳅8000余亩，每斤销售价格平均比市场价高1元以上。对产品品质的追求有效推动了合作社规范化发展水平，2013年，合作社被推荐为天

[①]　撰写者：孙超超（农业农村部管理干部学院）。

津市农民专业合作社示范社；2014 年，被评为国家农民合作社示范社；2015年，合作社的"宝坻黄板泥鳅"品牌被选入全国百家合作社百个农产品品牌。

合作发展带来了规模效益，对当地资源优势、市场优势和区位优势进行充分利用，在深度挖掘和开发本地名、优、特、新产品的基础上，合作社成员经济收入有了明显提高。2017 年，合作社实现销售收入 2420.64 万元，年可分配盈余 377.98 万元，按交易量（额）返还盈余 253.24 万元，年盈余返还比例72％，成员平均收入高于非入社农户31％左右。

（二）齐抓共管增添产业发展动能

目前，合作社以生态互补的方式推动水稻种植与泥鳅养殖有机结合，互补共生，实现了"一水双用、一地双收"的规模效益。但合作社并不满足于此，立足水稻种植、泥鳅养殖的产业发展方向，从统一管理、科技应用等方面为产业发展注入动力和活力。

一是统一管理，实现合作社资源配置的最优化。针对成员分散养殖的弊端，合作社引入成熟的园区养殖模式，实行"统一技术指导、统一供应鱼苗、统一饲养标准、统一防病用药、统一收购销售"的"五统一"经营方式，引导成员调整养殖模式，发展生态养殖，开展行业自律行动，从源头控制投入品的安全。在提供服务方面，为成员无偿提供技术和信息服务；在统一购买方面，组织成员统一购买鱼苗、渔药、鱼饲料、渔机具等渔需物资，仅此一项就为成员节约了不少养殖成本；在市场销售方面，实行统一的价格管理，保持合作社成员养殖、销售等环节的高度协调，通过对各环节实施分段配置式的管理，力争合作社资源在成员之间共有共享，实现资源的有效利用和效能的最大化。此外，每到生产季节，合作社在为养殖户提供技术和配套物资服务的同时，积极为养殖户解决资金短缺问题，并为养殖户提供担保贷款用于购买渔用物资。

二是运用技术，密切成员利益联结关系。合作社始终坚持科学养殖的理念，在扩量与提质的基础上，不断强化科技支撑，向技术要效益，以管理求突破，养殖效益不断提升。一方面，合作社积极与天津市农学院、天津市水产研究所等科研部门建立稳定的产学研合作关系，聘请多名水产、稻渔综合种养行业专家学者为技术顾问，为成员提供种养殖实用技术培训；另一方面，合作社邀请专家定期开展专题讲座，直观地讲授生物防病技术和健康安全养殖技术，还多次深入养殖基地为养殖户提供面对面指导。目前，合作社累计培训人数达 530 人次，编写印发技术资料 1000 余份，接受咨询达 800 余人次。此外，合作社开展了"应用维持池塘生态平衡技术防治鱼类病害"试验研究，采用复合微生物制剂进行有益生物养殖培养，改善养殖水面生态平衡，充分应用有益菌、微藻等微型生物,提高水产养殖的品质和质量安全。科技的运用带动了合作社养殖规模的逐步扩大,"宝坻黄板泥鳅"已在日本、韩国成为知名品牌。

三是发展"互联网+",提升合作社服务水平。合作社注重利用现代信息技术,创新推广管理手段,全面提升合作社对成员的服务能力和水平。为便于种养殖户沟通交流,合作社搭建了网络技术交流平台,为农户提供网络技术讲座、培训等服务,加强农业技术普及;建立水产养殖论坛,养殖户可以在平台上进行技术交流,实现了养殖技术的共享、共同提高,同时养殖户在养殖过程中遇到的技术难题可通过网络及时进行发布和传递,有效降低了养殖风险;建立网络市场信息服务平台,及时、准确地向养殖户提供水产苗种、价格、质量等供应信息以及农业生产、经济、科技等方面的信息。此外,合作社还带领成员学习网络平台的使用,及时、准确地接收有效信息。

三、主要成效

随着发展规模的不断扩大,合作社不断将分散的养殖户组织起来,依靠其中的专业技术人员,建立技术操作标准,走科学养殖道路,发展规模经营。同时,注重发挥带头作用,在理事长高建忠的牵头下,着力构建起"合作社+帮扶团队+困难户+营销"的新型帮扶模式,即合作社组建技术人员专业帮扶团队。一是根据养殖户养殖品种在不同时间段的不同技术要求,进村入户、入田指导。二是通过网络平台帮助解决贫困户的技术问题,确保成员的养殖技术需求能够及时满足。三是通过"五统一"标准,解决农资问题。四是依靠合作社的销售平台,通过购销成员水产品,解决销售难题。通过构建的新型帮扶模式,合作社帮助贫困户解决了技术、农资、销售等难题,保证了贫困户的各方面养殖难点的解决,使贫困户如期脱贫。

宝坻的稻鳅资源是天然优势资源,合作社将继续聚焦泥鳅产业,助力产业发展。例如,理事长高建忠同时为当地泥鳅养殖协会会长,致力推进合作社与协会、水产品公司和养殖户进一步聚合发展,建立水产品养殖技术体系、水产品加工技术体系和网络营销技术体系,提高养殖户养殖技术,开发农产品加工产业和服务业,推行全产业链模式,发展特色种养、农产品加工、服务业,促进一、二、三产业融合发展。有理由相信,"宝坻黄板泥鳅"的明天会更好!

案例3：辽宁省海城市丰沃农机服务专业合作社[①]

一、基本情况

辽宁省海城市丰沃农机服务专业合作社于2012年5月在温香镇成立，注册资金510万元。2016年，合作社与沈阳农业大学对接，由沈阳农业大学学生梁日鹏出任合作社理事长，推动合作社建设迈上新台阶，成为推动当地水稻全程机械化的重要力量。

二、主要做法

（一）抱团发展——合作社破茧成蝶

合作社成立后，很快吸引了周边10余户农机户参加。合作社通过农机大户带机入社，把个体农机组织起来，提高了农机集成配套能力和使用效率，大型、新型、高科技机械快速发展，农田作业实现了全程农机化服务。合作社按照土地成方连片签订作业合同，提供一条龙托管服务，以低于同期市场作业价格结算，农民节约了作业支出，解决了劳动力短缺困难，同时增加了成员经济收益。

合作社还非常注重文化建设。为满足成员对精神生活的追求，合作社购置了集体活动器械，定期组织开展文体交流活动，比如篮球比赛、乒乓球比赛、台球比赛、歌曲比赛、新年联欢等，让合作社有了家的感觉。

随着市场竞争日益激烈，单个农机合作社难以改变在市场竞争中的弱势地位。在市农机部门的"撮合"下，海城市西部水稻主产区的12家合作社"捆绑起来"，成立了丰沃农机服务专业合作联社，通过资本、劳务、技术、品牌和营销的联合，大大增强了发展实力，使海城市西部水稻主产区率先实现全域全程机械化。

（二）有效运营——合作社实现多赢

合作社成立之初，市农机部门及时对合作社的组织形式、规划设计、制度建设、经营机制、收入分配、发展方向等给予跟踪指导。合作社按照《农民专业合作社法》制定了章程，选举产生理事会、监事会，设立了生产业务、信息服务

[①] 撰写者：柴宁、王瑞丽（沈阳农业大学）。

和财务管理等部门。

合作社根据当地农机作业市场和自身情况,与成员形成了三种联结模式:一是松散型联合运作模式。农机户带机入社,机械所有权归个人所有,自己保管。合作社统一联系业务、统一组织作业、统一收费标准,实行单机核算,按作业量统一提取管理费。二是松散型单机作业模式。合作社利用信息和组织化优势,通过信息平台调度成员进行单机分散作业,按统一收费标准收费,单机核算,合作社收取一定比例管理费。三是紧密型股份合作模式。成员带机作价或带资入股,利益共享,风险共担。机械由合作社统一调配、统一联系业务、统一组织作业、统一收费、统一核算。成员实行按劳分配、按股分红。

在服务农户方面,合作社也实行多种模式:一是开展跨区作业。二是充当"土地保姆",开展土地托管。如今,农村青壮年劳动力大多外出打工,留守的人多年老体弱,没有足够的精力去打理土地,土地也不再是农民家庭主要收入来源,导致土地抛荒现象出现。为此,合作社积极充当"土地保姆"角色,与农户签订土地托管合同。通过合作社的托管,荒废的土地焕发新的活力,外出打工人员可以放心地创业、挣钱,实实在在地增加了农民的收入。

(三)兵团作业——合作社引领全程机械化

相对单一的农机户,合作社无论是在装备水平、作业质量还是人员技术素质等方面,都具有明显优势,运营效率更高。合作社依托农机资源管理优势,推进"兵团作业",为当地农业增效、农民增收提供了强有力的综合性作业服务保障,在推动鞍山地区水稻全程机械化方面做出了重要贡献。

2016年,合作社在保持自身强大服务能力的基础上,在水稻全程机械化上投入大量资源,开创大棚水稻育秧、机械插秧、机械收获一条龙服务新局面。合作社共建钢筋骨架大棚400栋,使用育秧盘150万张、种子40万斤,育苗5000亩,投入育苗机14台、插秧机148台,其中高速插秧机56台。合作社与农民签订代插协议,完成水稻育插秧面积16万亩,覆盖4000户水稻种植户。合作社引进各种先进收割机62台,组织9个收割服务队、160多台收割机,层层分包、责任落实,统一组织油料供应、统一组织维修服务人员、统一作业标准和作业价格,高效完成本地5万亩收割任务。

在完成本地收割任务之外,合作社又到吉林、黑龙江地区进行跨区收割作业服务,跨区收割4万亩。合作社还对新机手进行讲课培训,通过现场演示,以老带新,200多名农机手完成了各项培训。

(四)转型创新——合作社成为农机化"航空母舰"

合作社并不满足现状,不断拓展服务领域,在科技示范、农机维修、植保作业等方面取得突破,成为名副其实的农机化"航空母舰"。

一是开展社企共建。2012年,合作社与辽宁汇丰农机有限公司确立战略合作伙伴关系,汇丰公司投入资金100万元,在资金、技术、信息、服务等方面为合作社提供支持。双方已建设农业科技与农机融合示范区2000亩,通过农机新机具应用和农机技术培训,农业科技转化为生产力,最大限度地提升合作社的综合服务能力。

二是设立农机4S店。合作社设立了农机4S店并成为鞍山市三星级农机维修点、久保田特约服务网点,与辽宁汇丰农机有限公司达成战略合作后,又成为久保田品牌二级代理,农机4S服务成为合作社重要的利润来源。2017年,合作社共设立乡镇级服务中心5家,分布于鞍山市各地,支撑起了鞍山市品牌农机维修的一片天。合作社年储存配件额500万元,有修理工人20名,其中10名专注水田机械维修超过5年,为合作社成员、农机大户、农机个体户提供全面的机器销售、维修、保养、配件服务。除此之外,合作社还推行闲置农机抵押贷款换新机政策,利用不同农机作业的时间差,带动不同季节农机的销售,让更多手里没有足够现金的人也能抓住农机发展机遇。

三是成立农业植保作业队。2016年,在沈阳农业大学工程学院的技术支持下,合作社成立了创丰科技农业植保作业队。植保队具有陆空结合、因地制宜的特色。无人机与地面自走式喷杆喷雾机相结合,平衡作业效果和作业地域的各自短板;根据农机、作物、地块选择农资农艺,保证作业效果、作业效率。植保作业队在每个地区开展业务的同时,培训带动当地人员共同创业,鼓励当地人员购买或租赁机器,以最快速度打开市场,提高机手作业积极性和作业质量,实现农户、机手、作业队三方共赢。

三、主要成效

2016年,合作社植保车与无人机植保服务累计超过1万亩,辐射海城、辽阳、盘锦三个区域,创收纯利润6万元。2017年初,合作社增加了植保托管业务,即农药、农机、农艺一条龙绑定服务,给农户提供更好的植保效果和保障。

2017年,合作社植保队还与大型种植服务组织合作,承接了康平、法库、普兰店等地区的8000余亩玉米托管地块植保任务,涉及除草、防虫、叶面肥、防病、矮化剂等植保工序。承包小麦、燕麦植保防护工作4000余亩,助力增产增收。2017年全年,合作社植保队共服务2万余亩,涉及黑果花楸、玉米、水稻、向日葵、大豆、小麦等多种作物,辐射鞍山、辽阳、沈阳、铁岭、大连五个地区,取得了非凡的业绩。

案例 4：江苏省南通如皋市超然果蔬农地股份合作社①

一、基本情况

近年来，江苏省南通如皋市平园池村以超然果蔬农地股份合作社为载体，以土地、三资、劳务、信息、文化等生产生活要素整合利用为手段，大力开展农民合作社综合社试点创建工作，构建了全新的综合服务平台，通过探索对村中各类资源的有效利用、资产的有效管理、资本的有效运营，有力促进了村集体经济的发展壮大、农业生产的转型升级、农民收入的持续增长，在推进乡村振兴战略的实施中，取得了较好的经济效益和社会效益。

二、主要做法

2016 年初，平园池村以南通市委农办《南通市农民合作社建设试点工作方案(试行)》(通委农〔2016〕5 号)下发为契机，以超然果蔬农地股份合作社为基础进行股份改革，明晰权属关系，全面开展综合社试点工作。在推进乡村振兴战略的具体实施过程中，依托综合社全新的村集体资产运作功能，对村域资产、资源、资金进行全面统筹整合，合理规划利用；依托综合社全新的生产服务功能，为村域内所有经营主体提供全方位服务，建立新型统分关系；依托综合社全新的项目承载功能，全面承接并大力实施农业各类生产项目，提升产业质态。平原池村综合社试点创建，严格按照南通市委农办《南通市农民合作社综合社建设试点工作方案(试行)》(通委农〔2016〕5 号)要求，在做好组织设立、制度制定、全员参与、民主管理的基础上，着重抓好"四大功能建设"。

(一)抓合作功能建设

合作共赢是农民合作社综合社创建工作的永恒主题，平园池综合社始终将合作功能建设作为创建的立足点来抓。一是选好创建载体。以"有创建基础、有产业资源、有统筹能力、有发展意愿、有区域特色"为标准，确定了超然果蔬农地股份合作社作为创建载体。二是搞好基础创建。以"四个全覆盖"为标准，开展清产核资、成员界定、折股量化、动员入社。三是建好规章制度。以《中华人民共和国农民专业合作社法》和《江苏省农民专业合作社条例》要求为

---

① 撰写者：李国新(江苏省南通市农业农村局)。

标准,确保"三会"设立、章程制度、岗位职责、议事程序准确到位。

(二)抓规划功能建设

规划定位、功能发挥是农民综合社创建工作的核心,平园池综合社始终将规划功能建设作为创建的关键点来抓。一是规划区域功能。围绕村域建设"产业、休闲、社区、文化"四大功能,规划设立"生产加工区、农业景观区、休闲集聚区、集中居住区、村庄服务区"等五大功能区,既展现了村域特色,又实现了生态融合,更彰显了田园风貌。二是编制产业项目。按照功能规划总体要求,立足结构调整、绿色发展、三产融合,利用"生态+""互联网+"等手段,编制好符合平园池发展实际的生产加工项目、农业景观项目、休闲集聚项目、集中居住项目、村庄服务项目,推动各功能区的建设。三是项目建设落地。针对编制的各类具体项目,按照招商项目对接市场、基础项目对接扶持、技术项目对接院所的基本思路,有序开展对接,确保项目落地。

(三)抓统筹功能建设

统筹发展是农民综合社创建工作的根本,平园池综合社始终将统筹功能建设作为创建的着力点来抓。一是统一提供生产设施服务。农地及"三资"入社后,综合社创建主体通过"招、拍、挂"等方法,向新型农业经营主体提供公开统一有偿的资产、资源、资金、基础设施及生产经营项目服务,建立新型统分结合关系。二是统一提供会计核算服务。综合社创建主体通过设立会计核算服务部(中心),统一为域内的生产大户、家庭农场、专业合作社、农产品加工企业等新型农业主体提供会计核算服务,以服务促发展、促管理、防风险。三是统一提供劳务保障服务。领办农民劳务合作社,依法依章把剩余农民劳动力组织起来,展开培训、提供保险、统一为农业经营主体提供劳务,解决就业,实现增收。

(四)抓经营功能建设

开展经营是保障农民综合社生存发展的基础,平园池综合社始终将经营功能建设作为创建的突破点来抓。一是注重农产品质量建设。综合社创建主体通过引导新型农业主体,联合创建现代农业标准化生产园区,充分运用信息化手段,建立电子商务产品销售平台和质量追溯制度,争当农产品质量安全生产先锋。二是注重农产品品牌建设。综合社创建主体通过开展农产品商标注册和商标服务,组织村域新型农业经营主体开展农产品"三品一标"认证,创立名牌产品、打造知名品牌,壮大特色优势。三是注重地域形象打造。综合社创建主体通过设计本地域特点标志,设计了精美的 logo,挖掘内涵,树立形象,提升平园池村知名度,扩大村域影响力,拉动休闲、观光、民宿产业的发展。

三、主要成效

3 年来,村内各项事业取得长足发展,成效显著。通过对土地的整合利用,土地流转率达 91.2%,提升了 75 个百分点。新增家庭农场 11 个、农民合作社 4 家。累计投入资金 1982 万元,相继建设了 300 亩的盆景园、260 亩的采摘园、1100 亩的藕池文化园、60 亩的菌菇园等农业生产项目。二是村域生态改观。累计投入资金 1500 万元,开展了村民聚居小区建设、硬质道路新增 26.56 公里、硬质水渠新增 21.62 公里、新建了村服务中心(增加面积 380 平方米)、垃圾池新增 165 座,绿化覆盖率达 42%(增加 24 个百分点)。三是乡风文明凸显。村规民约有效建立,移风易俗蔚然成风,建设了村民大舞台、文体广场、廉政广场等硬件设施,公共娱乐设施占地面积达 3800 平方米。四是村域治理井然。代表推选制度、决策议事制度、民主理财制度、收入分配制度、监督公示制度全面建立并严格执行,村民治理热情度及参与率明显提升。五是收入水平提高。村集体资产由 2015 年底的 225.09 万元,提升到 1162 万元,提升率为 416%。村集体收入由 2015 年底的 42.39 万元,提升到 206.5 万元,提升率为 387%。村民人均纯收入由 2015 年的 1.82 万元,提升到 2.86 万元,提升率为 57.1%。

可以认为,平园池村农民综合社创建的成功原因主要有:

1. 构建了整村覆盖的全员化服务体系

平原池村综合社试点创建,以超然果蔬农地股份合作社为载体,依法进行工商登记、税务登记或变更登记。实现了"四个全覆盖",即"村域内农户(或农地)入社的全覆盖,村集体资产、资源、资金运营管理的全覆盖,对村域内各类农业生产经营主体、市场主体服务的全覆盖以及盈利受益分配的全覆盖"。在"四个全覆盖"基础上建成的创建试点,实现了区域农业生产经营服务的全员化。

2. 构建了经营主体的新型化统分关系

平园池综合社试点因其具备"四个全覆盖"的属性,承载着农业生产经营服务及"统"的功能,以综合统筹服务为重心,重点组织开展农业生产经营和生产资料配置的协调与统筹,以及普惠化的收入分配。作为综合社服务对象的专业合作社、种养大户、家庭农场、龙头企业以及部分农户,承载着农业生产经营的"分"的功能,以专业生产经营为重心,重点开展农业生产经营、技术推广服务、农技成果转化试验以及产品加工营销等业务。农民综合社试点的创建,促使各类农业生产经营主体功能差异化分类更加明确,实现统分关系新型化。

3.构建了农村三产的融合化发展模式

综合社创建试点依托自身平台优势,紧扣自然资源、人文资源、产业资源,从技术、资金、劳务、信息、设施等方面给予统筹协调,以承载项目的形式开展基础设施配套、农业生产园区、农产品精深加工、市场网络营销建设,把农业建设、农艺展示、特色产品等与旅游观光融为一体,因地制宜地发展各类特色农业产业,促进传统农业产业发展向农产品生产加工销售、生态旅游观光、市民休闲体验、农业文化传承等领域深度融合,实现一、二、三产融合发展。

4.构建了资产效益的普惠化分配方式

平园池综合社试点,一方面,通过整合自然资源、人文资源、社会资源以及承接国家、省、市各类农业生产项目,加大对农业公共生产设施、辅助设施以及仓储、厂房、冷链、营销等相关设备的投入,为农业新型经营主体和单位提供有偿服务,获取利润收益,可进行按股分配,因农民综合社具有农户全覆盖的基本特征,实现了受益的普惠化;另一方面,创建试点按照《农民专业合作社法》要求组建,对社会捐赠或项目扶持资金所形成的资产进行平均量化,形成了出资差距缩小、股份比例接近的现象,实现综合社创建试点分配的均衡化。

5.构建了农民成员的多元化增收途径

平园池综合社试点成员收益来源主要有:一是农业经营性收益,指农户参与农产品的"种、养、加"形成的收益。二是工资性收益,指农户参与合作社劳务派遣带来的工资性收益。三是转让性收益,指农户参与土地流转或经营权转让带来的收益。四是资产性收益,指农户获取的资产性收益以及综合社服务其他经营主体所获取利润的分配收益。五是转移性收益,指农户各类政策性转移支付、各类涉农补贴所形成的收益。综合社的创建,促进了成员收益的多元化。

案例5：山东省青州市南小王晟丰土地股份专业合作社①

一、基本情况

乡村振兴，不仅要让农民"住上好房子、开上好车子"，还要让农民"过上好日子、活得有面子"。乡风文明，成为乡村振兴的"灵魂"。如何抓好乡风文明建设，推进乡村振兴，这成为当下的热点、难点。山东省青州市南小王村，亩均净收入从以前的 1000 元上升到 3000 元，村民从老旧房屋搬进了楼房，不仅物质生活水平得到了极大提升，还建起了南小王社区党校，成立了南小王村乡贤参事会，制定了南小王村村民千分制管理办法，唱起了村歌，村民精神风貌得到了极大改善，改变了原来"村民大会召集难""村民各方面管理难""村民作用发挥难"的"三难"境地……这些改变，都要从南小王村成立合作社开始说起。

二、主要做法

（一）村"两委"发力，农民土地入社当股东

2008 年以前，南小王村有 309 人、638 亩地，以种植小麦和玉米为主，每亩地年均生产小麦 450 公斤、玉米 550 公斤，扣除种子、化肥、农药等生产成本，每亩地净收入平均在 1000 元左右，土地抛荒、年轻人外出打工、农村空心化严重。2008 年，南小王村"两委"打算流转土地实现规模化、集约化经营，借助靠近寿光的区位优势发展大棚蔬菜产业，这一想法并没得到大多数村民的支持：没有蔬菜种植经验、缺少初期投入资金，更多的是村民观念未能有效转变，不愿意离开自己的"一亩三分地"。此时，村"两委"在坚定村庄发展方向上做出了不少努力。

首先，村"两委"成员做足"文字"功课，决定成立土地股份合作社，让村民入社当股东。在准备工作上，村"两委"就土地合作社成立的程序、法律依据、入社方式等具体问题进行细化商讨，形成合作社章程，在村民代表座谈会上广泛征求意见，形成书面文件。

其次，村"两委"成员做足"宣传"工作，在全村宣传发动，让村民思想"入社"。村"两委"将起草的合作社章程草案印发给村民，再组织村民代表多次研

---

① 撰写者：孙超超（农业农村部管理干部学院）。

究、修改，形成《青州市晟丰土地股份专业合作社章程》，并经成员大会审议通过，成为全体社员共同遵守的法则。2008年9月，晟丰土地股份专业合作社正式成立，全村105户农民都自愿签订了土地经营流转协议书，508亩土地流转给合作社统一经营。到2018年底，合作社成员达380户，周边4个村的土地入股共计3100亩，资产达2263万元。

在产权机制上，合作社的股权主要以农户土地承包经营权、集体农用土地使用权为依据，每亩地经营权折算为1股，以资金、技术入股的根据当时实际情况，召开成员大会，合理确定股值。在盈余分配上，合作社采取"保底收益＋浮动分红"的分配方式，即每亩地每年给予村民926斤小麦的保底收益（按每年6月20日的小麦市场价格兑付现金），年底收入提取10%公积金、5%公益金后，再根据股份进行二次分红。2009年，合作社每股分红1142元，村民人均收入8000元；2017年，合作社成员每股分红3976元，村民人均收入达2.3万元；2018年，合作社每股分红2500元（除保底收入外）。

（二）管理给力，规模流转土地面积扩大

在村"两委"的有力带动下，合作社规模逐步扩大，流转了周边耿家里双村、北牛家村、北大王村等村庄的土地。为了进一步提高种植收益，合作社对入股土地进行了规划，划分了无公害蔬菜大棚种植区、有机蔬菜种植区、良种繁育区、蔬菜育苗区和特色养殖区等五大区。目前，合作社建有高科技蔬菜大棚1050个，投资240万元引进"生物技术处理蔬菜秸秆垃圾"项目，用复活微生物菌技术处理大棚蔬菜秸秆，将其发酵成有机肥，达到废物循环利用的目的，降低生产成本，改良土壤，以菌治菌，以菌治虫，提高蔬菜品质。在这一技术应用下，合作社实现了以土地资源为基础，以太阳能为动力，以沼气为纽带，在同一块土地上，产气和产肥同步、种植和养殖并举、能流和物流良性循环的"四位一体"种植方式，注册商标"南小王"，产品销往商场、超市等，供不应求。

在种植过程中，合作社明确规定了农药、化肥的施用种类和标准，严格落实农药安全间隔期，从农产品种植到采摘的整个过程都建立详细的田间档案，建有蔬菜检测室，设计并使用了二维码，完善了农产品质量安全可追溯机制，为农产品质量提供了保障。据村支书也是合作社理事长孙国贞介绍，农户与合作社签订合同，可以将家里的土地全部流转，自己则到附近的育苗厂打工，每月可以拿到1500元工资，年底不仅有土地股利和分红，还有打工获得的工资收入，更不用承担农业生产风险。

(三)金融助力,突破产业发展瓶颈

合作社的成功运作,离不开资金的投入,尤其是在初期阶段,资金的作用十分明显,在这一过程中,南小王村借助外力畅通融资渠道,值得借鉴。合作社运作一段时间后,面临着基础设施建设薄弱、研发能力不足、农业科技创新投入匮乏等问题,制约着合作社的发展壮大。2013年,南小王村与中信信托取得联系,于12月13日签订了合作协议,开展土地承包经营权集合信托项目合作,是山东省土地流转信托第一单,对南小王村、合作社而言,都是一个新鲜事物,但这一项目的开展取得了良好的效果。

据了解,这一信托产品采用了结构化混合型设计,既有土地经营权信托,又有资金信托,其中土地经营权信托是主体,实现土地承包经营权的流转和整合,资金信托是融资机制设计,目的是解决土地流转及运营过程中的资金需求。这一制度安排,帮助合作社实现了规模经营,推动了产业升级。在土地流转信托的支持下,合作社引进了德国拜耳集团的良种研发项目、生物技术处理蔬菜秸秆项目、天禄农业综合开发项目等,乡村振兴驶入了"快车道"。此外,晟丰土地合作社还开展内部资金互助试点,为成员提供短期、小额的流动资金贷款,密切了与成员之间的联系。

三、主要成效

合作社的发展,壮大了村集体经济,2009年、2011年、2013年、2015年、2017年、2018年,村集体经济收入分别为5.1万元、8.5万元、9.2万元、37万元、69万元、50多万元,为村集体发展注入了活力。在村庄建设上,村"两委"没有停下脚步:2011年,开展旧村复垦,整理土地80亩,建设了现代化高温蔬菜大棚80个;2013年,建成2000平方米的28套老年公寓,水电、暖气、紧急呼叫设备等一应俱全,全村65岁以上老年人免费入住,实现了"老有所养";2014年,投资2000万元建成7栋占地1.3万平方米的公寓楼,改变了原来"下雨两脚泥"的村庄形象,村民住上了明亮的楼房。

如今,南小王村居民生活水平已经接近小康,衣食住行已经不成问题,但农民的精神需求还没有得到充分满足。村支书孙国贞意识到这个问题,带着村"两委"干部认真学习乡村治理、乡风文明建设的相关理论,从南小王村的实际情况出发,以村民为主体,采取引导教育的方式,制定了村规民约,加强村庄的文化建设,敬老养老蔚然成风,乡贤参事会、党校逐渐建立起来,南小王村发展的"魂"正在逐步铸就。

案例 6：山东省潍坊市临朐县志合奶牛专业合作社联合社①

一、基本情况

山东省潍坊市临朐县具有良好的奶牛养殖基础，是山东省最大的优质奶源基地之一。位于临朐县城关街道下石埠村的临朐县志合奶牛专业合作社联合社，是一家专门从事奶牛养殖的大型合作组织，成立于 2010 年 8 月，现有31 家成员社、286 户奶农，成员累计出资总额达 500 万元，饲养奶牛超 1 万头，户均增收达 5 万元/年，辐射带动了周边的 1200 多个奶农户养牛。联合社通过"社社联合"走上了致富的新路子，成为全省较大的奶业合作社联合组织，得到省、市、县各级领导的高度评价，获得国家、省、市等各级荣誉 20 多项，并被团中央选作青年就业创业实习基地。2018 年 12 月，临朐县志合奶牛专业合作社联合社入选全国农民合作社十大发展典型案例。

二、主要做法

（一）在渴望出路中诞生

联合社建设先后经历了"三部曲"：1999 年 8 月，当时任营子兽医站站长的秦贞福在全县率先创办了临朐县奶牛协会，为县内外奶农开展信息、技术、手术、防治等服务，得到奶农普遍欢迎，成为全省最大的奶牛协会；2006 年 8月，为密切奶农之间的利益关系，搞好更多实物供销，以实体推进奶农发展效益，全县第一家奶牛合作社——临朐县佳福奶牛养殖专业合作社诞生，相继，县内外也成立了多家奶牛合作社，但是运行中遇到了许多困难和问题：有的虽在形式上成立了，但缺乏经验与实质性运营内容，合作社与成员之间关系不密切，利益衔接不紧密；有的因规模小，在饲料、兽药、技术应用、引进等实际性问题方面争取不到优惠，成员因体会不到加入合作社的好处而抱怨，合作社发展举步维艰；更为明显的是，一些乳制品企业歧视小合作社，给予的奶价低，收奶环节任意刁难克扣，奶款不按时结算、兑现，还被告知不是大客户就不能享受

---

① 撰写者：山东省潍坊市临朐县农村经济发展服务中心。

优厚待遇。面对种种困难和无奈,县内外大小不等的奶牛合作社在窘困中寻找出路,都渴望成立一家大的合作社联合社,"船大抗风浪",对内提供更好的实物服务、对外得到更优惠的待遇,让奶农和合作社双赢。基于此,2010年8月,秦贞福又勇于承担起"大联合"的责任,先后联合县内多家奶牛合作社,成立了临朐县第一家,也是目前临朐县唯一的奶牛合作社联合社——临朐县志合奶牛专业合作社联合社。

(二)在完善机制中提升

联合社成立后,立即召开成员大会,成立理事会、监事会,民主选举产生了理事长、监事长。理事会迅速规范各合作社行为,要求各成员社的生产经营活动必须接受联合社的监督和指导。联合社根据发展需要,设立了办公室、技术服务部、市场部等业务机构,负责联合社日常工作,确保联合社健康运行。建立健全了会议制度、学习制度等,坚持每月定期召开会议,了解和解决联合社发展中遇到的困难和问题。完善财务管理制度,在保证各家合作社财务独立核算基础上,联合社设立财务部门。联合社享有统一的资源调配权、技术服务权、饲料和牛奶的统购统销权、防疫和挤奶的质量监督权、市场谈判权、合同签订权、统一结算权,收益由联合社向各合作社分配,各合作社再向成员分配。联合社的收入主要用于联合社专职人员的工资支出、办公经费等,盈余部分80%按各合作社股份和交易量大小进行分红和返还,剩余部分作为联合社发展基金。

(三)在满意服务中发展

联合社成立后,千方百计为合作社与成员谋利益、搞服务:为奶农争取了参与市场的话语权。积极利用联合社鲜奶产量大、质量好的优势,组织部分成员户代表与乳制品企业进行奶价谈判,享受到了乳品企业的相关优惠政策,收购价格比原来提高了20%,增强了市场抗风险能力。为成员单位搭建了降本增效的平台。联合社先后与行业内多家企业建立了业务关系,每年以优惠价格统一购进和供应价值3000万元的兽药、饲料、饲草及相关实物,给成员户节省投入50万元以上。为成员户解决了资金困难。联合社积极与临朐县农村信用社、中国银行等多家金融部门联系,先后争取到优惠利息贷款2800多万元,解决了成员户扩大生产规模缺乏资金的难题。2015年率先开展"山东省农民合作社信用互助业务试点"工作,为成员解决资金1600万元。为成员户拓展了多形式的技术服务。主动联系国内外多位奶牛专家到联合社举办技术讲座,加快了新产品、新技术的推广应用;与澳大利亚饲草公司达成了供应优质饲草的协议；取得利拉伐公司支持，为合作社提供专门清洗液；与蒙牛塞克星有限公司合作，为联合社奶牛品种改良提供一定技术支持。联合社成立后，开展技术培训 16 次，培训奶厅管理人员 800 人次，推广新技术、新产品 4 项，成员户奶牛生产平均效益比加入联合社前提高 30% 以上。

三、主要成效

联合社的成立、运行，给每个成员户带来了实实在在的利益，不仅使成员户实现直接增收，还让他们每年得到 0.5～2 万元的盈余返还。但是，联合社也清醒地认识到，新技术教学设施落后、培训手段滞后、场地不健全、成员单位和成员户的科学生产素质有待提高等诸多因素制约了联合社的发展。为此，联合社围绕打造全省一流的示范性奶业合作社联合社目标，争取实现六个新突破：

一是技术培训与交流实现新突破。协调相关部门支持，新建培训教室一处，配备现代化培训设备，设专职培训管理人员，定期开展对成员单位的业务培训，搞好技术交流，每年至少组织成员单位到县外现代化奶牛场参观学习一次。

二是奶牛品种改良实现新突破。大力推广性控冻精技术，计划两年内推广奶牛性控冻精 2000 头。

三是创建标准示范化合作社，奶牛养殖基地实现新突破。进一步规范合作社建设，从财务管理到合作社经营，每年开展 1～2 次专项培训，引导、培育 5～10 家示范合作社，力争使合作社的建设走上规范化的路子。

四是全株玉米青贮等粮改饲项目实现新突破。立足奶牛单产每年提高 1 吨的目标，在成员单位全面推广全株玉米青贮技术。同时，引导建设高标准奶牛饲养场，使更多奶农在联合社的带动下高效发展。

五是合作社信用互助业务实现新突破。为确保奶牛行业持续稳定发展，不断规范信用互助业务，互助资金主要用于支持合作社生产经营的流动性资金需求。

六是精准扶贫工作实现新突破。联合社利用自身联系面广的特点，立足奶牛养殖，积极开展精准扶贫工作，争取 176 万元扶持资金，配套 200 万元，扶持 280 户贫困户，每年帮扶贫困户增收 101 万元。

案例 7：湖北省宜昌市晓曦红柑橘专业合作社[①]

一、基本情况

湖北省宜昌市晓曦红柑橘专业合作社自 2006 年 8 月成立以来，立足柑橘产业，走多元化发展之路，通过实体兴办苦练内功，品牌创建外树形象，闯出了一条以合作社为主体的产业化企业集群发展之路。合作社现已跃居全国农民专业合作社示范社百强社、湖北省五强农民专业合作社、湖北省级农业产业化及林业产业化重点龙头企业。品牌知名度逐步提升，"晓曦红"柑橘商标获得"湖北省著名商标"，其产品获得"国家绿色食品""湖北省名牌产品"和"湖北三大名果"等荣誉称号。

二、主要做法

（一）兴办实体，建立体系，实现互利共赢

2003 年，在当地经营柑橘生产销售的宜昌长江上中游农业开发公司实行改制，使得当地老百姓的柑橘销售一下子陷入困境，迫切希望有一个组织来帮助他们解决农资购买、技术辅导、柑橘销售等一系列难题。对柑橘有着深厚感情的年轻人舒德华，邀约 20 多位农民，提出了创建柑橘专业合作组织的大胆设想，并成立了宜昌市夷陵区第一家农民柑橘专业合作组织——宜昌市夷陵区柑橘协会。经过几年运作，大大缓解了农民柑橘难卖的问题。但协会会员游离性大、合作观念不强、服务效果不好等问题也日渐暴露。成员与协会之间没有"拴得住"的经济纽带，没有"靠得牢"的利益共享、风险共担约束机制，为此 2006 年众人协商以"资金"入伙的形式，建立了经济合作组织——宜昌市柑橘合作社，随后更名为"宜昌市晓曦红柑橘专业合作社"。

2008 年，四川省广元市发生"蛆柑"事件，导致全国柑橘滞销，给橘农带来巨大损失。这一事件使成员和周边橘农认识到了组建合作社的重要性。同时，由于合作社成员大多由农民构成，文化水平参差不齐，舒德华等人意识到，要发展壮大还必须以实体为支撑。2009 年，合作社提出了"整合优势资源、立足柑橘产业、组建实体公司、构建产业体系"的发展思路，创新性地提出了设置

---

① 撰写者：康晨远（农业农村部管理干部学院）。

成员股和投资股。成员股是指橘农加入合作社的身份股,投资股是指加入合作社的成员投资入股各实体。2010 年 8 月,晓曦红柑橘专业合作社以合作社及其成员控股的方式,组建成立合作社核心实体——宜昌市晓曦红果业股份有限公司,还围绕产业链先后组建了农业科技开发公司、柑橘综合服务公司、农产品市场营销公司、果品深加工公司、投融资公司等六个公司,把不同产业环节的业务交由专业公司进行运营,极大地提高了合作社的资源配置能力和产业拓展能力,降低了经营成本和风险。

合作社主要负责成员管理、服务及整个产业规划。核心实体果业股份公司负责果品加工、市场营销、品牌打造。市场营销公司负责产地交易市场运营管理及果品冷藏保鲜。科技开发公司负责良种苗木繁育及产后投入品研发生产。综合服务公司负责柑橘种植管理服务、技术培训、生产生活资料配送等服务成员的相关业务。果品深加工公司负责柑橘等其他果蔬深加工产品的研发及生产。投融资公司负责成员社区及各实体金融服务业务。各实体围绕合作社,深耕柑橘产业,从服务成员、产业出发,构建合作社、实体、成员三方利益共同体,实现互利共赢。

(二)深化改革,规范管理,实现一体化发展

随着国际国内形势的变化,特别是 2014 年以来,经济进入转型升级、转换动能、调整结构的新常态,合作社原有的管理模式、发展方式、经营体制等也需做出调整。为此,合作社决策层提出了"深化内部改革、转变发展方式"的发展思路,不断深化体制机制改革,规范内部运营,逐步探索出合作社、公司与成员一体化发展的新模式,在合作社和实体的产权管理、民主管理、科技运用、运行机制、核算方式、组织建设等六个方面实现一体化发展。

产权管理方面,采取一牵动(产权牵动)、两连接(成员与实体)、三给力(内引、外联、政府)、四滚动发展的策略,达到产权清晰、责权明确、科学管理、保值增值的发展目标。民主管理方面,将《公司法》与《农民专业合作社法》结合起来,合作社和实体管理上实行四会健全、三公到位、两权分离,将合作社成员与实体紧密联系起来。科技运用方面,重点以品牌打造为核心。运行机制方面,合作社与成员完善"理事牵头、代表牵线、分层管理、订单服务"模式。核算方式方面,合作社与实体建设采取"五定、两分",即定经济效益目标、定权利与责任、定工作制度、定违约责任、定奖惩措施,分期结算与核算、分期上交。组织建设方面,在成员服务上,推行"成员服务管理中心＋联络员＋产销班＋科技示范户"方式,贯通了生产和销售的各个环节;在运营管理上,构建四大管理中心(成员服务管理中心、营销管理中心、行政管理中心、财务管理中心),提高了

合作社的统筹能力,降低运行费用;在经营管理上,推行人员优化组合、股份运作、保底上交、单独核算,提高业务经营能力。通过这一模式的推行,实现了合作社、成员和公司实体的三位一体发展。

为进一步提高各公司服务合作社的能力和水平,2015—2016年,合作社优化组织结构,组建了新的四大管理中心,即行政管理中心、财务管理中心、成员服务管理中心、经营管理中心。同时,合作社统筹各中心日常业务工作,推行中心主任全面负责制,中心主任统筹管理内部员工和协调工作业务,员工实行按责、劳、能计酬。通过明确职责、激励增效等改革措施的实施,大大提升了各中心凝聚力,增强了队伍向心力。

(三)以成员服务为核心,凝聚人心,筑牢发展基石

合作社成立以来,始终牢记自身的两大任务:带领成员种好柑橘、卖好柑橘。合作社先后成立6家实体公司也是围绕这两大任务而为。以合作社2012年成立柑橘综合服务公司为例,大大提升了合作社柑橘产业发展后劲,促进了生产服务规模化、标准化、专业化。

晓曦红柑橘综合服务公司的成立正是基于农村劳动力大量外流的背景。合作社采取股份合作、独立核算、自负盈亏、成员参与的方式,组建晓曦红柑橘综合服务公司,为橘农提供全方位综合服务。公司将合作社留守农村的橘农成员联合起来,组建了一支有200多人、经过严格技术培训与考核、持证上岗的专业化服务队伍。服务队下设8个分队和1个中心,即专业从事柑橘产业的技术服务队、植保服务队、农资配送服务队、采果服务队、果园管理服务队、机械运输服务队、营销服务队、物流信息服务队和农资配送中心。公司针对部分橘园劳动力短缺、橘农缺乏专业技术的状况,开展单项或多项专业技术服务,以及橘园托管或租赁、土地流转等服务。成立当年,累计组织专业服务3000多人次,动用机械400多台(套),开展服务200多项,服务收入达119万元。合作社成立服务公司,为解决农业生产中"无人种、如何种"问题摸索出了一条切实可行的路径,为农业适度规模经营奠定了基础。

2016年以来,在合作社的主导下,公司承担了精准扶贫项目。在夷陵区龙泉、鸦鹊岭、小溪塔三大柑橘主产乡镇实施产业扶贫。先后为300多户残疾贫困户开展柑橘技术培训6场共1000人次,将80余户重度残疾贫困户吸纳为合作社成员进行重点帮扶,无偿提供田间果园技术指导200多次,为其销售柑橘200多万公斤,带动他们增收近80万元。

合作社摸索出的成立公司从而提高市场竞争力和产品附加值、全方位为成员和农户服务的路子,事实证明成效显著。同时,创新性地采取合作社、成

员和社会资本共同出资,合作社股份和成员股份之和大于50%的形式,既做到了公司产权清晰,又实现了合作社和成员对公司的控股。晓曦红柑橘专业合作社的"产业是核心、成员是基础、实体是支撑"发展经验值得同类合作社借鉴。

三、主要成效

湖北省宜昌市晓曦红柑橘专业合作社用10年左右的时间,实现了24户成员到1500多户成员、480万元总收入到2.06亿元总收入的巨变,在服务橘农增收、带动柑橘产业发展等方面发挥了重要作用。合作社在不断加强规范化建设的同时,注重兴办公司实体推进专业化运营,深耕柑橘产业掌握话语权,实力不断增强,成效日益突显。

案例8:湖南省溆浦县君健中药材专业合作社[①]

一、基本情况

巍峨的雪峰山,西起云贵高原,东连洞庭之滨,重峦叠嶂绵延千里,林木葱郁鸟语花香,珍稀药用动植物资源非常丰富。湖南省溆浦县君健中药材专业合作社即位于雪峰山深处,自2008年8月成立后,带领当地农户种植玉竹、黄精、黄檗、金银花、瑶茶等,并拓展到育苗、加工、销售、科研等领域。2016年,合作社牵头成立湖南翔康生物科技有限公司,开发了"溆浦瑶茶"等产品,为合作社发展增添了强劲动力。

二、主要做法

(一)挖掘优势资源,带动农民发展

合作社所在的溆浦县沿溪乡,村民有种药材的传统,每家每户都会在自家零碎的地块中种些金银花等。合作社成立前,村民的药材主要由商贩上门收购,收购价格低,市场行情起伏很大。合作社的成立,受到了村民的欢迎,有58户农户参与发起,入股资金达40万元。

合作社经过充分考察,选定发展玉竹品种,并为成员赊销种苗。到2010

---

① 撰写者:刘华彬(农业农村部管理干部学院)。

年开挖销售时,玉竹市场价格涨到 4 元/斤,亩均收入超过 3 万元,行情最好的 2013 年价格达 10 元/斤。考虑到中药材行业行情起伏很大,2012 年合作社开始多品种发展,先后以土地流转、发放种苗、签约回收等方式开辟瑶茶、黄精、黄檗、厚朴、蛇足石杉、金银花、杜仲等基地共 8000 余亩,辐射两丫坪、中都、九溪江、北斗溪等 10 余个乡镇 3000 多户,覆盖了全县近 40% 的中药材种植户。合作社在各乡镇建立了 8 处服务站,就近提供种植技术、生产物资、产品回收服务,构建了完善的产前、产中、产后支持体系。

除了对市场的把握,合作社还积极开展产品初加工。合作社在沿溪乡拥有近 5000 平方米的综合办公楼和加工厂房一处,有仓储场地两处共 1600 平方米,建有 50 吨的冷库两栋,加工设备达 80 多套,年加工能力达 1200 吨。合作社对收购的药材进行烘干、切片等,供应广东汇群堂等大型药企,既提高了产品附加值,又稳定了市场销售。

通过 10 多年的发展,合作社已成为湖南省主要的玉竹供应基地,年产玉竹 4000 吨左右。成员发展到 452 户,其中最开始有贫困户 275 户,到 2018 年仅剩 8 户还没脱贫,中药材种植成为当地脱贫致富的重要产业。合作社注册了商标"呷得康",拥有全国工业产品生产许可证,成为全市第一家拥有产品出口资格的农民合作社。2011 年,合作社被认定为省级示范社;2013 年,入选省十佳农民专业合作社;2015 年,被认定为国家农民合作社示范社。

(二)发起成立公司,社企全面融合

合作社种植的黄精、黄檗、玉竹、厚朴等中药材,具有特殊药物成分和功效,合作社只是进行初加工,要想进一步提高产品附加值、增加成员收入,产品研发和精深加工是必由之路。以合作社重点发展的瑶茶为例,瑶茶又名木姜叶柯,俗称甜茶,有"树上的虫草"之称,其树叶中天然含有甜度在蔗糖 300 倍以上的黄酮化合物,具有清凉甘甜而不含糖的独特优势,可以用作食品甜味添加剂等,前景非常广阔。

为了深入开发产品,2013 年合作社成立了湖南君晟茶业有限公司,2015 年又成立了溆浦县君益农业发展有限公司,后者被授予"怀化市市级龙头企业"称号。同时,合作社与怀化学院等签订合作协议,成立产学研合作基地,设立教授科研工作室,获得了 4 项专利;与怀化学院、美国佐治亚大学专家等合作,共同进行中药材产品研发。

为了彻底解决技术研发、人才引进、资金筹措等瓶颈问题,2016 年下半年,合作社联合美国 ONCOL 生物科技有限公司及多所国内大学的科研专家、投资公司、自然投资人共同成立了湖南翱康生物科技有限公司,合作社占股

8%,科研团队共占股60%,公司设立在溆浦工业园区。2017年底,君健合作社又将自身全部900多万元资产入股翱康科技公司,占股比例增加到15.2%,成为公司最大的股东。公司董事会设有3个席位,君健合作社占1个席位,全程参与公司的经营决策及管理。同时,合作社理事长王依清担任公司运营总监。

在具体运营方面,翱康科技公司与合作社无缝对接。合作社种植的优质中药材,在自有加工基地进行初加工,翱康科技公司则负责植物品种改良培育、产品深加工、市场销售、产品研发及基础科研。合作社的经营管理由翱康科技公司负责,经营所得并入翱康科技公司账目,年终按股份比例分配全公司收益,分给合作社的部分由合作社按照章程分配给成员。另外,合作社与翱康科技公司约定,合作社成员二次分红直接计入采购成本,与成员有关的政府补贴或项目由合作社单独建账并量化到成员账户,不并入翱康科技公司账目,保证合作社成员享受的政策扶持不受影响。

三、主要成效

合作社已全资创办了2家公司,为什么还要与别人合资创办公司呢?王依清解释道,合作社并不缺资金。当初建社时定下一条特殊规定:不允许单户成员股金占比过高,如今股金最多的成员也只有10万元。由于股金占比较平均,成员们都乐意入股,入股资金已达400多万元。另外,合作社一直坚持提取5%公积金,成员的二次分红也是分一半现金,留一半做股金,因此积累的资金比较充裕。合作社面临的最大困难是缺乏人才,成员包括理事会成员大多是农民,对发展高科技产业、经营现代企业自然是无从下手。

"所以我给大家讲,我们这一帮人是瓦岗寨的兄弟,只能做'混世魔王',真正要做大事,还是要请'李世民'来领头。合作社要创办顶尖级的公司,必须要融入有实力的合伙人,撬动更多的资源,把产业做大做强。"王依清说,合作社成立合资公司并持有股份,既能保证成员稳定生产,又能分享产业增值收益,获得了实实在在的好处。

事实也如王依清所想。目前,翱康科技公司有职工54人,董事长及总经理均为博士后,开发出了速溶茶、功能含片及化妆品等产品。以翱康科技公司的"溆浦瑶茶"为例,收购合作社成员茶叶的价格为每斤3~5元,年均亩产量在2000斤以上,亩均收益达6000元以上,仅2018年上半年就采购了450多万元茶叶。翱康科技公司的抗衰老产品被美国硅谷的公司看中,共同成立了第一家子公司,产品已在美国上市。翱康科技公司计划通过5~8年的努力,使中药材产值突破 10 亿元。如今,根据翱康科技公司的市值估算,合作社的股值翻了一番。

在翱康科技公司的带动下,不仅合作社和成员受益颇丰,还助推了全县瑶茶产业加快发展。湖南雪峰山是瑶茶主产区,在沿溪乡及周边乡镇海拔 500～800 米的山地中拥有丰富的野生资源。如今,瑶茶产业被列入了溆浦县农业"7+1"产业体系,全县新建瑶茶产业精准扶贫基地 8 个共 1200 多亩,实现产业精准脱贫 1000 余人,"溆浦瑶茶"成了助力精准扶贫的"金字招牌",并正在申报国家地理标志保护产品。

案例 9:云南省大理州宾川县宏源农副产品产销专业合作社①

一、基本情况

云南省大理州宾川县宏源农副产品产销专业合作社成立于 2009 年,由宾川县金牛镇菜甸村村民铁余斌带领 15 名农民发起成立,主要从事葡萄生产和销售的一体化服务,是宾川县葡萄产业发展的重点龙头农民专业合作社。近年来,合作社通过采取"合作社+基地+农户"的生产经营模式,实行"统一供应农资、统一生产技术、统一包装、统一品牌、统一销售、分户核算"为主的"五统一分"管理方式,会员从成立之初的一个社员之家 15 户发展到现在的 53 个社员之家 732 户,成员出资额增加至 816 万元,社员之家分布 6 个乡镇,社员遍布全县。2012 年,合作社种植的葡萄在全国早熟葡萄评比中获 5 个金奖、1 个优质奖,同年被评定为云南省农民专业合作社示范社;2016 年被评定为农民专业合作社国家级示范社。

二、主要做法

(一)创建品牌,带领群众抱团发展闯市场

宏源合作社自创建以来在"特"字上作文章,创建了"楼铁源"葡萄名优品牌,采取统一生产技术标准、统一技术培调、统一配方施肥、统一采购农资的保障措施,为成员无偿提供技术服务,向成员推广葡萄标准化生产技术,先后引

---

① 撰写者:李淑香(云南省大理州农村经济经营管理站)。

入种植"红地球""夏黑""红宝石""火焰无核""阳光玫瑰""紫甘无核"等优质葡萄品种。目前，包括贫困户在内的合作社成员遍布坝区多个乡镇，拥有成员700多户，分设53个成员之家，成员种植葡萄面积达6000多亩，标准化种植面积达3000多亩。2015年、2016年和2017年，合作社销售葡萄收入分别为9000万元、1亿元和1.2亿元，公积金收益分别为50万元60万元和70万元，同时合作社还带动水胜、元谋和双柏等县农民发展葡萄种植3600余亩。2018年合作社销售收入达1.5亿元、公积金达84万元。

"我家是最早一批加入合作社的，现在已种植葡萄13亩，这些年我家葡萄收入每年都在20万元以上。"莱甸村村民杨林勇兴高采烈地说，他是参加合作社受益最大的成员之一，2018年该村合作农场种植的60亩"阳光放"葡萄每公斤均价卖到60元，产值突破280万元，2016年至2018年，莱制村村民的葡萄收入连续3年突破1100万元，2018年达1300万元，户均收入24.53万元。村民用葡萄收入买了轿车、面包车，平均每户拥有汽车1.5辆。

(二)利用新技术，服务群众精准帮扶担责任

葡萄单幅连棚降密提质促早熟生产技术是宾川农业科技人员针对干热河谷地区葡萄种植探索出的一项具有自主知识产权的高效栽培技术，宾川县宏源农副产品产销专业合作社所在地——蔡甸村葡萄科技示范园即是该技术的发源地，也是合作社的产业示范基地。2017年，合作社运用该项技术生产的"楼铁源"葡萄被评为"云南名优水果"。

市场营销实践证明，应用该项技术的葡萄产品每公斤销售均价较普通田块高2元左右。合作社每年组织各种培训不低于30场次，培训包括贫困户在内的果农2000多人次，9年来共组织召开各种培训270余场次，共培训果农1.8万多人次，合作社生产基地已成为县内外果农参观学习的示范园。目前，全县在宾川县宏源农副产品产销专业合作社的带动下，已推广葡萄单幅连棚降密提质促早熟技术3万亩，年新增产值3亿元。2020年将推广应用15万亩，实现葡萄产业全面转型升级、提质增效。

此外，合作社积极争取上级党委政府及主管部门的支持，有效整合高标准农田建设、中央财政现代农业蔬菜项目、高效节水灌溉项目等项目资金700余万元，建设了葡萄、石榴、蔬菜等特色经济作物标准化示范基地1860亩，其中426亩葡萄标准化示范基地实现了水肥一体化、智能化灌溉，在节水、节肥、省工以及工程管护、结构调整、荒山绿化等方面收到了良好的经济效益、社会效益和生态效益。

(三)创设新模式,发动群众流转土地促转型

针对葡萄生产中存在的土地零散、科技含量低、生产成本高、销售困难的问题,宏源合作社转变发展理念,"以合作社为依托,创新集体经济经营模式,集中连片种植,让农民、合作社、有余钱的成员等变股东,以小户并大户跻身现代农业行列;以个体变集体,走合作化道路,实现了共同进步,做到消除贫困",合作社理事长铁余斌说。

2016年11月,合作社引导菜甸村群众通过归并土地建立农民专业合作组织,相邻土地的17户农户以土地入股的方式归并土地60亩,合作社从改进葡萄架式优化品种结构到田间农事操作肥水管理、果品质量控制等整个生产流程全面实行标准化生产规模化种植、集约化经营指导。按每亩1.5万元共筹集并投入建设资金105万元,对土地进行了规范化整理,于2017年1月栽下60亩"阳光玫瑰"优质葡萄。2018年60亩标准化示范基地实现葡萄产值1300万元。目前这种由村党支部倡议,宾川县宏源农副产品产销专业合作社指导,让地块相邻的农户自愿组成一个统一生产、销售的合作经济组织的标准化生产、规模化经营的模式有以下两种。

模式一:"党支部+能人大户+成员"的生产托管模式。土地相邻的农户自愿组成一个统一生产、销售的合作经济体,选出其中懂技术、善管理、做事公正的1～2人来管理合作组织,该合作组织可以是合作农场,也可以是合作社。该类经济组织的生产、技术、服务等委托宾川县宏源农副产品产销专业合作社负责,农户承担相应面积的投入资金后,该类合作组织的生产工人主要是另外聘请,符合管理要求的农户可以在合作农场务工,其余农户则发展其他产业,收入拟除生产成本后按面积分红到户,该模式能够直接带动全体村民共同富裕。

模式二:股份合作生产托管模式。土地相邻的农户自愿以土地入股占50%的股份,合作社或合作社成员等以每亩投资1万元占50%的股份,其余不足资金以借贷投入或者其他资金投入,成立合作农场或者合作社,委托宾川县宏源农副产品产销专业合作社派人管理,生产工人另外聘请。合作组织收入扣除生产成本按股份分红到户,该模式能够较好的与扶贫的利益联结机制结合。

目前,以宾川县宏源农副产品产销专业合作社为依托,采取创新发展模式的农民合作经济组织在菜甸村、小龙潭村等地建成"红提""阳光玫瑰"等优质葡萄标准化示范基地7个共2000余亩,盘活了一大批集体和家庭零散土地,带动了一大批贫困户通过发展高效产业增收致富。

(四)发展新业态,一、二、三产业融合发展

为充分利用原菜甸村老村搬迁后留下的"空壳村"土地资源,以合作社为依托,以菜甸村四周已种植的葡萄园景观为支撑,以菜甸村"空壳村"土地资源、集体山地和本村村民投资入股为主,申请上级项目补助为辅,计划投资1200万元,用3年时间,在原有600余亩葡萄科技示范园的基础上,在老村后山集体山林空地上种植生态玫瑰蜜酿酒葡萄500亩,建设1个年产50吨~100吨的酒庄、1000平方米酒客,同时,围绕生态酒庄建设6~7家农家乐,用于接待游客,打造葡萄酒饮食文化等,通过不断建设完善,最终实现将原菜甸老村打造成为"有主体、有基地、有加工、有品牌、有市场、有文化"的"乐满地"现代农业庄园,同时也发展壮大了菜甸村的集体经济。以"一产"变"产+三产",实现了产前、产中、产后连接的发展模式,变小农生产为强农产业。

通过多年的努力,合作社已带领果农走出了"人无我有、人有我优、人优我特"的现代农业发展路子,实现了产业兴旺、农民富裕的目标,有效地促进了地方经济的发展,有力地助推了脱贫攻坚工作。该产业发展的模式被大理州州委州政府列为全州产业扶贫主推模式,助力全州脱贫攻坚。

三、主要成效

几年来,合作社利用自身发展优势,整合利用各种生产经营要素,创建新品牌、利用新技术、创新新模式、发展新业态,做大做强葡萄产业,在充分发挥合作社对建档立卡贫困户的带动作用方面成效显著:一是与贫困户建立紧密利益联结机制。合作社采用产金互助合作模式,对接100户贫困户,实现对贫困户每年每户3200元的返利分红,同时还通过对贫困户开展生产技术培训,聘请贫困户到合作社生产基地务工等方式,提高贫困户的生产技能和收入。二是积极吸纳贫困户入社。吸纳24户建档立卡贫困户入社,通过产业发展,逐步实现脱贫致富,现在每户实现年均增收1万元以上。三是带动本村非成员建档立卡贫困户。合作社充分发挥示范带头作用,共带动本村建档立卡贫困户3户、低保户2户、边缘户7户,参与葡萄产业发展,实现了每户年均增收2万元以上。四是实施跨地区辐射带动。通过合作社规模的不断扩大,带动能力不断增加,目前,葡萄产业已经辐射到云南省的元谋、建水、双柏等8个县,共发展41个示范生产基地,种植面积6000多亩,涉及700多户农户。

案例10：陕西省宝鸡市眉县猴娃桥果业专业合作社[①]

一、基本情况

陕西省宝鸡市眉县猴娃桥果业专业合作社登记于2015年3月，有成员312户，出资总额700万元，下设办公室、基地建设部、技术培训部、物资供应部、市场营销部，注册了"猴娃桥""猴娃桃"商标、"猴娃桥果业图案"。主要经营：农作物标准化种植、示范、培训、指导、咨询；新技术、新品种试验、示范、推广；社会化服务；农资经销；果品销售等。以服务果民为宗旨，以猕猴桃标准化生产十大关键技术为指导，积极开展科技培训、建立基地、开展社会化服务、铸造猕猴桃品牌，用先进实用的农业技术带动百余户贫困户共同致富，已成为眉县产业特色明显、运作管理规范、示范带动作用大、社会影响力强的民营科技组织，为全县猕猴桃产业发展做出了积极贡献。

二、主要做法

（一）聚力强社，规范建社

合作社以习近平新时代中国特色社会主义思想为社魂，以延安精神、梁家河精神为社魄，精心塑造出华果猴娃桥果业团队精神、团队理念、团队目标、团队作风、团队要求、团队规则和团队警句。合作社坚持依照新的合作社法建社强社，举办了规范建设提升能力专题培训班，成功地召开了猴娃桥果业专业合作社二届一次社员大会，讨论通过了新的合作社章程，选举产生了新的理事会、监事会，健全了组织机构和章程制度。依据新的合作社法，坚持与社员互相抱团，合作共赢，打造命运利益共同体；制作并发放了社员证、股金证，坚持按股分红；严格执行财务会计制度，科学分配盈余；制定建立了社员入股股金每年以5％的利率增长的分红增长机制，调动了入股社员的积极性。截至2018年底，合作社资产总额839.37万元，固定资产157.79万元，年经营收入586.62万元，当年盈余141.91万元，提取盈余公积21.56万元，按交易量总金额返还72.21万元，每股为成员（1000元）分红10元，当年共分红74.6万元。2018年销售农资108吨，销售总额127.41万元；实现了推销猕猴桃

---

① 撰写者：朱继宏（陕西省宝鸡市眉县猴娃桥果业专业合作社）。

146.5万斤的奋斗目标,销售猕猴桃732.5吨,销售总额572.1万元。

(二)积极推广三产融合

一是农业产业重组型融合,带头与兄弟果业专业合作社、亲农公社农业开发专业合作社,推进多种形式的农村产业融合发展。二是农业产业链延伸型融合,与太白山美源果品有限公司合作,走生产加工产业延伸型融合。三是先进要素技术对农业的渗透型融合,成功孵化农业创业企业眉县亲农公社农业开发专业合作社,在"互联网+"下,实现在线化、数据化,农产品线上预定、结算,线下交易、电子销售。四是农业与其他产业交叉型融合,与眉县明洲猕猴桃专业合作社开展农业与观光旅游业的融合。

(三)强强联手抱团合作

由猴娃桥果业专业合作社发起、9家专业合作社响应,经县民政局核准、县科学技术协会批准,成立了眉县果业科技创业创新协会,理事长朱继宏兼任协会理事长。坚持抱团合作、风险共担、利益共享。

(四)铸优质品牌促产品销售

合作社十分注重打造优质品牌,依照《陕西省猕猴桃标准综合体》,积极推广"碧护套餐",引进了美国NEB营养平衡肥,推广配方肥和果园生草,果园生草技术获得了知识产权专利。从2015年开始,在48个村建立标准化示范基地5600亩,坚持做到"一落实、五统一";与基地果农签订了《猕猴桃基地标准化种植协议书》,夯实了责任,推行"五统一",即统一目标、统一培训、统一投入品(统一用肥方案、统一技术指导、统一配送农资、统一检查督促)、统一管理、统一销售的办法,不但果品质量得到保证,而且质量显著提升。选送基地所产的"徐香"猕猴桃,经西北农林科技大学测试中心检测,总糖11.6%,总酸1.21%,维C每100g为362.44mg,可溶性固形物17.4%。高于陕西省优质猕猴桃评定标准,可溶性固形物13.3%高出4.1%,维C含量每100g为130mg高出232.44mg,维C含量是评定标准的近三倍。合作社注册了商标,设计有知识产权的产品包装盒,连续四次参加国家级农产品展销推介会。

(五)土地股份合作创建华果庄园

合作社同横渠镇万家塬村实行土地股份合作,高起点,高定位,规划建设50亩"华果太白山南岭甜柿子庄园";同汤峪镇梁村村委会实行土地股份合作,高起点,高定位,规划建设290亩猕猴桃华果猕妹妹梦想庄园,打造全国最高标准的,集采摘、观光为一体的现代农业示范庄园,落实乡村振兴、三产融合政策,共同打造中国猕猴桃产业的"吐鲁番"、中国猕猴桃硅谷,把眉县猕猴桃产业推向新的高度,引领中国猕猴桃产业,争做中国猕猴桃产业的领头雁!

(六)抓科技传播社会化服务

聘请西农大猕猴桃试验站首席专家刘占德、安成立、李建军老师为合作社技术顾问,猕猴桃一线实战专家吕岩老师为技术总监,组织并带领 20 余名乡土专家逐村对果农进行培训,年均举办培训班达 300 多场次,参训果农达 2.3 万人次。办起了《华果简报》猕猴桃专版,设"农业新闻、新型科技、新闻实时、综合"四版块,免费发放给示范基地果农和帮扶的贫困户及全县果农,办简报 8 期,印制 5 万余份;又创办了"猴娃桃"微信公众号,发布信息 31 期;加入"果农微信群"的果农已达到 409 人;并建有专家团队微信群,使信息化在农业技术推广当中得到应用。

(七)参与脱贫攻坚工作

合作社积极参与市县开展的"百家社会组织进百村扶千户"行动,用先进实用的农业技术带动百余户贫困户共同致富,为全县猕猴桃产业发展做出了积极贡献。主要做法,一是依托产业扶贫脱贫;二是逐村开展科技培训;三是开展农资捐赠;四是与贫困户签订订单;五是设立基地服务站;六是宣传春寒预防,灾后三送补救;七是添火暖人心,雪中送真情;八是推行扶贫"送股分红模式"。扶贫"送股分红模式",就是在各基地上报建档立卡贫困户信息,由合作社送给 56 个贫困户每户干股 0.1 股,价值 100 元,共计 5600 元,在合作社按持股比例参与分红。在猕猴桃采摘、挑选、装卸等过程中,为 126 名贫困户提供了季节性务工机会;为 50 名贫困户提供了就业岗位。

(八)紧跟时代创视商

坚持大胆创新,紧跟时代创视商,聘请资深的网络专家就自媒体主流产品操作技巧、小视频拍摄与实践操作、微信加友等 19 种方法进行了授课;又连续举办眉县猴娃桥网红猕猴桃视商培训班,以互联网网络为传播媒介,利用网络资源的社会性和共享性,创办起了"网红猴娃全网直播"视频主播室;直播眉县第一美女网红"猴娃姐"晾晒,同时,第一个网红互动舞台对外开放、第一个网红直播厅对外展播、第一个网红经济研究办公室成立。原先的猕猴桃网上销售的电商,变换成猕猴桃网上销售的视商,消费者通过视频就可看到果品从田间生产到果品加工、包装、运输的整个环节,使他们吃得放心,这使眉县猕猴桃销售进入快车道、迈上高速路。

三、主要成效

2018年成功举办了"碧护华果"(猕猴桃)与乡村振兴发展战略研讨会——暨首届眉县猕猴桃客商洽谈对接会。

合作社遵纪守法、社风清明、诚实守信,赢得了国家级(眉县)猕猴桃产业园区管委会、眉县农业局、果业局、农技中心、果技中心和全县果业界同仁及广大果农的一致肯定与认同,在全县口碑好、影响大、示范带动作用强。县电视台制作了"专业技术引领群众致富"的专题宣传片,在腾讯视频平台广为播放;合作社被宝鸡市和眉县科技局确定为民营科技企业;被全国农业科技创业创新联盟授予创业创新实训基地和农业双创示范基地。合作社先后荣获:农业部管理干部学院第四届"农合之星""全国优秀合作社"称号,第五届"农合之星"十佳"优秀合作社品牌"称号,第二十四届、第二十五届中国杨凌农业高新技术成果博览会后稷特别奖,2018中国果品商业价值464.34万元品牌,2017年陕西省猕猴桃优质品牌,世界猕猴桃大会暨中国·陕西(眉县)第六届猕猴桃产业发展大会参展奖,2017年宝鸡市优秀农民专业合作社,2018年陕西省扶贫示范社,2018年陕西省农民合作社示范社等荣誉称号。合作社被中国农业大学、中国人民大学、浙江大学授权为"全国农民专业合作社固定观测点"(全国仅80个点)。

附录 1：

中华人民共和国主席令

第八十三号

《中华人民共和国农民专业合作社法》已由中华人民共和国第十二届全国人民代表大会常务委员会第三十一次会议于 2017 年 12 月 27 日修订通过，现将修订后的《中华人民共和国农民专业合作社法》公布，自 2018 年 7 月 1 日起施行。

中华人民共和国主席习近平

2017 年 12 月 27 日

《中华人民共和国农民专业合作社法》

(2006 年 10 月 31 日第十届全国人民代表大会常务委员会第二十四次会议通过，2017 年 12 月 27 日第十二届全国人民代表大会常务委员会第三十一次会议修订)

第一章　总　则

第一条　为了规范农民专业合作社的组织和行为，鼓励、支持、引导农民专业合作社的发展，保护农民专业合作社及其成员的合法权益，推进农业农村现代化，制定本法。

第二条　本法所称农民专业合作社，是指在农村家庭承包经营基础上，农产品的生产经营者或者农业生产经营服务的提供者、利用者,自愿联合、民主管理的互助性经济组织。

第三条 农民专业合作社以其成员为主要服务对象,开展以下一种或者多种业务:

(一)农业生产资料的购买、使用;

(二)农产品的生产、销售、加工、运输、贮藏及其他相关服务;

(三)农村民间工艺及制品、休闲农业和乡村旅游资源的开发经营等;

(四)与农业生产经营有关的技术、信息、设施建设运营等服务。

第四条 农民专业合作社应当遵循下列原则:

(一)成员以农民为主体;

(二)以服务成员为宗旨,谋求全体成员的共同利益;

(三)入社自愿、退社自由;

(四)成员地位平等,实行民主管理;

(五)盈余主要按照成员与农民专业合作社的交易量(额)比例返还。

第五条 农民专业合作社依照本法登记,取得法人资格。

农民专业合作社对由成员出资、公积金、国家财政直接补助、他人捐赠以及合法取得的其他资产所形成的财产,享有占有、使用和处分的权利,并以上述财产对债务承担责任。

第六条 农民专业合作社成员以其账户内记载的出资额和公积金份额为限对农民专业合作社承担责任。

第七条 国家保障农民专业合作社享有与其他市场主体平等的法律地位。

国家保护农民专业合作社及其成员的合法权益,任何单位和个人不得侵犯。

第八条 农民专业合作社从事生产经营活动,应当遵守法律,遵守社会公德、商业道德,诚实守信,不得从事与章程规定无关的活动。

第九条 农民专业合作社为扩大生产经营和服务的规模,发展产业化经营,提高市场竞争力,可以依法自愿设立或者加入农民专业合作社联合社。

第十条 国家通过财政支持、税收优惠和金融、科技、人才的扶持以及产业政策引导等措施,促进农民专业合作社的发展。

国家鼓励和支持公民、法人和其他组织为农民专业合作社提供帮助和服务。

对发展农民专业合作社事业做出突出贡献的单位和个人,按照国家有关规定予以表彰和奖励。

第十一条　县级以上人民政府应当建立农民专业合作社工作的综合协调机制,统筹指导、协调、推动农民专业合作社的建设和发展。

县级以上人民政府农业主管部门、其他有关部门和组织应当依据各自职责,对农民专业合作社的建设和发展给予指导、扶持和服务。

第二章　设立和登记

第十二条　设立农民专业合作社,应当具备下列条件:

(一)有五名以上符合本法第十九条、第二十条规定的成员;

(二)有符合本法规定的章程;

(三)有符合本法规定的组织机构;

(四)有符合法律、行政法规规定的名称和章程确定的住所;

(五)有符合章程规定的成员出资。

第十三条　农民专业合作社成员可以用货币出资,也可以用实物、知识产权、土地经营权、林权等可以用货币估价并可以依法转让的非货币财产,以及章程规定的其他方式作价出资;但是,法律、行政法规规定不得作为出资的财产除外。

农民专业合作社成员不得以对该社或者其他成员的债权,充抵出资;不得以缴纳的出资,抵销对该社或者其他成员的债务。

第十四条　设立农民专业合作社,应当召开由全体设立人参加的设立大会。设立时自愿成为该社成员的人为设立人。

设立大会行使下列职权:

(一)通过本社章程,章程应当由全体设立人一致通过;

(二)选举产生理事长、理事、执行监事或者监事会成员;

(三)审议其他重大事项。

第十五条　农民专业合作社章程应当载明下列事项:

(一)名称和住所;

(二)业务范围;

(三)成员资格及入社、退社和除名;

(四)成员的权利和义务;

(五)组织机构及其产生办法、职权、任期、议事规则;

(六)成员的出资方式、出资额,成员出资的转让、继承、担保;

(七)财务管理和盈余分配、亏损处理;

(八)章程修改程序;

（九）解散事由和清算办法；

（十）公告事项及发布方式；

（十一）附加表决权的设立、行使方式和行使范围；

（十二）需要载明的其他事项。

第十六条　设立农民专业合作社，应当向工商行政管理部门提交下列文件，申请设立登记：

（一）登记申请书；

（二）全体设立人签名、盖章的设立大会纪要；

（三）全体设立人签名、盖章的章程；

（四）法定代表人、理事的任职文件及身份证明；

（五）出资成员签名、盖章的出资清单；

（六）住所使用证明；

（七）法律、行政法规规定的其他文件。

登记机关应当自受理登记申请之日起二十日内办理完毕，向符合登记条件的申请者颁发营业执照，登记类型为农民专业合作社。

农民专业合作社法定登记事项变更的，应当申请变更登记。

登记机关应当将农民专业合作社的登记信息通报同级农业等有关部门。

农民专业合作社登记办法由国务院规定。办理登记不得收取费用。

第十七条　农民专业合作社应当按照国家有关规定，向登记机关报送年度报告，并向社会公示。

第十八条　农民专业合作社可以依法向公司等企业投资，以其出资额为限对所投资企业承担责任。

第三章　成　员

第十九条　具有民事行为能力的公民，以及从事与农民专业合作社业务直接有关的生产经营活动的企业、事业单位或者社会组织，能够利用农民专业合作社提供的服务，承认并遵守农民专业合作社章程，履行章程规定的入社手续的，可以成为农民专业合作社的成员。但是，具有管理公共事务职能的单位不得加入农民专业合作社。

农民专业合作社应当置备成员名册，并报登记机关。

第二十条　农民专业合作社的成员中，农民至少应当占成员总数的百分之八十。

成员总数二十人以下的，可以有一个企业、事业单位或者社会组织成员；成员总数超过二十人的，企业、事业单位和社会组织成员不得超过成员总数的百分之五。

第二十一条　农民专业合作社成员享有下列权利：

（一）参加成员大会，并享有表决权、选举权和被选举权，按照章程规定对本社实行民主管理；

（二）利用本社提供的服务和生产经营设施；

（三）按照章程规定或者成员大会决议分享盈余；

（四）查阅本社的章程、成员名册、成员大会或者成员代表大会记录、理事会会议决议、监事会会议决议、财务会计报告、会计账簿和财务审计报告；

（五）章程规定的其他权利。

第二十二条　农民专业合作社成员大会选举和表决，实行一人一票制，成员各享有一票的基本表决权。

出资额或者与本社交易量（额）较大的成员按照章程规定，可以享有附加表决权。本社的附加表决权总票数，不得超过本社成员基本表决权总票数的百分之二十。享有附加表决权的成员及其享有的附加表决权数，应当在每次成员大会召开时告知出席会议的全体成员。

第二十三条　农民专业合作社成员承担下列义务：

（一）执行成员大会、成员代表大会和理事会的决议；

（二）按照章程规定向本社出资；

（三）按照章程规定与本社进行交易；

（四）按照章程规定承担亏损；

（五）章程规定的其他义务。

第二十四条　符合本法第十九条、第二十条规定的公民、企业、事业单位或者社会组织，要求加入已成立的农民专业合作社，应当向理事长或者理事会提出书面申请，经成员大会或者成员代表大会表决通过后，成为本社成员。

第二十五条　农民专业合作社成员要求退社的，应当在会计年度终了的三个月前向理事长或者理事会提出书面申请；其中，企业、事业单位或者社会组织成员退社，应当在会计年度终了的六个月前提出；章程另有规定的，从其规定。退社成员的成员资格自会计年度终了时终止。

第二十六条　农民专业合作社成员不遵守农民专业合作社的章程、成员大会或者成员代表大会的决议，或者严重危害其他成员及农民专业合作社利益的，可以予以除名。

成员的除名，应当经成员大会或者成员代表大会表决通过。

在实施前款规定时，应当为该成员提供陈述意见的机会。

被除名成员的成员资格自会计年度终了时终止。

第二十七条　成员在其资格终止前与农民专业合作社已订立的合同,应当继续履行;章程另有规定或者与本社另有约定的除外。

第二十八条　成员资格终止的,农民专业合作社应当按照章程规定的方式和期限,退还记载在该成员账户内的出资额和公积金份额;对成员资格终止前的可分配盈余,依照本法第四十四条的规定向其返还。

资格终止的成员应当按照章程规定分摊资格终止前本社的亏损及债务。

第四章　组织机构

第二十九条　农民专业合作社成员大会由全体成员组成,是本社的权力机构,行使下列职权:

(一)修改章程;

(二)选举和罢免理事长、理事、执行监事或者监事会成员;

(三)决定重大财产处置、对外投资、对外担保和生产经营活动中的其他重大事项;

(四)批准年度业务报告、盈余分配方案、亏损处理方案;

(五)对合并、分立、解散、清算,以及设立、加入联合社等作出决议;

(六)决定聘用经营管理人员和专业技术人员的数量、资格和任期;

(七)听取理事长或者理事会关于成员变动情况的报告,对成员的入社、除名等作出决议;

(八)公积金的提取及使用;

(九)章程规定的其他职权。

第三十条　农民专业合作社召开成员大会,出席人数应当达到成员总数三分之二以上。

成员大会选举或者作出决议,应当由本社成员表决权总数过半数通过;作出修改章程或者合并、分立、解散,以及设立、加入联合社的决议应当由本社成员表决权总数的三分之二以上通过。章程对表决权数有较高规定的,从其规定。

第三十一条　农民专业合作社成员大会每年至少召开一次,会议的召集由章程规定。有下列情形之一的,应当在二十日内召开临时成员大会:

(一)百分之三十以上的成员提议;

(二)执行监事或者监事会提议;

(三)章程规定的其他情形。

第三十二条　农民专业合作社成员超过一百五十人的,可以按照章程规定设立成员代表大会。成员代表大会按照章程规定可以行使成员大会的部分或者全部职权。

依法设立成员代表大会的,成员代表人数一般为成员总人数的百分之十,最低人数为五十一人。

第三十三条 农民专业合作社设理事长一名,可以设理事会。理事长为本社的法定代表人。

农民专业合作社可以设执行监事或者监事会。理事长、理事、经理和财务会计人员不得兼任监事。

理事长、理事、执行监事或者监事会成员,由成员大会从本社成员中选举产生,依照本法和章程的规定行使职权,对成员大会负责。

理事会会议、监事会会议的表决,实行一人一票。

第三十四条 农民专业合作社的成员大会、成员代表大会、理事会、监事会,应当将所议事项的决定作成会议记录,出席会议的成员、成员代表、理事、监事应当在会议记录上签名。

第三十五条 农民专业合作社的理事长或者理事会可以按照成员大会的决定聘任经理和财务会计人员,理事长或者理事可以兼任经理。经理按照章程规定或者理事会的决定,可以聘任其他人员。

经理按照章程规定和理事长或者理事会授权,负责具体生产经营活动。

第三十六条 农民专业合作社的理事长、理事和管理人员不得有下列行为:

(一)侵占、挪用或者私分本社资产;

(二)违反章程规定或者未经成员大会同意,将本社资金借贷给他人或者以本社资产为他人提供担保;

(三)接受他人与本社交易的佣金归为己有;

(四)从事损害本社经济利益的其他活动。

理事长、理事和管理人员违反前款规定所得的收入,应当归本社所有;给本社造成损失的,应当承担赔偿责任。

第三十七条 农民专业合作社的理事长、理事、经理不得兼任业务性质相同的其他农民专业合作社的理事长、理事、监事、经理。

第三十八条 执行与农民专业合作社业务有关公务的人员,不得担任农民专业合作社的理事长、理事、监事、经理或者财务会计人员。

第五章 财务管理

第三十九条 农民专业合作社应当按照国务院财政部门制定的财务会计

制度进行财务管理和会计核算。

第四十条 农民专业合作社的理事长或者理事会应当按照章程规定,组织编制年度业务报告、盈余分配方案、亏损处理方案以及财务会计报告,于成员大会召开的十五日前,置备于办公地点,供成员查阅。

第四十一条 农民专业合作社与其成员的交易、与利用其提供的服务的非成员的交易,应当分别核算。

第四十二条 农民专业合作社可以按照章程规定或者成员大会决议从当年盈余中提取公积金。公积金用于弥补亏损、扩大生产经营或者转为成员出资。

每年提取的公积金按照章程规定量化为每个成员的份额。

第四十三条 农民专业合作社应当为每个成员设立成员账户,主要记载下列内容:

(一)该成员的出资额;

(二)量化为该成员的公积金份额;

(三)该成员与本社的交易量(额)。

第四十四条 在弥补亏损、提取公积金后的当年盈余,为农民专业合作社的可分配盈余。可分配盈余主要按照成员与本社的交易量(额)比例返还。

可分配盈余按成员与本社的交易量(额)比例返还的返还总额不得低于可分配盈余的百分之六十;返还后的剩余部分,以成员账户中记载的出资额和公积金份额,以及本社接受国家财政直接补助和他人捐赠形成的财产平均量化到成员的份额,按比例分配给本社成员。

经成员大会或者成员代表大会表决同意,可以将全部或者部分可分配盈余转为对农民专业合作社的出资,并记载在成员账户中。

具体分配办法按照章程规定或者经成员大会决议确定。

第四十五条 设立执行监事或者监事会的农民专业合作社,由执行监事或者监事会负责对本社的财务进行内部审计,审计结果应当向成员大会报告。

成员大会也可以委托社会中介机构对本社的财务进行审计。

第六章 合并、分立、解散和清算

第四十六条 农民专业合作社合并,应当自合并决议作出之日起十日内通知债权人。合并各方的债权、债务应当由合并后存续或者新设的组织承继。

第四十七条 农民专业合作社分立,其财产作相应的分割,并应当自分立决议作出之日起十日内通知债权人。分立前的债务由分立后的组织承担连带责任。但是,在分立前与债权人就债务清偿达成的书面协议另有约定的除外。

第四十八条　农民专业合作社因下列原因解散：

（一）章程规定的解散事由出现；

（二）成员大会决议解散；

（三）因合并或者分立需要解散；

（四）依法被吊销营业执照或者被撤销。

因前款第一项、第二项、第四项原因解散的，应当在解散事由出现之日起十五日内由成员大会推举成员组成清算组，开始解散清算。逾期不能组成清算组的，成员、债权人可以向人民法院申请指定成员组成清算组进行清算，人民法院应当受理该申请，并及时指定成员组成清算组进行清算。

第四十九条　清算组自成立之日起接管农民专业合作社，负责处理与清算有关未了结业务，清理财产和债权、债务，分配清偿债务后的剩余财产，代表农民专业合作社参与诉讼、仲裁或者其他法律程序，并在清算结束时办理注销登记。

第五十条　清算组应当自成立之日起十日内通知农民专业合作社成员和债权人，并于六十日内在报纸上公告。债权人应当自接到通知之日起三十日内，未接到通知的自公告之日起四十五日内，向清算组申报债权。如果在规定期间内全部成员、债权人均已收到通知，免除清算组的公告义务。

债权人申报债权，应当说明债权的有关事项，并提供证明材料。清算组应当对债权进行审查、登记。

在申报债权期间，清算组不得对债权人进行清偿。

第五十一条　农民专业合作社因本法第四十八条第一款的原因解散，或者人民法院受理破产申请时，不能办理成员退社手续。

第五十二条　清算组负责制定包括清偿农民专业合作社员工的工资及社会保险费用，清偿所欠税款和其他各项债务，以及分配剩余财产在内的清算方案，经成员大会通过或者申请人民法院确认后实施。

清算组发现农民专业合作社的财产不足以清偿债务的，应当依法向人民法院申请破产。

第五十三条　农民专业合作社接受国家财政直接补助形成的财产，在解散、破产清算时，不得作为可分配剩余资产分配给成员，具体按照国务院财政部门有关规定执行。

第五十四条　清算组成员应当忠于职守，依法履行清算义务，因故意或者重大过失给农民专业合作社成员及债权人造成损失的，应当承担赔偿责任。

第五十五条　农民专业合作社破产适用企业破产法的有关规定。但是，破产财产在清偿破产费用和共益债务后,应当优先清偿破产前与农民成员已发生交易但尚未结清的款项。

<h3 style="text-align:center">第七章　农民专业合作社联合社</h3>

第五十六条　三个以上的农民专业合作社在自愿的基础上,可以出资设立农民专业合作社联合社。

农民专业合作社联合社应当有自己的名称、组织机构和住所,由联合社全体成员制定并承认的章程,以及符合章程规定的成员出资。

第五十七条　农民专业合作社联合社依照本法登记,取得法人资格,领取营业执照,登记类型为农民专业合作社联合社。

第五十八条　农民专业合作社联合社以其全部财产对该社的债务承担责任;农民专业合作社联合社的成员以其出资额为限对农民专业合作社联合社承担责任。

第五十九条　农民专业合作社联合社应当设立由全体成员参加的成员大会,其职权包括修改农民专业合作社联合社章程,选举和罢免农民专业合作社联合社理事长、理事和监事,决定农民专业合作社联合社的经营方案及盈余分配,决定对外投资和担保方案等重大事项。

农民专业合作社联合社不设成员代表大会,可以根据需要设立理事会、监事会或者执行监事。理事长、理事应当由成员社选派的人员担任。

第六十条　农民专业合作社联合社的成员大会选举和表决,实行一社一票。

第六十一条　农民专业合作社联合社可分配盈余的分配办法,按照本法规定的原则由农民专业合作社联合社章程规定。

第六十二条　农民专业合作社联合社成员退社,应当在会计年度终了的六个月前以书面形式向理事会提出。退社成员的成员资格自会计年度终了时终止。

第六十三条　本章对农民专业合作社联合社没有规定的,适用本法关于农民专业合作社的规定。

<h3 style="text-align:center">第八章　扶持措施</h3>

第六十四条　国家支持发展农业和农村经济的建设项目,可以委托和安排有条件的农民专业合作社实施。

第六十五条　中央和地方财政应当分别安排资金,支持农民专业合作社开展信息、培训、农产品标准与认证、农业生产基础设施建设、市场营销和技术推广等服务。国家对革命老区、民族地区、边疆地区和贫困地区的农民专业合作社给予优先扶助。

县级以上人民政府有关部门应当依法加强对财政补助资金使用情况的监督。

第六十六条　国家政策性金融机构应当采取多种形式,为农民专业合作社提供多渠道的资金支持。具体支持政策由国务院规定。

国家鼓励商业性金融机构采取多种形式,为农民专业合作社及其成员提供金融服务。

国家鼓励保险机构为农民专业合作社提供多种形式的农业保险服务。鼓励农民专业合作社依法开展互助保险。

第六十七条　农民专业合作社享受国家规定的对农业生产、加工、流通、服务和其他涉农经济活动相应的税收优惠。

第六十八条　农民专业合作社从事农产品初加工用电执行农业生产用电价格,农民专业合作社生产性配套辅助设施用地按农用地管理,具体办法由国务院有关部门规定。

第九章　法律责任

第六十九条　侵占、挪用、截留、私分或者以其他方式侵犯农民专业合作社及其成员的合法财产,非法干预农民专业合作社及其成员的生产经营活动,向农民专业合作社及其成员摊派,强迫农民专业合作社及其成员接受有偿服务,造成农民专业合作社经济损失的,依法追究法律责任。

第七十条　农民专业合作社向登记机关提供虚假登记材料或者采取其他欺诈手段取得登记的,由登记机关责令改正,可以处五千元以下罚款;情节严重的,撤销登记或者吊销营业执照。

第七十一条　农民专业合作社连续两年未从事经营活动的,吊销其营业执照。

第七十二条　农民专业合作社在依法向有关主管部门提供的财务报告等材料中,作虚假记载或者隐瞒重要事实的,依法追究法律责任。

第十章　附　则

第七十三条　国有农场、林场、牧场、渔场等企业中实行承包租赁经营、从事农业生产经营或者服务的职工,兴办农民专业合作社适用本法。

第七十四条　本法自 2018 年 7 月 1 日起施行。

附录2：

《中华人民共和国农民专业合作社法》修订对照表

（条文中黑体字为新增加或者修改的内容，阴影为删除的内容）

旧版	修订版
第一章　总则	**第一章　总则**
第一条　为了支持、引导农民专业合作社的发展，规范农民专业合作社的组织和行为，保护农民专业合作社及其成员的合法权益，促进农业和农村经济的发展，制定本法	**第一条**　为了规范农民专业合作社的组织和行为，**鼓励**、支持、引导农民专业合作社的发展，保护农民专业合作社及其成员的合法权益，**推进农业农村现代化**，制定本法
第二条　农民专业合作社是在农村家庭承包经营基础上，同类农产品的生产经营者或者同类农业生产经营服务的提供者、利用者，自愿联合、民主管理的互助性经济组织	**第二条**　**本法所称农民专业合作社，是指**在农村家庭承包经营基础上，农产品的生产经营者或者农业生产经营服务的提供者、利用者，自愿联合、民主管理的互助性经济组织
农民专业合作社以其成员为主要服务对象，提供农业生产资料的购买，农产品的销售、加工、运输、贮藏以及与农业生产经营有关的技术、信息等服务	**第三条**　农民专业合作社以其成员为主要服务对象，**开展以下一种或者多种业务：** （一）农业生产资料的购买、**使用** （二）农产品的**生产**、销售、加工、运输、贮藏**及其他相关服务** **（三）农村民间工艺及制品、休闲农业和乡村旅游资源的开发经营等** （四）与农业生产经营有关的技术、信息、**设施建设运营等**服务
第三条　农民专业合作社应当遵循下列原则： （一）成员以农民为主体 （二）以服务成员为宗旨，谋求全体成员的共同利益 （三）入社自愿、退社自由 （四）成员地位平等，实行民主管理 （五）盈余主要按照成员与农民专业合作社的交易量（额）比例返还	**第四条**　农民专业合作社应当遵循下列原则： （一）成员以农民为主体 （二）以服务成员为宗旨，谋求全体成员的共同利益 （三）入社自愿、退社自由 （四）成员地位平等，实行民主管理 （五）盈余主要按照成员与农民专业合作社的交易量（额）比例返还

续表

旧版	修订版
第一章 总则	第一章 总则
第四条 农民专业合作社依照本法登记,取得法人资格 农民专业合作社对由成员出资、公积金、国家财政直接补助、他人捐赠以及合法取得的其他资产所形成的财产,享有占有、使用和处分的权利,并以上述财产对债务承担责任	**第五条** 农民专业合作社依照本法登记,取得法人资格 农民专业合作社对由成员出资、公积金、国家财政直接补助、他人捐赠以及合法取得的其他资产所形成的财产,享有占有、使用和处分的权利,并以上述财产对债务承担责任
第五条 农民专业合作社成员以其账户内记载的出资额和公积金份额为限对农民专业合作社承担责任	**第六条** 农民专业合作社成员以其账户内记载的出资额和公积金份额为限对农民专业合作社承担责任
第六条 国家保护农民专业合作社及其成员的合法权益,任何单位和个人不得侵犯	**第七条 国家保障农民专业合作社享有与其他市场主体平等的法律地位** 国家保护农民专业合作社及其成员的合法权益,任何单位和个人不得侵犯
第七条 农民专业合作社从事生产经营活动,应当遵守法律、行政法规,遵守社会公德、商业道德,诚实守信	**第八条** 农民专业合作社从事生产经营活动,应当遵守法律,遵守社会公德、商业道德,诚实守信,**不得从事与章程规定无关的活动**
	第九条 农民专业合作社为扩大生产经营和服务的规模,发展产业化经营,提高市场竞争力,可以依法自愿设立或者加入农民专业合作社联合社
第八条 国家通过财政支持、税收优惠和金融、科技、人才的扶持以及产业政策引导等措施,促进农民专业合作社的发展 国家鼓励和支持社会各方面力量为农民专业合作社提供服务	**第十条** 国家通过财政支持、税收优惠和金融、科技、人才的扶持以及产业政策引导等措施,促进农民专业合作社的发展 国家鼓励和支持公民、**法人和其他组织**为农民专业合作社提供**帮助和**服务 **对发展农民专业合作社事业做出突出贡献的单位和个人,按照国家有关规定予以表彰和奖励**

续表

旧版	修订版
第一章　总则	**第一章　总则**
第九条　县级以上各级人民政府应当组织农业行政主管部门和其他有关部门及有关组织，依照本法规定，依据各自职责，对农民专业合作社的建设和发展给予指导、扶持和服务	**第十一条**　县级以上人民政府应当建立农民专业合作社工作的综合协调机制，统筹指导、协调、推动农民专业合作社的建设和发展 县级以上人民政府农业主管部门、其他有关部门和组织应当依据各自职责，对农民专业合作社的建设和发展给予指导、扶持和服务
第二章　设立和登记	**第二章　设立和登记**
第十条　设立农民专业合作社，应当具备下列条件： （一）有五名以上符合本法第十四条、第十五条规定的成员 （二）有符合本法规定的章程 （三）有符合本法规定的组织机构 （四）有符合法律、行政法规规定的名称和章程确定的住所 （五）有符合章程规定的成员出资	第十二条　设立农民专业合作社，应当具备下列条件： （一）有五名以上符合本法第十九条、第二十条规定的成员 （二）有符合本法规定的章程 （三）有符合本法规定的组织机构 （四）有符合法律、行政法规规定的名称和章程确定的住所 （五）有符合章程规定的成员出资
	第十三条　农民专业合作社成员可以用货币出资，也可以用实物、知识产权、土地经营权、林权等可以用货币估价并可以依法转让的非货币财产，以及章程规定的其他方式作价出资；但是，法律、行政法规规定不得作为出资的财产除外 农民专业合作社成员不得以对该社或者其他成员的债权，充抵出资；不得以缴纳的出资，抵销对该社或者其他成员的债务

续表

旧版	修订版
第二章　设立和登记	第二章　设立和登记
第十一条　设立农民专业合作社应当召开由全体设立人参加的设立大会。设立时自愿成为该社成员的人为设立人 设立大会行使下列职权： （一）通过本社章程，章程应当由全体设立人一致通过 （二）选举产生理事长、理事、执行监事或者监事会成员 （三）审议其他重大事项	**第十四条**　设立农民专业合作社，应当召开由全体设立人参加的设立大会。设立时自愿成为该社成员的人为设立人 设立大会行使下列职权： （一）通过本社章程，章程应当由全体设立人一致通过 （二）选举产生理事长、理事、执行监事或者监事会成员 （三）审议其他重大事项
第十二条　农民专业合作社章程应当载明下列事项： （一）名称和住所 （二）业务范围 （三）成员资格及入社、退社和除名 （四）成员的权利和义务 （五）组织机构及其产生办法、职权、任期、议事规则 （六）成员的出资方式、出资额 （七）财务管理和盈余分配、亏损处理 （八）章程修改程序 （九）解散事由和清算办法 （十）公告事项及发布方式 （十一）需要**规定**的其他事项	**第十五条**　农民专业合作社章程应当载明下列事项： （一）名称和住所 （二）业务范围 （三）成员资格及入社、退社和除名 （四）成员的权利和义务 （五）组织机构及其产生办法、职权、任期、议事规则 （六）成员的出资方式、出资额，**成员出资的转让、继承、担保** （七）财务管理和盈余分配、亏损处理 （八）章程修改程序 （九）解散事由和清算办法 （十）公告事项及发布方式 **（十一）附加表决权的设立、行使方式和行使范围** （十二）需要**载明**的其他事项

续表

旧版	修订版
第二章　设立和登记	第二章　设立和登记
第十三条　设立农民专业合作社,应当向工商行政管理部门提交下列文件,申请设立登记: (一)登记申请书 (二)全体设立人签名、盖章的设立大会纪要 (三)全体设立人签名、盖章的章程 (四)法定代表人、理事的任职文件及身份证明 (五)出资成员签名、盖章的出资清单 (六)住所使用证明 (七)法律、行政法规规定的其他文件 登记机关应当自受理登记申请之日起二十日内办理完毕,向符合登记条件的申请者颁发营业执照 农民专业合作社法定登记事项变更的,应当申请变更登记 农民专业合作社登记办法由国务院规定。 办理登记不得收取费用	第十六条　设立农民专业合作社,应当向工商行政管理部门提交下列文件,申请设立登记: (一)登记申请书 (二)全体设立人签名、盖章的设立大会纪要 (三)全体设立人签名、盖章的章程 (四)法定代表人、理事的任职文件及身份证明 (五)出资成员签名、盖章的出资清单 (六)住所使用证明 (七)法律、行政法规规定的其他文件 登记机关应当自受理登记申请之日起二十日内办理完毕,向符合登记条件的申请者颁发营业执照,**登记类型为农民专业合作社** 农民专业合作社法定登记事项变更的,应当申请变更登记 **登记机关应当将农民专业合作社的登记信息通报同级农业等有关部门** 农民专业合作社登记办法由国务院规定。 办理登记不得收取费用
	第十七条　农民专业合作社应当按照国家有关规定,向登记机关报送年度报告,并向社会公示
	第十八条　农民专业合作社可以依法向公司等企业投资,以其出资额为限对所投资企业承担责任

旧版	修订版
第三章　成员	第三章　成员
第十四条　具有民事行为能力的公民,以及从事与农民专业合作社业务直接有关的生产经营活动的企业、事业单位或者社会**团体**,能够利用农民专业合作社提供的服务,承认并遵守农民专业合作社章程,履行章程规定的入社手续的,可以成为农民专业合作社的成员。但是,具有管理公共事务职能的单位不得加入农民专业合作社 农民专业合作社应当置备成员名册,并报登记机关	**第十九条**　具有民事行为能力的公民,以及从事与农民专业合作社业务直接有关的生产经营活动的企业、事业单位或者社会**组织**,能够利用农民专业合作社提供的服务,承认并遵守农民专业合作社章程,履行章程规定的入社手续的,可以成为农民专业合作社的成员。但是,具有管理公共事务职能的单位不得加入农民专业合作社 农民专业合作社应当置备成员名册,并报登记机关
第十五条　农民专业合作社的成员中,农民至少应当占成员总数的百分之八十 成员总数二十人以下的,可以有一个企业、事业单位或者社会**团体**成员;成员总数超过二十人的,企业、事业单位和社会**团体**成员不得超过成员总数的百分之五	**第二十条**　农民专业合作社的成员中,农民至少应当占成员总数的百分之八十 成员总数二十人以下的,可以有一个企业、事业单位或者社会组织成员;成员总数超过二十人的,企业、事业单位和社会**组织**成员不得超过成员总数的百分之五
第十六条　农民专业合作社成员享有下列权利: (一)参加成员大会,并享有表决权、选举权和被选举权,按照章程规定对本社实行民主管理 (二)利用本社提供的服务和生产经营设施 (三)按照章程规定或者成员大会决议分享盈余 (四)查阅本社的章程、成员名册、成员大会或者成员代表大会记录、理事会会议决议、监事会会议决议、财务会计报告和会计账簿 (五)章程规定的其他权利	**第二十一条**　农民专业合作社成员享有下列权利: (一)参加成员大会,并享有表决权、选举权和被选举权,按照章程规定对本社实行民主管理 (二)利用本社提供的服务和生产经营设施 (三)按照章程规定或者成员大会决议分享盈余 (四)查阅本社的章程、成员名册、成员大会或者成员代表大会记录、理事会会议决议、监事会会议决议、财务会计报告、会计账簿**和财务审计报告** (五)章程规定的其他权利

续表

旧版	修订版
第三章　成员	第三章　成员
第十七条　农民专业合作社成员大会选举和表决，实行一人一票制，成员各享有一票的基本表决权 出资额或者与本社交易量（额）较大的成员按照章程规定，可以享有附加表决权。本社的附加表决权总票数，不得超过本社成员基本表决权总票数的百分之二十。享有附加表决权的成员及其享有的附加表决权数，应当在每次成员大会召开时告知出席会议的成员章程可以限制附加表决权行使的范围	第二十二条　农民专业合作社成员大会选举和表决，实行一人一票制，成员各享有一票的基本表决权 出资额或者与本社交易量（额）较大的成员按照章程规定，可以享有附加表决权。本社的附加表决权总票数，不得超过本社成员基本表决权总票数的百分之二十。享有附加表决权的成员及其享有的附加表决权数，应当在每次成员大会召开时告知出席会议的**全体**成员
第十八条　农民专业合作社成员承担下列义务： （一）执行成员大会、成员代表大会和理事会的决议 （二）按照章程规定向本社出资 （三）按照章程规定与本社进行交易 （四）按照章程规定承担亏损 （五）章程规定的其他义务	第二十三条　农民专业合作社成员承担下列义务： （一）执行成员大会、成员代表大会和理事会的决议 （二）按照章程规定向本社出资 （三）按照章程规定与本社进行交易 （四）按照章程规定承担亏损 （五）章程规定的其他义务
	第二十四条　符合本法第十九条、第二十条规定的公民、企业、事业单位或者社会组织，要求加入已成立的农民专业合作社，应当向理事长或者理事会提出书面申请，经成员大会或者成员代表大会表决通过后，成为本社成员
第十九条　农民专业合作社成员要求退社的，应当在财务年度终了的三个月前向理事长或者理事会提出；其中，企业、事业单位或者社会团体成员退社，应当在财务年度终了的六个月前提出；章程另有规定的，从其规定。退社成员的成员资格自财务年度终了时终止	第二十五条　农民专业合作社成员要求退社的，应当在会计年度终了的三个月前向理事长或者理事会提出**书面申请**；其中，企业、事业单位或者社会**组织**成员退社，应当在会计年度终了的六个月前提出；章程另有规定的，从其规定。退社成员的成员资格自会计年度终了时终止

续表

旧版	修订版
第三章　成员	第三章　成员
	第二十六条　农民专业合作社成员不遵守农民专业合作社的章程、成员大会或者成员代表大会的决议，或者严重危害其他成员及农民专业合作社利益的，可以予以除名 成员的除名，应当经成员大会或者成员代表大会表决通过 在实施前款规定时，应当为该成员提供陈述意见的机会 被除名成员的成员资格自会计年度终了时终止
第二十条　成员在其资格终止前与农民专业合作社已订立的合同，应当继续履行；章程另有规定或者与本社另有约定的除外	第二十七条　成员在其资格终止前与农民专业合作社已订立的合同，应当继续履行；章程另有规定或者与本社另有约定的除外
第二十一条　成员资格终止的，农民专业合作社应当按照章程规定的方式和期限，退还记载在该成员账户内的出资额和公积金份额；对成员资格终止前的可分配盈余，依照本法第三十七条第二款的规定向其返还 资格终止的成员应当按照章程规定分摊资格终止前本社的亏损及债务	第二十八条　成员资格终止的，农民专业合作社应当按照章程规定的方式和期限，退还记载在该成员账户内的出资额和公积金份额；对成员资格终止前的可分配盈余，依照本法第四十四条的规定向其返还 资格终止的成员应当按照章程规定分摊资格终止前本社的亏损及债务
第四章　组织机构	第四章　组织机构
第二十二条　农民专业合作社成员大会由全体成员组成，是本社的权力机构，行使下列职权： （一）修改章程 （二）选举和罢免理事长、理事、执行监事或者监事会成员 （三）决定重大财产处置、对外投资、对外担保和生产经营活动中的其他重大事项 （四）批准年度业务报告、盈余分配方案、亏损处理方案	第二十九条　农民专业合作社成员大会由全体成员组成，是本社的权力机构，行使下列职权： （一）修改章程 （二）选举和罢免理事长、理事、执行监事或者监事会成员 （三）决定重大财产处置、对外投资、对外担保和生产经营活动中的其他重大事项 （四）批准年度业务报告、盈余分配方案、亏损处理方案

续表

2007 年旧版	2017 年新修订版
第四章　组织机构	**第四章　组织机构**
（五）对合并、分立、解散、清算作出决议 （六）决定聘用经营管理人员和专业技术人员的数量、资格和任期 （七）听取理事长或者理事会关于成员变动情况的报告 （八）章程规定的其他职权	（五）对合并、分立、解散、清算，**以及设立、加入联合社等**作出决议 （六）决定聘用经营管理人员和专业技术人员的数量、资格和任期 （七）听取理事长或者理事会关于成员变动情况的报告，**对成员的入社、除名等作出决议** **（八）公积金的提取及使用** （九）章程规定的其他职权
第二十三条　农民专业合作社召开成员大会，出席人数应当达到成员总数三分之二以上。 成员大会选举或者作出决议，应当由本社成员表决权总数过半数通过；作出修改章程或者合并、分立、解散的决议应当由本社成员表决权总数的三分之二以上通过。章程对表决权数有较高规定的，从其规定	**第三十条**　农民专业合作社召开成员大会，出席人数应当达到成员总数三分之二以上。成员大会选举或者作出决议，应当由本社成员表决权总数过半数通过；作出修改章程或者合并、分立、解散，**以及设立、加入联合社的决议**应当由本社成员表决权总数的三分之二以上通过。章程对表决权数有较高规定的，从其规定
第二十四条　农民专业合作社成员大会每年至少召开一次，会议的召集由章程规定。有下列情形之一的，应当在二十日内召开临时成员大会： （一）百分之三十以上的成员提议 （二）执行监事或者监事会提议 （三）章程规定的其他情形	**第三十一条**　农民专业合作社成员大会每年至少召开一次，会议的召集由章程规定。有下列情形之一的，应当在二十日内召开临时成员大会： （一）百分之三十以上的成员提议 （二）执行监事或者监事会提议 （三）章程规定的其他情形
第二十五条　农民专业合作社成员超过一百五十人的，可以按照章程规定设立成员代表大会。成员代表大会按照章程规定可以行使成员大会的部分或者全部职权	**第三十二条**　农民专业合作社成员超过一百五十人的，可以按照章程规定设立成员代表大会。成员代表大会按照章程规定可以行使成员大会的部分或者全部职权 **依法设立成员代表大会的，成员代表人数一般为成员总人数的百分之十，最低人数为五十一人**

续表

旧版	修订版
第四章　组织机构	**第四章　组织机构**
第二十六条　农民专业合作社设理事长一名,可以设理事会。理事长为本社的法定代表人 农民专业合作社可以设执行监事或者监事会。理事长、理事、经理和财务会计人员不得兼任监事 理事长、理事、执行监事或者监事会成员,由成员大会从本社成员中选举产生,依照本法和章程的规定行使职权,对成员大会负责 理事会会议、监事会会议的表决,实行一人一票	**第三十三条**　农民专业合作社设理事长一名,可以设理事会。理事长为本社的法定代表人 农民专业合作社可以设执行监事或者监事会。理事长、理事、经理和财务会计人员不得兼任监事 理事长、理事、执行监事或者监事会成员,由成员大会从本社成员中选举产生,依照本法和章程的规定行使职权,对成员大会负责 理事会会议、监事会会议的表决,实行一人一票
第二十七条　农民专业合作社的成员大会、理事会、监事会,应当将所议事项的决定作成会议记录,出席会议的成员、理事、监事应当在会议记录上签名	**第三十四条**　农民专业合作社的成员大会、**成员代表大会**、理事会、监事会,应当将所议事项的决定作成会议记录,出席会议的成员、**成员代表**、理事、监事应当在会议记录上签名
第二十八条　农民专业合作社的理事长或者理事会可以按照成员大会的决定聘任经理和财务会计人员,理事长或者理事可以兼任经理。经理按照章程规定或者理事会的决定,可以聘任其他人员 经理按照章程规定和理事长或者理事授权,负责具体生产经营活动	**第三十五条**　农民专业合作社的理事长或者理事会可以按照成员大会的决定聘任经理和财务会计人员,理事长或者理事可以兼任经理。经理按照章程规定或者理事会的决定,可以聘任其他人员 经理按照章程规定和理事长或者理事会授权,负责具体生产经营活动
第二十九条　农民专业合作社的理事长、理事和管理人员不得有下列行为: (一)侵占、挪用或者私分本社资产 (二)违反章程规定或者未经成员大会同意,将本社资金借贷给他人或者以本社资产为他人提供担保 (三)接受他人与本社交易的佣金归为己有 (四)从事损害本社经济利益的其他活动 理事长、理事和管理人员违反前款规定所得的收入,应当归本社所有;给本社造成损失的,应当承担赔偿责任	**第三十六条**　农民专业合作社的理事长、理事和管理人员不得有下列行为: (一)侵占、挪用或者私分本社资产 (二)违反章程规定或者未经成员大会同意,将本社资金借贷给他人或者以本社资产为他人提供担保 (三)接受他人与本社交易的佣金归为己有 (四)从事损害本社经济利益的其他活动 理事长、理事和管理人员违反前款规定所得的收入,应当归本社所有;给本社造成损失的,应当承担赔偿责任

续表

旧版	修订版
第四章　组织机构	**第四章　组织机构**
第三十条　农民专业合作社的理事长、理事、经理不得兼任业务性质相同的其他农民专业合作社的理事长、理事、监事、经理	**第三十七条**　农民专业合作社的理事长、理事、经理不得兼任业务性质相同的其他农民专业合作社的理事长、理事、监事、经理
第三十一条　执行与农民专业合作社业务有关公务的人员,不得担任农民专业合作社的理事长、理事、监事、经理或者财务会计人员	**第三十八条**　执行与农民专业合作社业务有关公务的人员,不得担任农民专业合作社的理事长、理事、监事、经理或者财务会计人员
第五章　财务管理	**第五章　财务管理**
第三十二条　国务院财政部门依照国家有关法律、行政法规,制定农民专业合作社财务会计制度。农民专业合作社应当按照国务院财政部门制定的财务会计制度进行会计核算	**第三十九条**　农民专业合作社应当按照国务院财政部门制定的财务会计制度进行**财务管理和**会计核算
第三十三条　农民专业合作社的理事长或者理事会应当按照章程规定,组织编制年度业务报告、盈余分配方案、亏损处理方案以及财务会计报告,于成员大会召开的十五日前,置备于办公地点,供成员查阅	**第四十条**　农民专业合作社的理事长或者理事会应当按照章程规定,组织编制年度业务报告、盈余分配方案、亏损处理方案以及财务会计报告,于成员大会召开的十五日前,置备于办公地点,供成员查阅
第三十四条　农民专业合作社与其成员的交易、与利用其提供的服务的非成员的交易,应当分别核算	**第四十一条**　农民专业合作社与其成员的交易、与利用其提供的服务的非成员的交易,应当分别核算
第三十五条　农民专业合作社可以按照章程规定或者成员大会决议从当年盈余中提取公积金。公积金用于弥补亏损、扩大生产经营或者转为成员出资 每年提取的公积金按照章程规定量化为每个成员的份额	**第四十二条**　农民专业合作社可以按照章程规定或者成员大会决议从当年盈余中提取公积金。公积金用于弥补亏损、扩大生产经营或者转为成员出资 每年提取的公积金按照章程规定量化为每个成员的份额
第三十六条　农民专业合作社应当为每个成员设立成员账户,主要记载下列内容: (一)该成员的出资额 (二)量化为该成员的公积金份额 (三)该成员与本社的交易量(额)	**第四十三条**　农民专业合作社应当为每个成员设立成员账户,主要记载下列内容: (一)该成员的出资额 (二)量化为该成员的公积金份额 (三)该成员与本社的交易量(额)

续表

旧版	修订版
第五章　财务管理	**第五章　财务管理**
第三十七条　在弥补亏损、提取公积金后的当年盈余，为农民专业合作社的可分配盈余 可分配盈余**按照下列规定返还或者分配给成员**，具体分配办法按照章程规定或者经成员大会决议确定： （一）按成员与本社的交易量（额）比例返还，返还总额不得低于可分配盈余的百分之六十 （二）**按前项规定**返还后的剩余部分，以成员账户中记载的出资额和公积金份额，以及本社接受国家财政直接补助和他人捐赠形成的财产平均量化到成员的份额，按比例分配给本社成员	第四十四条　在弥补亏损、提取公积金后的当年盈余，为农民专业合作社的可分配盈余。**可分配盈余主要按照成员与本社的交易量（额）比例返还** 可分配盈余按成员与本社的交易量（额）比例返还的返还总额不得低于可分配盈余的百分之六十；返还后的剩余部分，以成员账户中记载的出资额和公积金份额，以及本社接受国家财政直接补助和他人捐赠形成的财产平均量化到成员的份额，按比例分配给本社成员 **经成员大会或者成员代表大会表决同意，可以将全部或者部分可分配盈余转为对农民专业合作社的出资，并记载在成员账户中** **具体分配办法按照章程规定或者经成员大会决议确定**
第三十八条　设立执行监事或者监事会的农民专业合作社，由执行监事或者监事会负责对本社的财务进行内部审计，审计结果应当向成员大会报告 成员大会也可以委托**审计**机构对本社的财务进行审计	第四十五条　设立执行监事或者监事会的农民专业合作社，由执行监事或者监事会负责对本社的财务进行内部审计，审计结果应当向成员大会报告 成员大会也可以委托**社会中介**机构对本社的财务进行审计
第六章　合并、分立、解散和清算	**第六章　合并、分立、解散和清算**
第三十九条　农民专业合作社合并，应当自合并决议作出之日起十日内通知债权人。合并各方的债权、债务应当由合并后存续或者新设的组织承继	**第四十六条**　农民专业合作社合并，应当自合并决议作出之日起十日内通知债权人。合并各方的债权、债务应当由合并后存续或者新设的组织承继
第四十条　农民专业合作社分立，其财产作相应的分割，并应当自分立决议作出之日起十日内通知债权人。分立前的债务由分立后的组织承担连带责任。但是，在分立前与债权人就债务清偿达成的书面协议另有约定的除外	**第四十七条**　农民专业合作社分立，其财产作相应的分割，并应当自分立决议作出之日起十日内通知债权人。分立前的债务由分立后的组织承担连带责任。但是，在分立前与债权人就债务清偿达成的书面协议另有约定的除外

续表

旧版	修订版
第六章　合并、分立、解散和清算	**第六章　合并、分立、解散和清算**
第四十一条　农民专业合作社因下列原因解散： (一)章程规定的解散事由出现 (二)成员大会决议解散 (三)因合并或者分立需要解散 (四)依法被吊销营业执照或者被撤销 因前款第一项、第二项、第四项原因解散的，应当在解散事由出现之日起十五日内由成员大会推举成员组成清算组，开始解散清算。逾期不能组成清算组的，成员、债权人可以向人民法院申请指定成员组成清算组进行清算，人民法院应当受理该申请，并及时指定成员组成清算组进行清算	第四十八条　农民专业合作社因下列原因解散： (一)章程规定的解散事由出现 (二)成员大会决议解散 (三)因合并或者分立需要解散 (四)依法被吊销营业执照或者被撤销 因前款第一项、第二项、第四项原因解散的，应当在解散事由出现之日起十五日内由成员大会推举成员组成清算组，开始解散清算。逾期不能组成清算组的，成员、债权人可以向人民法院申请指定成员组成清算组进行清算，人民法院应当受理该申请，并及时指定成员组成清算组进行清算
第四十二条　清算组自成立之日起接管农民专业合作社，负责处理与清算有关未了结业务，清理财产和债权、债务，分配清偿债务后的剩余财产，代表农民专业合作社参与诉讼、仲裁或者其他法律程序，并在清算结束时办理注销登记	第四十九条　清算组自成立之日起接管农民专业合作社，负责处理与清算有关未了结业务，清理财产和债权、债务，分配清偿债务后的剩余财产，代表农民专业合作社参与诉讼、仲裁或者其他法律程序，并在清算结束时办理注销登记
第四十三条　清算组应当自成立之日起十日内通知农民专业合作社成员和债权人，并于六十日内在报纸上公告。债权人应当自接到通知之日起三十日内，未接到通知的自公告之日起四十五日内，向清算组申报债权。如果在规定期间内全部成员、债权人均已收到通知，免除清算组的公告义务 债权人申报债权，应当说明债权的有关事项，并提供证明材料。清算组应当对债权进行登记 在申报债权期间，清算组不得对债权人进行清偿	第五十条　清算组应当自成立之日起十日内通知农民专业合作社成员和债权人，并于六十日内在报纸上公告。债权人应当自接到通知之日起三十日内，未接到通知的自公告之日起四十五日内，向清算组申报债权。如果在规定期间内全部成员、债权人均已收到通知，免除清算组的公告义务 债权人申报债权，应当说明债权的有关事项，并提供证明材料。清算组应当对债权进行**审查**、登记 在申报债权期间，清算组不得对债权人进行清偿

续表

旧版	修订版
第六章　合并、分立、解散和清算	**第六章　合并、分立、解散和清算**
第四十四条　农民专业合作社因本法**第四十一条**第一款的原因解散，或者人民法院受理破产申请时，不能办理成员退社手续	**第五十一条**　农民专业合作社因本法第四十八条第一款的原因解散，或者人民法院受理破产申请时，不能办理成员退社手续
第四十五条　清算组负责制定包括清偿农民专业合作社员工的工资及社会保险费用，清偿所欠税款和其他各项债务，以及分配剩余财产在内的清算方案，经成员大会通过或者申请人民法院确认后实施 清算组发现农民专业合作社的财产不足以清偿债务的，应当依法向人民法院申请破产	**第五十二条**　清算组负责制定包括清偿农民专业合作社员工的工资及社会保险费用，清偿所欠税款和其他各项债务，以及分配剩余财产在内的清算方案，经成员大会通过或者申请人民法院确认后实施 清算组发现农民专业合作社的财产不足以清偿债务的，应当依法向人民法院申请破产
第四十六条　农民专业合作社接受国家财政直接补助形成的财产，在解散、破产清算时，不得作为可分配剩余资产分配给成员，**处置办法由国务院规定**	**第五十三条**　农民专业合作社接受国家财政直接补助形成的财产，在解散、破产清算时，不得作为可分配剩余资产分配给成员，**具体按照国务院财政部门有关规定执行**
第四十七条　清算组成员应当忠于职守，依法履行清算义务，因故意或者重大过失给农民专业合作社成员及债权人造成损失的，应当承担赔偿责任	**第五十四条**　清算组成员应当忠于职守，依法履行清算义务，因故意或者重大过失给农民专业合作社成员及债权人造成损失的，应当承担赔偿责任
第四十八条　农民专业合作社破产适用企业破产法的有关规定。但是，破产财产在清偿破产费用和共益债务后，应当优先清偿破产前与农民成员已发生交易但尚未结清的款项	**第五十五条**　农民专业合作社破产适用企业破产法的有关规定。但是，破产财产在清偿破产费用和共益债务后，应当优先清偿破产前与农民成员已发生交易但尚未结清的款项
	第七章　农民专业合作社联合社
	第五十六条　三个以上的农民专业合作社在自愿的基础上，可以出资设立农民专业合作社联合社 农民专业合作社联合社应当有自己的名称、组织机构和住所，由联合社全体成员制定并承认的章程，以及符合章程规定的成员出资

续表

旧版	修订版
第六章　合并、分立、解散和清算	第七章　农民专业合作社联合
	第五十七条　农民专业合作社联合社依照本法登记,取得法人资格,领取营业执照,登记类型为农民专业合作社联合社
	第五十八条　农民专业合作社联合社以其全部财产对该社的债务承担责任;农民专业合作社联合社的成员以其出资额为限对农民专业合作社联合社承担责任
	第五十九条　农民专业合作社联合社应当设立由全体成员参加的成员大会,其职权包括修改农民专业合作社联合社章程,选举和罢免农民专业合作社联合社理事长、理事和监事,决定农民专业合作社联合社的经营方案及盈余分配,决定对外投资和担保方案等重大事项 农民专业合作社联合社不设成员代表大会,可以根据需要设立理事会、监事会或者执行监事。理事长、理事应当由成员社选派的人员担任
	第六十条　农民专业合作社联合社的成员大会选举和表决,实行一社一票
	第六十一条　农民专业合作社联合社可分配盈余的分配办法,按照本法规定的原则由农民专业合作社联合社章程规定
	第六十二条　农民专业合作社联合社成员退社,应当在会计年度终了的六个月前以书面形式向理事会提出。退社成员的成员资格自会计年度终了时终止
	第六十三条　本章对农民专业合作社联合社没有规定的,适用本法关于农民专业合作社的规定

续表

旧版	修订版
第七章　扶持政策	**第八章　扶持措施**
第四十九条　国家支持发展农业和农村经济的建设项目,可以委托和安排有条件的有关农民专业合作社实施	**第六十四条**　国家支持发展农业和农村经济的建设项目,可以委托和安排有条件的农民专业合作社实施
第五十条　中央和地方财政应当分别安排资金,支持农民专业合作社开展信息、培训、农产品质量标准与认证、农业生产基础设施建设、市场营销和技术推广等服务。对民族地区、边远地区和贫困地区的农民专业合作社 和生产国家与社会急需的重要农产品的农民专业合作社给予优先扶持	**第六十五条**　中央和地方财政应当分别安排资金,支持农民专业合作社开展信息、培训、农产品标准与认证、农业生产基础设施建设、市场营销和技术推广等服务。**国家对革命老区、民族地区、边疆地区和贫困地区**的农民专业合作社给予优先**扶助** **县级以上人民政府有关部门应当依法加强对财政补助资金使用情况的监督**
第五十一条　国家政策性金融机构应当采取多种形式,为农民专业合作社提供多渠道的资金支持。具体支持政策由国务院规定 国家鼓励商业性金融机构采取多种形式,为农民专业合作社提供金融服务	**第六十六条**　国家政策性金融机构应当采取多种形式,为农民专业合作社提供多渠道的资金支持。具体支持政策由国务院规定 国家鼓励商业性金融机构采取多种形式,为农民专业合作社**及其成员**提供金融服务 **国家鼓励保险机构为农民专业合作社提供多种形式的农业保险服务。鼓励农民专业合作社依法开展互助保险**
第五十二条　农民专业合作社享受国家规定的对农业生产、加工、流通、服务和其他涉农经济活动相应的税收优惠 支持农民专业合作社发展的其他税收优惠政策,由国务院规定	**第六十七条**　农民专业合作社享受国家规定的对农业生产、加工、流通、服务和其他涉农经济活动相应的税收优惠
	第六十八条　农民专业合作社从事农产品初加工用电执行农业生产用电价格,农民专业合作社生产性配套辅助设施用地按农用地管理,具体办法由国务院有关部门规定

续表

旧版	修订版
第八章　法律责任	**第九章　法律责任**
第五十三条　侵占、挪用、截留、私分或者以其他方式侵犯农民专业合作社及其成员的合法财产,非法干预农民专业合作社及其成员的生产经营活动,向农民专业合作社及其成员摊派,强迫农民专业合作社及其成员接受有偿服务,造成农民专业合作社经济损失的,依法追究法律责任	**第六十九条**　侵占、挪用、截留、私分或者以其他方式侵犯农民专业合作社及其成员的合法财产,非法干预农民专业合作社及其成员的生产经营活动,向农民专业合作社及其成员摊派,强迫农民专业合作社及其成员接受有偿服务,造成农民专业合作社经济损失的,依法追究法律责任
第五十四条　农民专业合作社向登记机关提供虚假登记材料或者采取其他欺诈手段取得登记的,由登记机关责令改正;情节严重的,撤销登记	**第七十条**　农民专业合作社向登记机关提供虚假登记材料或者采取其他欺诈手段取得登记的,由登记机关责令改正,**可以处五千元以下罚款**;情节严重的,撤销登记或者吊销营业执照
	第七十一条　农民专业合作社连续两年未从事经营活动的,吊销其营业执照
第五十五条　农民专业合作社在依法向有关主管部门提供的财务报告等材料中,作虚假记载或者隐瞒重要事实的,依法追究法律责任	**第七十二条**　农民专业合作社在依法向有关主管部门提供的财务报告等材料中,作虚假记载或者隐瞒重要事实的,依法追究法律责任
第九章　附则	**第十章　附则**
	第七十三条　国有农场、林场、牧场、渔场等企业中实行承包租赁经营、从事农业生产经营或者服务的职工,兴办农民专业合作社适用本法
第五十六条　本法自 2007 年 7 月 1 日起施行	**第七十四条**　本法自 2018 年 7 月 1 日起施行

附录3:

中华人民共和国农业农村部公告

第 104 号

为切实贯彻落实新修订的《中华人民共和国农民专业合作社法》,准确体现法律修订的目的,更好发挥农民专业合作社章程的作用,为广大农民专业合作社制定符合法律要求和自身特点的章程提供参照和遵循,现发布修订后的农民专业合作社示范章程,自发布之日起执行。

特此公告。

农业农村部
2018 年 12 月 17 日

《农民专业合作社示范章程》

本示范章程中的【】内文字部分为解释性规定。农民专业合作社在遵守有关法律法规的前提下,可根据自身实际情况,参照本示范章程制订和修正本社章程。

＿＿＿＿＿专业合作社章程

【＿＿＿年＿＿＿月＿＿＿日召开设立大会,由全体设立人一致通过。
＿＿＿年＿＿＿月＿＿＿日召开成员大会第＿＿＿次修订通过。】

第一章 总 则

第一条 为促进本社规范运行和持续发展,保护本社及成员的合法权益,增加成员收入,增进成员福利,依照《中华人民共和国农民专业合作社法》和有关法律、法规、政策,制定本章程。

第二条 本社由＿＿＿＿＿＿【注:列出全部发起人姓名或名称】等＿＿＿人发起,于＿＿＿年＿＿＿月＿＿＿日召开设立大会。

本社名称:＿＿＿＿＿＿专业合作社,成员出资总额＿＿＿元,其中,货币出资额＿＿＿元,非货币出资额＿＿＿元【注:如有非货币出资请按具体出资内容分别注明,如以土地经营权作价出资＊＊元】。

单个成员出资占比不得超过本社成员出资总额的百分之＿＿＿。

本社法定代表人：＿＿＿＿＿＿＿＿＿【注：理事长姓名】。

本社住所：＿＿＿＿＿＿＿＿＿＿＿＿＿＿＿＿＿＿＿，邮政编码：＿＿＿＿＿＿＿＿。

第三条 本社以服务成员、谋求全体成员的共同利益为宗旨。成员入社自愿，退社自由，地位平等，民主管理，实行自主经营，自负盈亏，利益共享，风险共担，可分配盈余主要按照成员与本社的交易量（额）比例返还。

第四条 本社以成员为主要服务对象，依法开展以下业务：

（一）农业生产资料的购买、使用；

（二）农产品的生产、销售、加工、运输、贮藏及其他相关服务；

（三）农村民间工艺及制品、休闲农业和乡村旅游资源的开发经营；

（四）与农业生产经营有关的技术、信息、设施建设运营等服务。

【注：根据实际情况填写。上述内容应与市场监督管理部门颁发的农民专业合作社法人营业执照规定的业务范围一致。】

第五条 经成员（代表）大会讨论并决议通过，本社依法发起设立或自愿加入＿＿＿＿＿＿＿＿农民专业合作社联合社。

第六条 依法向＿＿＿＿＿公司等企业投资；依法投资兴办＿＿＿＿＿公司。

第七条 经成员（代表）大会讨论并决议通过，本社可以接受与本社业务有关的单位委托，办理代购代销等服务；可以向政府有关部门申请或者接受政府有关部门委托，组织实施国家支持发展农业和农村经济的建设项目；可以按决定的数额和方式参加社会公益捐赠。

第八条 本社及全体成员遵守法律、社会公德和商业道德，依法开展生产经营活动。本社不从事与章程规定无关的活动。

第九条 本社对由成员出资、公积金、国家财政直接补助、他人捐赠以及合法取得的其他资产所形成的财产，享有占有、使用和处分的权利，并以上述财产对债务承担责任。

第十条 本社为每个成员设立成员账户，主要记载该成员的出资方式、出资额、量化为该成员的公积金份额以及该成员与本社的业务交易量（额）。

本社成员以其成员账户内记载的出资额和公积金份额为限对本社承担责任。

第二章　成　员

第十一条 具有民事行为能力的公民，从事与＿＿＿＿＿＿【注：业务范围内的主业农副产品名称】业务直接有关的生产经营，能够利用并接受本社提供的服务，承认并遵守本章程，履行本章程规定的入社手续的，可申请成为本社成员。

从事与本社_____业务直接有关的生产经营活动的企业、事业单位或者社会组织可申请成为本社成员【注:农民专业合作社可以根据自身发展的实际情况决定是否吸收团体成员】。具有管理公共事务职能的单位不得加入本社。本社成员中,农民成员至少占成员总数的百分之八十。【注:农民专业合作社章程可自主确定入社成员的生产经营规模或经营服务能力等其他条件】

第十二条　凡符合第十一条规定,向本社理事长或者理事会提交书面入社申请,经成员大会或者成员代表大会表决通过后,即成为本社成员。

第十三条　本社向成员颁发成员证书,并载明成员的出资额。成员证书同时加盖本社财务印章和理事长印鉴。

第十四条　本社成员享有下列权利:

(一)参加成员大会,并享有表决权、选举权和被选举权,按照本章程规定对本社实行民主管理;

(二)利用本社提供的服务和生产经营设施;

(三)按照本章程规定分享本社盈余;

(四)查阅本社章程、成员名册、成员大会或者成员代表大会记录、理事会会议决议、监事会会议决议、财务会计报告、会计账簿和财务审计报告;

(五)对本社理事长、理事、执行监事(监事长)、监事的工作提出质询、批评和建议;

(六)提议召开临时成员大会;

(七)提出书面退社申请,依照本章程规定程序退出本社;

(八)按照本章程规定向本社其他成员转让出资,成员账户内的出资额和公积金份额可依法继承;

(九)成员(代表)大会对拟除名成员表决前,拟被除名成员有陈述意见的机会;

(十)成员共同议决的其他权利。

第十五条　本社成员(代表)大会选举和表决,实行一人一票制,成员各享有一票基本表决权。

出资额占本社成员出资总额百分之_____以上或者与本社业务交易量(额)占本社总交易量(额)百分之_____以上的成员,在本社_____等事项【注:如,设立或加入农民专业合作社联合社、重大财产处置、投资兴办经济实体、对外担保和生产经营活动中的其他事项】决策方面,最多享有_____票的附加表决权。【注:可对每类事项规定享有附加表决权的成员条件及享有附加表决权的单个成员可能享有的附加表决权的票数。】本社成员附加表决权总票数,依法不得超过本社成员基本表决权总票数的百分之二十。享有附加表决权的成员及其享有的附加表决权数,在每次成员大会召开时告知出席会议的成员。

第十六条 本社成员承担下列义务:

(一)遵守本社章程和各项规章制度,执行成员(代表)大会和理事会的决议;

(二)按照章程规定向本社出资;

(三)积极参加本社各项业务活动,接受本社提供的技术指导,按照本社规定的质量标准和生产技术规程从事生产,履行与本社签订的业务合同,发扬互助协作精神,谋求共同发展;

(四)维护本社合法利益,爱护生产经营设施;

(五)不从事损害本社及成员共同利益的活动;

(六)不得以其对本社或者本社其他成员的债权,抵销已认购但尚未缴清的出资额;不得以已缴纳的出资,抵销其对本社或者本社其他成员的债务;

(七)承担本社的亏损;

(八)成员共同议决的其他义务。

第十七条 成员有下列情形之一的,终止其成员资格:

(一)要求退社的;

(二)丧失民事行为能力的;

(三)死亡的;

(四)企业、事业单位或社会组织成员破产、解散的;

(五)被本社除名的。

第十八条 成员要求退社的,须在会计年度终了的_____个月【注:不得低于三个月】向理事会提出书面声明,办理退社手续;其中,企业、事业单位或社会组织成员退社的,须在会计年度终了的_____个月【注:不得低于六个月】前提出。退社成员的成员资格自该会计年度终了时终止。

第十九条 成员资格终止的,在完成该年度决算后_____个月内【注:不应超过三个月】,退还记载在该成员账户内的出资额和公积金份额。如本社经营盈余,按照本章程规定返还其相应的盈余;如本社经营有亏损和债务,扣除其应分摊的亏损金额及债务金额。

成员在其资格终止前与本社已订立的业务合同应当继续履行【注:或依照退社时与本社的约定确定】。

第二十条 成员死亡的,其法定继承人符合法律及本章程规定的入社条件的,可以在_____个月内向理事长或者理事会提出书面入社申请,经成员(代表)大会表决通过后,成为本社成员,办理入社手续,依法继承被继承人与本社的债权债务。成员大会或者成员代表大会不同意其法定继承人继承成员资格的,原成员资格因死亡而终止,其成员账户中记载的出资额、公积金份额由其继承人依《继承法》规定继承。

第二十一条　成员有下列情形之一的,经成员(代表)大会表决通过,予以除名:

(一)不遵守本社章程、成员(代表)大会的决议;

(二)严重危害其他成员及本社利益的;

(三)成员共同议决的其他情形。

成员(代表)大会表决前,允许被除名成员陈述意见。

第二十二条　被除名成员的成员资格自会计年度终了时终止。本社对被除名成员,退还记载在该成员账户内的出资额和公积金份额,结清其应承担的本社亏损及债务,返还其相应的盈余所得。因第二十一条第二项被除名的成员须对本社作出相应赔偿。

第三章　组织机构

第二十三条　成员大会是本社的最高权力机构,由全体成员组成。

成员大会行使下列职权:

(一)审议、修改本社章程和各项规章制度;

(二)选举和罢免理事长、理事、执行监事或者监事会成员;

(三)决定成员入社、退社、继承、除名、奖励、处分等事项;

(四)决定成员出资增加或者减少;

(五)审议本社的发展规划和年度业务经营计划;

(六)审议批准年度财务预算和决算方案;

(七)审议批准年度盈余分配方案和亏损处理方案;

(八)审议批准理事会、执行监事或者监事会提交的年度业务报告;

(九)决定重大财产处置、对外投资、对外担保和生产经营活动中的其他重大事项;

(十)对合并、分立、解散、清算以及设立、加入联合社等作出决议;

(十一)决定聘用经营管理人员和专业技术人员的数量、资格和任期;

(十二)听取理事长或者理事会关于成员变动情况的报告;

(十三)决定公积金的提取及使用;

(十四)决定是否设立成员代表大会;

(十五)决定其他重大事项。

第二十四条 本社成员超过一百五十人时,设立成员代表大会,成员代表人数一般为成员总人数的百分之十。本社成员代表为_____人。成员代表大会履行本章程第二十三条第_____项至第_____项规定的成员大会职权。成员代表任期_____年,可以连选连任。【注:成员总数超过一百五十人的农民专业合作社可以根据自身发展的实际情况决定是否设立成员代表大会,成员代表最低人数为五十一人。】

第二十五条 本社每年召开_____次成员大会【注:每年至少召开一次成员大会】,成员大会由_____【注:理事长或者理事会】负责召集,并在成员大会召开之日前十五日向本社全体成员通报会议内容。

第二十六条 有下列情形之一的,本社在二十日内召开临时成员大会:

(一)百分之三十以上的成员提议;

(二)监事会【注:或者执行监事】提议;

(三)理事会提议;

(四)成员共同议决的其他情形。

理事长【注:或者理事会】不能履行或者在规定期限内没有正当理由不履行召集临时成员大会职责的,监事会【注:或者执行监事】在_____日内召集并主持临时成员大会。

第二十七条 成员大会须有本社成员总数的三分之二以上出席方可召开。成员因故不能参加成员大会,可以书面委托其他成员代理发言、表决。一名成员最多只能代理_____名成员。

成员大会选举或者做出决议,须经本社成员表决权总数过半数通过;对修改本社章程,增加或者减少成员出资,合并、分立、解散,设立或加入联合社等重大事项做出决议的,须经本社成员表决权总数的三分之二以上通过【注:可以根据实际情况设置更高表决权比例】。

第二十八条 本社设理事长一名,为本社的法定代表人。理事长任期_____年,可连选连任。

理事长行使下列职权:

(一)主持成员大会,召集并主持理事会会议;

(二)签署本社成员出资证明;

(三)组织编制年度业务报告、盈余分配方案、亏损处理报告、财务会计报告;

(四)签署聘任或者解聘本社经理、财务会计人员和其他专业技术人员聘书；

（五）组织实施成员大会、成员代表大会和理事会决议，检查决议实施情况；

（六）代表本社签订合同等；

（七）代表本社参加其所加入的联合社的成员大会；

（八）履行成员大会授予的其他职权。

【注：不设理事会的理事长职权参照本条款及理事会职权】

第二十九条　本社设理事会，对成员大会负责，由＿＿＿＿名成员组成【注：理事会成员人数为单数，最少三人】，设副理事长＿＿＿＿人。理事会成员任期＿＿＿＿年，可连选连任。

理事会行使下列职权：

（一）召集成员（代表）大会并报告工作，执行成员（代表）大会决议；

（二）制订本社发展规划、年度业务经营计划、内部管理规章制度等，提交成员（代表）大会审议；

（三）制定年度财务预决算、盈余分配和亏损弥补等方案，提交成员（代表）大会审议；

（四）决定聘用经营管理人员和专业技术人员的报酬；

（五）组织开展成员培训和各种协作活动；

（六）管理本社的资产和财务，维护本社的财产安全；

（七）接受、答复、处理本社成员、监事会【注：或者执行监事】提出的有关质询和建议；

（八）接受入社申请，提交成员（代表）大会审议；

（九）决定聘任或者解聘本社经理、财务会计人员和其他专业技术人员；

（十）履行成员大会授予的其他职权。

第三十条　理事会会议的表决，实行一人一票。重大事项集体讨论，并经三分之二以上理事同意，方可形成决定，作成会议记录，出席会议的理事在会议记录上签名。理事个人对某项决议有不同意见时，其意见载入会议记录并签名。理事会会议可邀请监事长【注：或者执行监事】、经理和＿＿＿＿名成员代表列席，列席者无表决权。

第三十一条　本社设执行监事一名，代表全体成员监督检查理事会和工作人员的工作。执行监事列席理事会会议，并对理事会决议事项提出质询或建议。【注：不设监事会的执行监事职权参照监事会职权】

第三十二条　本社设监事会，由＿＿＿＿名监事组成【注：监事会成员人数为单数,最少三人】,设监事长一人,代表全体成员监督检查理事会和工作人员的工作。监事长和监事会成员任期_____年,可连选连任。监事长列席理事会会议,并对理事会决议事项提出质询或建议。

监事会行使下列职权:

(一)监督理事会对成员大会决议和本社章程的执行情况;

(二)监督检查本社的生产经营业务情况,负责本社财务审核监察工作;

(三)监督理事长或者理事会成员和经理履行职责情况;

(四)向成员大会提出年度监察报告;

(五)向理事长或者理事会提出工作质询和改进工作的建议;

(六)提议召开临时成员大会;

(七)履行成员大会授予的其他职责。

第三十三条 监事会会议由监事长召集,会议决议以书面形式通知理事会。理事会在接到通知后_____日内就有关质询作出答复。

第三十四条 监事会会议的表决实行一人一票。监事会会议须有三分之二以上的监事出席方能召开,作成会议记录,出席会议的监事在会议记录上签名。重大事项的决议须经三分之二以上监事同意方能生效。监事个人对某项决议有不同意见时,其意见载入会议记录并签名。

第三十五条 本社经理由理事会【注:或者理事长】按照成员大会的决定聘任或者解聘,对理事会【注:或者理事长】负责,行使下列职权:

(一)主持本社的生产经营工作,组织实施理事会决议;

(二)组织实施年度生产经营计划和投资方案;

(三)拟订经营管理制度;

(四)聘任其他经营管理人员;

(五)理事会授予的其他职权。

本社理事长或者理事可以兼任经理。

第三十六条 本社现任理事长、理事、经理和财务会计人员不得兼任监事。

第三十七条 本社理事长、理事和管理人员不得有下列行为:

(一)侵占、挪用或者私分本社资产;

(二)违反章程规定或者未经成员大会同意,将本社资金借贷给他人或者以本社资产为他人提供担保;

(三)接受他人与本社交易的佣金归为己有;

(四)从事损害本社经济利益的其他活动;

（五）兼任业务性质相同的其他农民专业合作社的理事长、理事、监事、经理。

理事长、理事和管理人员违反前款第（一）项至第（四）项规定所得的收入，归本社所有；给本社造成损失的，须承担赔偿责任。

第四章　财务管理

第三十八条　本社实行独立的财务管理和会计核算，严格执行国务院财政部门制定的农民专业合作社财务会计制度。

第三十九条　本社依照有关法律、行政法规和政府有关主管部门的规定，建立健全财务和会计制度，实行财务定期公开制度，每月＿＿＿＿＿日【注：或者每季度第＿＿＿＿月＿＿＿＿日】向本社成员公开会计信息，接受成员的监督。

本社财务会计人员应当具备从事会计工作所需要的专业能力，会计和出纳互不兼任。理事会、监事会成员及其直系亲属不得担任本社的财务会计人员。

第四十条　本社与成员和非成员的交易实行分别核算。成员与本社的所有业务交易，实名记载于各该成员的成员账户中，作为按交易量（额）进行可分配盈余返还分配的依据。利用本社提供服务的非成员与本社的所有业务交易，实行单独记账。

第四十一条　会计年度终了时，由理事会【注：或者理事长】按照本章程规定，组织编制本社年度业务报告、盈余分配方案、亏损处理方案以及财务会计报告，于成员大会召开十五日前，置备于办公地点，供成员查阅并接受成员的质询。

第四十二条　本社资金来源包括以下几项：

（一）成员出资；

（二）每个会计年度从盈余中提取的公积金、公益金；

（三）未分配收益；

（四）国家财政补助资金；

（五）他人捐赠款；

（六）其他资金。

第四十三条　本社成员可以用货币出资，也可以用库房、加工设备、运输设备、农机具、农产品等实物、知识产权、土地经营权、林权等可以用货币估价并可以依法转让的非货币财产，以及＿＿＿＿＿＿＿＿【注：如还有其他方式，请注明】等方式作价出资，但不得以劳务、信用、自然人姓名、商誉、特许经营权或者设定担保的财产等作价出资。成员以非货币方式出资的，由全体成员评估作价或由第三方机构评估作价、全体成员一致认可。

成员以家庭承包的土地经营权出资入社的,应当经承包农户全体成员同意。通过租赁方式取得土地经营权或者林权的,对合作社出资须取得原承包权人的书面同意。

第四十四条　本社成员认缴的出资额,须在＿＿＿＿＿个月内缴清。

第四十五条　以货币方式出资的出资期限为＿＿＿年,以非货币方式作价出资【注:注明具体出资方式,如以土地经营权作价出资】的出资期限为＿＿＿年。

第四十六条　以非货币方式作价出资的成员与以货币方式出资的成员享受同等权利,承担同等义务。

经理事会【注:或者理事长】审核,成员大会讨论通过,成员出资可以转让给本社其他成员。

本社成员不得【注:或者可以,根据实际情况选择】以其依法可以转让的出资设定担保。

第四十七条　为实现本社及全体成员的发展目标需要调整成员出资时,经成员大会讨论通过,形成决议,每个成员须按照成员大会决议的方式和金额调整成员出资。

第四十八条　本社从当年盈余中提取百分之＿＿＿＿＿的公积金,用于扩大生产经营、弥补亏损或者转为成员出资。

本社每年提取的公积金,按照成员与本社业务交易量(额)【注:或者出资额,也可以二者相结合】依比例量化为每个成员所有的份额。

第四十九条　本社从当年盈余中提取百分之＿＿＿＿＿的公益金,用于成员的技术培训、合作社知识教育以及文化、福利事业和生活上的互助互济。其中,用于成员技术培训与合作社知识教育的比例不少于公益金数额的百分之＿＿＿＿＿。

第五十条　本社接受的国家财政直接补助和他人捐赠,均按国务院财政部门制定的农民专业合作社财务会计制度规定的方法确定的金额入账,作为本社的资金(资产),按照规定用途和捐赠者意愿用于本社的发展。在解散、破产清算时,由国家财政直接补助形成的财产,不得作为可分配剩余资产分配给成员,处置办法按照国务院财政部门有关规定执行;接受他人的捐赠,与捐赠者另有约定的,按约定办法处置。

第五十一条　当年扣除生产经营和管理服务成本,弥补亏损、提取公积金和公益金后的可分配盈余,主要按照成员与本社的交易量(额)比例返还,经成

员大会决议,按照下列顺序分配:

(一)按成员与本社的业务交易量(额)比例返还,返还总额不低于可分配盈余的百分之六十【注:依法不低于百分之六十,具体年度比例由成员大会讨论决定】;

(二)按前项规定返还后的剩余部分,以成员账户中记载的出资额和公积金份额,以及本社接受国家财政直接补助和他人捐赠形成的财产平均量化到成员的份额,按比例分配给本社成员,并记载在成员个人账户中。

第五十二条　经成员(代表)大会表决同意,可以将本社全部或部分可分配盈余转为成员对本社的出资,并记载在成员账户中。

第五十三条　本社如有亏损,经成员(代表)大会讨论通过,用公积金弥补,不足部分也可以用以后年度盈余弥补。

本社的债务用本社公积金或者盈余清偿,不足部分依照成员个人账户中记载的财产份额,按比例分担,但不超过成员账户中记载的出资额和公积金份额。

第五十四条　监事会【注:或者执行监事】负责本社的日常财务审核监督。根据成员(代表)大会【注:或者理事会】的决定【注:或者监事会的要求】,本社委托＿＿＿＿＿＿＿＿＿＿【注:列明被委托机构的具体名称,该机构应系具有相关资质的社会中介机构】对本社财务进行年度审计、专项审计和换届、离任审计。

第五章　合并、分立、解散和清算

第五十五条　本社与他社合并,须经成员大会决议,自合并决议作出之日起十日内通知债权人。合并后的债权、债务由合并后存续或者新设的农民专业合作社承继。

第五十六条　本社分立,须经成员大会决议,本社的财产作相应分割,并自分立决议作出之日起十日内通知债权人。分立前的债务由分立后的组织承担连带责任。但是,在分立前与债权人就债务清偿达成的书面协议另有约定的除外。

第五十七条　本社因下列原因解散:

(一)因成员变更低于法定人数或比例,自事由发生之日起 6 个月内仍未达到法定人数或比例;

(二)成员大会决议解散;

(三)本社分立或者与其他农民专业合作社合并后需要解散;

(四)因不可抗力致使本社无法继续经营;

(五)依法被吊销营业执照或者被撤销登记;

（六）成员共同议决的其他情形。

第五十八条　本社因第五十七条第一项、第二项、第四项、第五项、第六项情形解散的，在解散情形发生之日起十五日内，由成员大会推举_____名成员组成清算组接管本社，开始解散清算。逾期未能组成清算组时，成员、债权人可以向人民法院申请指定成员组成清算组进行清算。

第五十九条　清算组负责处理与清算有关未了结业务，清理本社的财产和债权、债务，制定清偿方案，分配清偿债务后的剩余财产，代表本社参与诉讼、仲裁或者其他法律程序，并在清算结束后_____日内向成员公布清算情况，向登记机关办理注销登记。

第六十条　清算组自成立起十日内通知成员和债权人，并于六十日内在报纸上公告。

第六十一条　本社财产优先支付清算费用和共益债务后，按下列顺序清偿：

（一）与农民成员已发生交易所欠款项；

（二）所欠员工的工资及社会保险费用；

（三）所欠税款；

（四）所欠其他债务；

（五）归还成员出资、公积金；

（六）按清算方案分配剩余财产。

清算方案须经成员大会通过或者申请人民法院确认后实施。本社财产不足以清偿债务时，依法向人民法院申请破产。

第六章　附　　则

第六十二条　本社需要向成员公告的事项，采取_____方式发布，需要向社会公告的事项，采取_____方式发布。

第六十三条　本章程由设立大会表决通过，全体设立人签字后生效。

第六十四条　修改本章程，须经半数以上成员或者理事会提出，理事会【注：或者理事长】负责修订。

第六十五条　本章程如有附录（如成员出资列表），附录为本章程的组成部分。

全体设立人签名、盖章：

附录4：

中华人民共和国农业农村部公告

第 105 号

为切实贯彻落实新修订的《中华人民共和国农民专业合作社法》，准确体现法律修订设立农民专业合作社联合社专章的目的，为广大农民专业合作社联合社制定符合法律要求和自身特点的章程提供参照和遵循，现发布农民专业合作社联合社示范章程，自发布之日起执行。

特此公告。

农业农村部

2018 年 12 月 17 日

《农民专业合作社联合社示范章程》

本示范章程中的【】内文字为解释性规定。农民专业合作社联合社在遵守有关法律法规的前提下，可根据自身实际情况，参照本示范章程制订和修订本社章程。

＿＿＿＿＿专业合作社联合社章程

【＿＿＿年＿＿＿月＿＿＿日召开设立大会，由全体设立人一致通过。
＿＿＿年＿＿＿月＿＿＿日召开成员大会第＿＿＿次修订通过。】

第一章　总　则

第一条　为促进本社规范运行和持续发展，保护本社及成员社的合法权益，增加成员社收入，增进成员社成员福利，依照《中华人民共和国农民专业合作社法》和有关法律、法规、政策，制定本章程。

第二条　本社由＿＿＿＿＿＿【注：列出全部发起人名称】等＿＿＿个【注：三个以上】农民专业合作社发起，于＿＿＿年＿＿＿月＿＿＿日召开设立大会。

本社名称：＿＿＿＿＿专业合作社联合社，成员出资总额＿＿＿元，其中货币出资额＿＿＿元，非货币出资额＿＿＿元【注：如有非货币出资请按具体出资内容分别注明，如以土地经营权作价出资＊＊元】。

单个成员社出资占比不得超过本社成员出资总额的百分之＿＿＿。

本社法定代表人：＿＿＿＿＿＿＿【注：理事长姓名】。

本社住所：＿＿＿＿＿＿＿＿＿＿＿＿＿＿，邮政编码：＿＿＿＿＿＿。

第三条　本社成员均为农民专业合作社。本社以服务成员社、谋求全体成员社的共同利益为宗旨。成员入社自愿，退社自由，地位平等，民主管理，实行自主经营，自负盈亏，利益共享，风险共担，可分配盈余主要按照成员社与本社的交易量（额）比例返还。

第四条　本社成立的目的是扩大生产经营和服务规模，发展产业化经营，提高市场竞争力，不影响成员社依法享有的独立的经营权。本社以成员社为主要服务对象，依法开展以下业务：

（一）农业生产资料的购买、使用；

（二）农产品生产、销售、加工、运输、贮藏及其他相关服务；

（三）农村民间工艺及制品、休闲农业和乡村旅游资源的开发经营；

（四）与农业生产经营有关的技术、信息、设施建设运营等服务。

【注：根据实际情况填写，业务内容应与市场监督管理部门颁发的农民专业合作社联合社法人营业执照规定的业务范围一致。】

第五条　经成员大会表决通过，本社依法向公司等企业投资；依法投资兴办＿＿＿＿＿＿公司。

第六条　经成员大会讨论并决议通过，本社可以接受与本社业务有关的单位委托，办理代购代销、代理记账等服务；可以向政府有关部门申请或者接受政府有关部门委托，组织实施国家支持发展农业和农村经济的建设项目；可以按决定的数额和方式参加社会公益捐赠。

第七条　本社及全体成员社遵守法律、遵守社会公德、商业道德，诚实守信，依法开展生产经营活动。本社不从事与本章程规定无关的活动。

第八条　本社对由成员出资、公积金、国家财政直接补助、他人捐赠以及合法取得的其他资产所形成的财产，享有占有、使用和处分的权利，并以上述全部财产对本社的债务承担责任。

第九条　本社为每个成员社设立成员账户，主要记载该成员社的出资额、量化为该成员社的公积金份额以及该成员社与本社的交易量（额）。

成员社以其成员账户内记载的出资额为限对本社承担责任。

第二章　成　员

第十条　依照农民专业合作社法登记，取得农民专业合作社法人资格，从事＿＿＿＿＿＿【注：业务范围内的主业农副产品名称】生产经营，能够利用并接受本社提供的服务，承认并遵守本章程，履行本章程规定的入社手续的农民专业合作社,可申请成为本社成员。【注:农民专业合作社联合社章程可自主确定入社成员的生产经营规模或经营服务能力等其他条件】

第十一条 凡符合第十条规定,向本社理事长【注:或者理事会】提交书面入社申请,经成员大会表决通过后,即成为本社成员。

第十二条 本社向成员社颁发成员证书,并载明成员社的出资额。成员证书同时加盖本社财务印章和理事长印鉴。

第十三条 本社成员社享有下列权利:

(一)参加成员大会,并享有表决权、选举权和被选举权,按照本章程规定对本社实行民主管理;

(二)利用本社提供的服务和生产经营设施;

(三)按照本章程规定分享盈余;

(四)查阅本社的章程、成员名册、成员大会记录、理事会会议决议、监事会会议决议、财务会计报告、会计账簿和财务审计报告;

(五)对本社理事长、理事、监事长、监事的工作提出质询、批评和建议;

(六)提议召开临时成员大会;

(七)提出书面退社声明,依照本章程规定程序退出本社;

(八)向本社其他成员社转让全部或部分出资;

(九)成员大会对拟除名成员表决前,拟被除名成员有陈述意见的机会;

(十)成员社共同议决的其他权利。

第十四条 本社成员社承担下列义务:

(一)遵守本社章程和各项规章制度,执行成员大会和理事会的决议;

(二)按照本章程规定向本社出资;

(三)积极参加本社各项业务活动,接受本社提供的技术指导,按照本社规定的质量标准和生产技术规程从事生产,履行与本社签订的业务合同,发扬互助协作精神,谋求共同发展;

(四)维护本社合法利益,爱护生产经营设施;

(五)不从事损害本社成员社共同利益的活动;

(六)不得以其对本社或者本社其他成员社的债权,抵销已认购但尚未缴清的出资额;不得以已缴纳的出资,抵销其对本社或者本社其他成员社的债务;

(七)承担本社的亏损;

(八)成员社共同议决的其他义务。

第十五条 成员社有下列情形之一的,终止其成员资格:

(一)要求退社的;

(二)成员社破产、解散的;

(三)被本社除名的。

第十六条 成员社要求退社的,须在会计年度终了_____个月前【注:不得低于六个月】向理事会提出书面声明,办理退社手续。退社成员的成员资格自该会计年度终了时终止。

第十七条成员资格终止的,在完成该年度决算后_____个月内【注:不应超过三个月】,退还记载在该成员账户内的出资额和公积金份额。如本社经营盈余,按照本章程规定返还其相应的盈余所得;如经营亏损,扣除其应分摊的亏损金额及债务金额。

成员社在其资格终止前与本社已订立的业务合同应当继续履行【注:或依照退社时与本社的约定确定】。

第十八条 成员社有下列情形之一的,经成员大会表决通过,予以除名:

(一)不遵守本章程、成员大会决议的;

(二)严重危害其他成员社及本社利益的;

(三)成员社共同议决的其他情形。

成员大会表决前,允许被除名成员社陈述意见。

第十九条 被除名成员社的成员资格自会计年度终了时终止。本社对被除名成员社,退还记载在该成员账户内的出资额和公积金份额,结清其应承担的本社亏损及债务,返还其相应的盈余所得。因第十八条第二项被除名的成员社须对本社作出相应赔偿。

第三章 组织机构

第二十条 成员大会是本社的最高权力机构,由全体成员社组成。

成员大会行使下列职权:

(一)审议、修改本社章程和各项规章制度;

(二)选举和罢免理事长、理事、执行监事【注:或者监事长、监事】;

(三)决定成员入社、除名等事项;

(四)决定成员出资增加或者减少;

(五)审议本社的发展规划和年度业务经营计划;

(六)审议批准年度财务预算和决算方案;

(七)审议批准年度盈余分配方案和亏损处理方案;

(八)审议批准理事会【注:或者理事长】、监事会【注:或者执行监事】提交的年度业务报告;

（九）决定重大财产处置、对外投资、对外担保和生产经营活动中的其他重大事项；

（十）对合并、分立、解散、清算等作出决议；

（十一）决定聘用经营管理人员和专业技术人员的数量、资格和任期；

（十二）听取理事会【注：或者理事长】关于成员社变动情况的报告；

（十三）决定公积金的提取及使用；

（十四）决定其他重大事项。

第二十一条　本社每年召开_____次成员大会【注：至少于会计年度末召开一次】。成员大会由理事会【注：或者理事长】负责召集，并在成员大会召开之日前十五日向全体成员社通报会议内容。

第二十二条　有下列情形之一的，本社在二十日内召开临时成员大会：

（一）百分之三十以上的成员社提议；

（二）监事会【注：或者执行监事】提议；

（三）理事会提议；

（四）成员社共同议决的其他情形。

理事会【注：或者理事长】不能履行或者在规定期限内没有正当理由不履行职责召集临时成员大会的，监事会【注：或者执行监事】在_____日内召集并主持临时成员大会。

第二十三条　本社成员大会选举和表决，实行一社一票，成员社各享有一票表决权。

第二十四条　成员大会须有本社成员社总数的三分之二以上出席方可召开。成员社因故不能参加成员大会，可以书面委托其他成员社代理发言和表决。一个成员社最多只能代理_____个成员社表决。

成员大会选举或者做出决议，须经本社成员社表决权总数过半数通过；对修改本社章程，增加或者减少成员出资，合并、分立、解散等重大事项做出决议的，须经成员社表决权总数三分之二以上通过。【注：可以根据实际情况设置更高表决权比例】

第二十五条　本社设理事长一名，为本社的法定代表人。理事长从成员社选派的理事候选人中产生，任期_____年，可连选连任。

理事长行使下列职权：

（一）主持成员大会，召集并主持理事会会议；

（二）签署本社成员出资证明；

（三）签署聘任或者解聘本社经理、财务会计人员聘书；

（四）组织实施成员大会和理事会决议，检查决议实施情况；

（五）代表本社签订合同等；

（六）履行成员大会授予的其他职权。

【注：不设理事会的理事长职权参照本条款及理事会职权】

第二十六条　本社设理事会，对成员大会负责，由＿＿＿＿名理事组成【注：理事会成员人数为单数，最少三人】，设副理事长＿＿＿＿名。理事任期＿＿＿＿年，可连选连任。本社理事从成员社选派的理事候选人中产生。

理事会行使下列职权：

（一）组织召开成员大会并报告工作，执行成员大会决议；

（二）制订本社发展规划、年度业务经营计划、内部管理规章制度等，提交成员大会审议；

（三）制定年度财务预决算、盈余分配和亏损弥补等方案，提交成员大会审议；

（四）组织开展成员社培训和各种协作活动；

（五）管理本社的资产和财务，维护本社的财产安全；

（六）接受、答复、处理本社成员社、监事会【注：或者执行监事】提出的有关质询和建议；

（七）接受入社申请，提交成员大会审议；

（八）决定成员退社、奖励、处分等事项；

（九）决定聘任或者解聘本社经理、财务会计人员；

（十）履行成员大会授予的其他职权。

第二十七条　理事会会议的表决，实行一人一票。重大事项集体讨论，并经三分之二以上理事同意，方可形成决定，作成会议记录，出席会议的理事在会议记录上签名。理事个人对某项决议有不同意见时，其意见记入会议记录并签名。理事会会议邀请监事长【注：或者执行监事】、经理和＿＿＿＿名成员社代表列席，列席者无表决权。

第二十八条　本社设执行监事一名，代表全体成员社监督检查理事会【注：或者理事长】和工作人员的工作。执行监事列席理事会会议，并对理事会决议事项提出质询和建议。执行监事从成员社选派的监事候选人中产生。

【注：不设监事会的执行监事职权参照监事会职权】

第二十九条　本社设监事会，由＿＿＿＿名监事组成【注：监事会成员人数为单数，最少三人】，设监事长一名，代表全体成员社监督检查理事会【注：或者理事长】和工作人员的工作。监事长和监事会成员任期＿＿＿＿年，可连选连任。监事长列席理事会会议,并对理事会决议事项提出质询和建议。监事从成员社选派的监事候选人中产生。

监事会行使下列职权:

(一)监督理事会对成员大会决议和本社章程的执行情况;

(二)监督检查本社的生产经营业务情况,负责本社财务审核监察工作;

(三)监督理事会成员【注:或者理事长】和经理履行职责情况;

(四)向成员大会提出年度监察报告;

(五)向理事会【注:或者理事长】提出工作质询和改进工作的建议;

(六)提议召开临时成员大会;

(七)履行成员大会授予的其他职责。

第三十条　监事会会议由监事长召集,会议决议以书面形式通知理事会【注:或者理事长】。理事会【注:或者理事长】在接到通知后_____日内就有关质询作出答复。

第三十一条　监事会会议的表决实行一人一票。监事会会议须有三分之二以上的监事出席方能召开。重大事项的决议须经三分之二以上监事同意方能生效。监事个人对某项决议有不同意见时,其意见记入会议记录并签名。

第三十二条　本社经理由理事会【注:或者理事长】按照成员大会的决定聘任或者解聘,对理事会【注:或者理事长】负责,行使下列职权:

(一)主持本社的生产经营工作,组织实施理事会决议;

(二)组织实施年度生产经营计划和投资方案;

(三)拟订经营管理制度;

(四)聘任其他经营管理人员;

(五)理事会授予的其他职权。

本社理事长或者理事可以兼任经理。

第三十三条　本社现任理事长、理事、经理和财务会计人员不得兼任监事。

第三十四条　本社理事长、理事和管理人员不得有下列行为:

(一)侵占、挪用或者私分本社资产;

(二)违反本章程规定或者未经成员大会同意,将本社资金借贷给他人或者以本社资产为他人提供担保;

(三)接受他人与本社交易的佣金归为己有;

(四)从事损害本社经济利益的其他活动;

(五)兼任业务性质相同的其他农民专业合作社联合社的理事长、理事、监事、经理。

理事长、理事和管理人员违反前款第(一)项至第(四)项规定所得的收入，归本社所有；给本社造成损失的，须承担赔偿责任。

第四章　财务管理

第三十五条　本社实行独立的财务管理和会计核算，严格执行国务院财政部门制定的农民专业合作社财务会计制度。

第三十六条　本社依照有关法律、行政法规和政府有关主管部门的规定，建立健全财务和会计制度，实行财务定期公开制度，每月＿＿＿＿日【注：或者每季度第＿＿＿月＿＿＿日】向本社成员社公开会计信息，接受成员社的监督。

本社财务会计人员应当具备从事会计工作所需的专业能力，会计和出纳互不兼任。理事会【注：或者理事长】、监事会成员【注：或者执行监事】及其直系亲属不得担任本社的财务会计人员。

第三十七条　本社与成员社和非成员的交易实行分别核算。成员社与本社的所有业务交易，实名记载于各该成员社的成员账户中，作为按交易量(额)进行可分配盈余返还分配的依据。利用本社提供服务的非成员与本社的所有业务交易，实行单独记账。

第三十八条　会计年度终了时，由理事会【注：或者理事长】按照本章程规定，组织编制本社年度业务报告、盈余分配方案、亏损处理方案以及财务会计报告，于成员大会召开十五日前，置备于办公地点，供成员社查阅并接受成员社的质询。

第三十九条　本社资金来源包括以下几项：

(一)成员出资；

(二)每个会计年度从盈余中提取的公积金、公益金；

(三)未分配收益；

(四)国家财政补助资金；

(五)他人捐赠款；

(六)其他资金。

第四十条　本社成员社可以用货币出资，也可以用库房、加工设备、运输设备、农机具、农产品等实物，知识产权、土地经营权、林权等可以用货币估价并可以依法转让的非货币财产，以及＿＿＿＿＿＿＿＿＿＿【注：如还有其他方式，请注明】等方式作价出资，但不得以劳务、信用、自然人姓名、商誉、特许经营权或者设定担保的财产等作价出资。成员社以非货币方式出资的，由全体成员社评估作价或委托第三方机构评估作价、全体成员社一致认可。

以土地经营权作价出资的成员社应当经所在社成员（代表）大会讨论通过。通过租赁方式取得土地经营权或者林权的，对农民专业合作社联合社出资须取得原承包权人的书面同意。

第四十一条 本社成员社认缴的出资额，须在_____个月内缴清。

第四十二条 以非货币方式作价出资的成员社与以货币方式出资的成员社享受同等权利，承担同等义务。

经理事会【注：或者理事长】审核，成员大会表决通过，本社成员社可以向本社其他成员社转让全部或者部分出资。

本社成员社不得【注：或者可以，根据实际情况选择】以其依法可以转让的出资设定担保。

第四十三条 为实现本社及全体成员社的发展目标需要调整成员出资时，经成员大会表决通过，形成决议，每个成员社须按照成员大会决议的方式和金额调整成员出资。

第四十四条 本社从当年盈余中提取百分之_____的公积金，用于扩大生产经营、弥补亏损或者转为成员出资。

本社每年提取的公积金，按照成员社与本社交易量（额）【注：或者出资额，也可以二者相结合】依比例量化为每个成员社所有的份额。

第四十五条 本社从当年盈余中提取百分之_____的公益金，用于成员社的技术培训、合作社知识教育以及文化、福利事业和生活上的互助互济。其中，用于成员社技术培训与合作社知识教育的比例不少于公益金数额的百分之_____。

第四十六条 本社接受的国家财政直接补助和他人捐赠，均按国务院财政部门制定的农民专业合作社财务会计制度规定的方法确定的金额入账，作为本社的资金（资产），按照规定用途和捐赠者意愿用于本社的发展。在解散、破产清算时，由国家财政直接补助形成的财产，不得作为可分配剩余资产分配给成员社，处置办法按照国务院财政部门有关规定执行；接受他人的捐赠，与捐赠者另有约定的，按约定办法处置。

第四十七条 当年扣除生产经营和管理服务成本，弥补亏损、提取公积金和公益金后的可分配盈余，主要按成员社与本社的交易量（额）比例返还。

可分配盈余按成员社与本社交易量（额）返还后，如有剩余，剩余部分按照_____进行分配。【注：可根据实际情况进行规定】经本社成员大会表决通过，可以将本社全部【注：或者部分】可分配盈余转为成员社对本社的出资，并记载在成员账户中。

第四十八条 本社如有亏损,经成员大会表决通过,用公积金弥补,不足部分也可以用以后年度盈余弥补。

本社的债务用本社公积金或者盈余清偿,不足部分依照成员账户中记载的财产份额,按比例分摊,但不超过成员账户中记载的出资额和公积金份额。

第四十九条 监事会【注:或者执行监事】负责本社的日常财务审核监督。根据成员大会【注:或者理事会】的决定【注:或者监事会的要求】,本社委托_____【注:列明被委托机构的具体名称,该机构应系具有相关资质的社会中介机构】对本社的财务进行年度审计、专项审计和换届、离任审计。

第五章 合并、分立、解散和清算

第五十条 本社与其他农民专业合作社联合社合并,须经成员大会决议,自合并决议作出之日起十日内通知债权人。合并后的债权、债务由合并后存续或者新设的农民专业合作社联合社承继。

第五十一条 本社分立,经成员大会决议,本社的财产作相应分割,并自分立决议作出之日起十日内通知债权人。分立前的债务由分立后的组织承担连带责任。但是,在分立前与债权人就债务清偿达成的书面协议另有约定的除外。

第五十二条 本社因下列原因解散:

(一)因成员社变更导致成员社数量低于法定个数,自事由发生之日起6个月内仍未达到法定个数;

(二)成员大会决议解散;

(三)本社分立或者与其他农民专业合作社联合社合并后需要解散;

(四)因不可抗力致使本社无法继续经营;

(五)依法被吊销营业执照或者被撤销登记;

(六)成员社共同议决的其他情形。

第五十三条 本社因第五十二条第一项、第二项、第四项、第五项、第六项情形解散的,在解散情形发生之日起十五日内,由成员大会推举_____名成员社所属人员组成清算组接管本社,开始解散清算。逾期未能组成清算组时,成员社、债权人可以向人民法院申请指定成员社所属人员组成的清算组进行清算。

第五十四条 清算组负责处理与清算有关未了结业务,清理本社的财产和债权、债务,制定清偿方案,分配清偿债务后的剩余财产,代表本社参与诉讼、仲裁或者其他法律程序,并在清算结束后_____日内向成员社公布清算情况,向登记机关办理注销登记。

第五十五条　清算组自成立起十日内通知成员社和债权人，并于六十日内在报纸上公告。

第五十六条　本社财产优先支付清算费用和共益债务后，按下列顺序清偿：

（一）与成员社已发生交易所欠款项；

（二）所欠员工的工资及社会保险费用；

（三）所欠税款；

（四）所欠其他债务；

（五）归还成员出资、公积金；

（六）按清算方案分配剩余财产。

清算方案须经成员大会通过或者申请人民法院确认后实施。本社财产不足以清偿债务时，依法向人民法院申请破产。

第六章　附　则

第五十七条　本社需要向成员社公告的事项，采取＿＿＿＿＿＿方式发布，需要向社会公告的事项，采取＿＿＿＿＿＿公告方式发布。

第五十八条　本章程由设立大会表决通过，全体设立人盖章（成员社法定代表人签字）后生效。

第五十九条　修改本章程，须经半数以上成员社或者理事会提出，理事会【注：或者理事长】负责修订。

第六十条　本章程如有附录（如成员社出资列表），附录为本章程的组成部分。

全体设立人盖章、签名【注：成员社法定代表人签字】：

附录5:

农民合作社相关政策法规摘编(2016—2019年)

2016年

《农业部关于扎实做好2016年农业农村经济工作的意见》

农业部

农发〔2016〕1号

(2016年1月18日)

14.提高农业标准化生产水平。……大规模开展农业标准化创建活动,开展产地环境污染调查与治理修复示范,推行高毒农药定点销售、实名购买制度,在龙头企业和合作社、家庭农场推行投入品记录制度,开展兽用抗菌药综合治理行动。

25.积极引导发展多种形式适度规模经营。……引导农民依法自愿有偿流转土地经营权,支持家庭农场、合作社和社会化服务组织托管农民土地,鼓励农民在自愿前提下以土地经营权入股合作社、龙头企业,发展土地流转、土地托管、土地入股等多种规模经营模式。

28.推进农村集体产权制度改革。……继续开展农村集体资产股份权能改革试点,在发展股份合作以及完善股份有偿退出、抵押担保、继承等权能方面探索形成一批成熟经验。

29.推动农业金融保险创新。推动商业金融、政策金融、合作金融支持现代农业发展。……扩大在农民合作社内部开展信用合作试点范围,健全风险防范化解机制。

32.加强农业法治建设。大力推动《耕地质量保护条例》《基本草原保护条例》《农作物病虫害防治条例》《畜禽屠宰管理条例》制定工作,积极推进《农产品质量安全法》《渔业法》《农民专业合作社法》修订工作,出台《种子法》《农药管理条例》配套规章。

《2016 年农村经营管理工作要点》

农业部办公厅

农办经〔2016〕5 号

（2016 年 3 月 4 日）

6.加强农民合作社示范社建设。引导合作社完善规章制度,加强民主管理,严格依法办社。评定一批国家示范社,纳入国家示范社名录,作为政策扶持的重点。督促指导合作社按时完成年度报告,提高资信能力。加强合作社法治建设,积极配合全国人大修改农民专业合作社法,广泛听取基层群众意见建议,努力使法律适应合作社发展需要。

7.引导农民合作社创新发展。鼓励和引导农民加强联合与合作,不断创新合作社组织形式、运行机制、产业业态,增强合作社发展活力。发展专业合作、股份合作等多元化多类型合作社,让农民根据自身需求自主选择,可以采取土地经营权、资金、技术要素入股等形式加入合作社。引导农民合作社在自愿平等互利基础上发展联合社,共同出资、共创品牌、共享利益。发挥农民合作社对贫困农户的组织和带动作用,加强贫困地区农民合作社培育发展,鼓励广大农户立足当地资源禀赋、优势产业组建合作社,发展壮大主导产业,实现产业扶贫脱贫。

8.鼓励农民合作社拓展服务内容。配合银监会开展农民合作社内部信用合作试点,健全风险防范化解机制,对已开展试点的地方,认真总结阶段性成果,提供可复制可推广的经验。支持互联网＋合作社,将现代信息技术广泛应用于合作社生产经营、管理服务全过程。鼓励农民合作社开展土地托管、代耕代种、联耕联种等专业化服务,支持农民发展休闲旅游合作社。支持合作社大力发展农产品加工流通,开展直供直销,发展"农社对接"。鼓励和支持合作社参加各种展示展销活动,注重品牌建设,扩大产品知名度和社会影响力。

9.落实和完善合作社扶持政策。充分发挥全国农民合作社发展部际联席会议平台作用,推动落实和完善农民合作社相关扶持政策,帮助农民合作社尽快做大做强。支持符合条件的农民合作社优先承担政府涉农项目,推动财政项目资金直接投向农民合作社、形成资产转交合作社持有和管护,继续开展农民合作社贷款担保保费补助试点。深入开展农民合作社带头人和辅导员培训,加强政策法规、合作理念、专业知识的宣传教育,提高他们的市场意识和发展能力。坚持开放办社,引导大中专毕业生、新型职业农民、务工经商返乡人员领办农民合作社。

《国务院办公厅关于深入实施"互联网十流通"行动计划的意见》

国务院办公厅

国发〔2016〕24 号

（2016 年 4 月 15 日）

六、深入推进农村电子商务。……促进农产品网络销售，以市场需求为导向，鼓励供销合作社等各类市场主体拓展适合网络销售的农产品、农业生产资料、休闲农业等产品和服务，引导电子商务企业与新型农业经营主体、农产品批发市场、连锁超市等建立多种形式的联营协作关系，拓宽农产品进城渠道，突破农产品冷链运输瓶颈，促进农民增收，丰富城市供应。

《财政部农业部关于全面推开农业"三项补贴"改革工作的通知》

财政部　农业部

财农〔2016〕26 号

（2016 年 4 月 18 日）

二、主要内容

（二）促进粮食适度规模经营。用于粮食适度规模经营的补贴资金，原则上以 2016 年的规模为基数，每年从农业支持保护补贴资金中予以安排，以后年度根据农业支持保护补贴的预算安排情况同比例调整，支持对象重点向种粮大户、家庭农场、农民合作社和农业社会化服务组织等新型经营主体倾斜，体现"谁多种粮食，就优先支持谁"。

《贫困地区发展特色产业促进精准脱贫指导意见》

农业部　国家发展改革委　财政部　中国人民银行

国家林业局　国家旅游局　银监会　保监会　国务院扶贫办

农计发〔2016〕59 号

（2016 年 4 月 19 日）

三、创新政策，支持特色产业发展

（六）发挥新型经营主体带动作用。培育壮大贫困地区农民合作社、龙头企业、种养大户等新型经营主体，支持新型经营主体通过土地托管、牲畜托养、吸收农民土地经营权入股等途径，带动贫困户增收，与贫困户建立稳定的带动关系。支持新型经营主体在贫困地区发展特色产业，向贫困户提供全产业链服务，提高产业增值能力和吸纳贫困劳动力就业能力。

（七）完善利益联结机制。鼓励股份合作帮扶模式,农村承包土地经营权、农民住房财产权等可以折价入股;……集体经济组织成员享受集体收益分配权;有关财政资金在不改变用途的情况下,投入设施农业、养殖、光伏、水电、乡村旅游等项目形成的资产,具备条件的可折股量化给贫困村和贫困户。

（八）增强产业支撑保障能力。改善流通基础设施,推动农产品批发市场和产地集配升级改造。继续推动大型连锁企业与农民合作社对接,加强村企对接。

《农业部关于加快推进渔业转方式调结构的指导意见》

农业部

农渔发〔2016〕1 号

（2016 年 5 月 4 日）

五、推进产业链延伸拓展

（十五）积极推进产业化经营。……加强现代渔业园区建设,促进主导产业集群发展。扶持壮大渔业龙头企业,培育渔民专业合作组织、生产经营大户、家庭渔场和产业联合体等新型经营主体,建立多种形式的利益联结机制,提高渔业组织化程度。

《关于促进草牧业发展的指导意见》

农业部　办公厅

农办牧〔2016〕22 号

（2016 年 5 月 6 日）

三、区域布局及主要模式

（一）北方干旱半干旱区

3. 推介模式:围绕“提质、增效、绿色”的基本方针,引导流转整合草场、牲畜等生产要素,发展家庭农(牧)场和农牧民合作社,走规模化养殖、标准化生产、品牌化经营的产业化发展道路。

（二）青藏高寒区

3. 推介模式:以科学合理利用草地资源为基础,通过培育公司、合作社、家庭农(牧)场等多种经营主体,探索推行股份制合作社为主的规模经营方式,优化配置草场、饲草料地、牲畜等基本生产要素,适度发展高原生态特色畜牧业。推介行业协会带农户的“打通信息、渠道、技术三平台”发展模式;村级合作社的“草场、牲畜、品种、劳力重新分配和统治、统种、统购、统办、统分五统一”模式等。

（三）东北华北湿润半湿润区

3.推介模式：……推介综合性龙头企业的"种好草、养好畜、重环保、出精品"的"种养加一体化"模式和"公司＋合作社＋基地＋农户"的种养结合发展模式等。

（四）南方区

3.推介模式：……推介天然草山草坡改良、混播牧草地建植、农闲田种草养畜的"工程项目＋公司＋合作社"统筹发展模式和"公司＋家庭农（牧）场"的产业化经营模式等。

《关于大力发展休闲农业的指导意见》

农业部　发展改革委　工信部　财政部　国土资源部

住建部　国家水利部　文化部　中国人民银行　国家林业局

国家旅游局　国家文物局　国务院扶贫办　全国妇联

农加发〔2016〕3 号

（2016 年 7 月 8 日）

三、主要任务

（二）丰富产品业态。……支持农民发展农（林、牧、渔）家乐，积极扶持农民发展休闲农业合作社，鼓励发展以休闲农业为核心的一二三产业融合发展聚集村。

（三）改善基础设施。实施休闲农业和乡村旅游提升工程，扶持建设一批功能完备、特色突出、服务优良的休闲农业聚集村、休闲农业园、休闲农业合作社，……改善休闲农业基地的种养条件，实现特色农业加速发展、村容环境净化美化和休闲服务能力同步提升。

（四）推动产业扶贫。对资源禀赋有优势的贫困地区，要优先支持农民，特别是建档立卡贫困户发展休闲农业合作社、农家乐和小型采摘园等，重点实施建档立卡贫困村"一村一品"产业推进行动，带动贫困地区传统种养产业转型升级，促进贫困地区脱贫致富。

《"十三五"全国农业农村信息化发展规划》

农业部

农市发〔2016〕5 号

（2016 年 8 月 29 日）

三、主要任务

（四）推进农业农村信息服务便捷普及

3.促进农业信息社会化服务体系建设。支持农业社会化服务组织信息化建设,支持科研机构、行业协会、IT 企业、农业产业化龙头企业、农民合作社等市场主体发展生产性服务,并积极利用现代信息技术开展农业生产经营全程托管、农业植保、病虫害统防统治、农机作业、农业农村综合服务、农业气象"私人定制"等服务,推动分享经济发展。

《关于激发重点群体活力带动城乡居民增收的实施意见》

国务院

国发〔2016〕56 号

（2016 年 10 月 10 日）

二、实施七大群体激励计划

（二）新型职业农民激励计划

拓宽新型职业农民增收渠道。积极培育家庭农场、专业大户、农民合作社、农业企业等新型农业经营主体和农业社会化服务主体,发展适度规模经营。支持农民工、大学生等人员返乡创业,推进土地经营权入股发展农业产业化经营试点。稳步推进农村集体产权制度改革,发展多种形式的股份合作,推进农村集体资产股份权能改革试点,完善农村集体经济组织相关政策和法律规定,发展壮大农村集体经济,探索将财政资金投入农业农村形成的经营性资产折股量化到户。

（七）有劳动能力的困难群体激励计划

推进产业扶贫济困。实施贫困村"一村一品"产业推进行动。强化贫困地区农民合作社、龙头企业与建档立卡贫困户的利益联结机制。

《全国农业现代化规划(2016—2020年)》

国务院

国发〔2016〕58号

(2016年10月17日)

第一章　认清形势　准确把握发展新特征

一、农业现代化建设成效显著

……以土地制度、经营制度、产权制度、支持保护制度为重点的农村改革深入推进,家庭经营、合作经营、集体经营、企业经营共同发展,多种形式的适度规模经营比重明显上升。

第三章　创新强农　着力推进农业转型升级

四、深化农业农村改革

(三)深化农村集体产权制度改革。着力推进农村集体资产确权到户和股份合作制改革,赋予农民对集体资产股份占有、收益、有偿退出及抵押、担保、继承权。……完善集体林权制度,引导林权规范有序流转,鼓励发展家庭林场、股份合作林场。

第四章　协调惠农　着力促进农业均衡发展

一、推进农村一二三产业融合发展

(五)创新一二三产业融合机制。……以产业为依托,发展农业产业化,建设一批农村一二三产业融合先导区和农业产业化示范基地,推动农民合作社、家庭农场与龙头企业、配套服务组织集群集聚。

三、推动经营主体协调发展

(二)提升新型经营主体带动农户能力。培育发展家庭农场,提升农民合作社规范化水平,鼓励发展农民合作社联合社,落实财政补助形成的资产转交合作社持有和管护政策。强化农业产业化龙头企业联农带农激励机制,带动农户发展适度规模经营,带动农民合作社、家庭农场开拓市场。

(三)促进农村人才创业就业。……实施农民工等人员返乡创业行动计划,开展百万乡村旅游创客行动,引导有志投身现代农业建设的农村青年、返乡农民工、农村大中专毕业生创办领办家庭农场、农民合作社和农业企业。

第五章　绿色兴农　着力提升农业可持续发展水平

三、确保农产品质量安全

(一)提升源头控制能力。……落实家庭农场、农民合作社、农业产业化龙头企业生产档案记录和休药期制度。

（三）提升品牌带动能力。构建农业品牌制度，增强无公害、绿色、有机农产品影响力，有效保护农产品地理标志，打造一批知名公共品牌、企业品牌、合作社品牌和农户品牌。

第八章　强化支撑　加大强农惠农富农政策力度

二、创新金融支农政策

（一）完善信贷支持政策。强化开发性金融、政策性金融对农业发展和农村基础设施建设的支持，建立健全对商业银行发展涉农金融业务的激励和考核机制，稳步推进农民合作社内部信用合作。

《关于完善农村土地所有权承包权经营权分置办法的意见》

中共中央办公厅　国务院办公厅

中发〔2016〕67 号

（2016 年 10 月 30 日）

三、逐步形成"三权分置"格局

（三）加快放活土地经营权。……加强对土地经营权的保护，引导土地经营权流向种田能手和新型经营主体。支持新型经营主体提升地力、改善农业生产条件、依法依规开展土地经营权抵押融资。鼓励采用土地股份合作、土地托管、代耕代种等多种经营方式，探索更多放活土地经营权的有效途径。

四、确保"三权分置"有序实施

（三）构建新型经营主体政策扶持体系。……积极创建示范家庭农场、农民专业合作社示范社、农业产业化示范基地、农业示范服务组织，加快培育新型经营主体。引导新型经营主体与承包农户建立紧密利益联结机制，带动普通农户分享农业规模经营收益。支持新型经营主体相互融合，鼓励家庭农场、农民专业合作社、农业产业化龙头企业等联合与合作，依法组建行业组织或联盟。

《国务院办公厅关于完善集体林权制度的意见》

国务院办公厅

国办发〔2016〕83 号

（2016 年 11 月 16 日）

二、稳定集体林地承包关系

（四）进一步明晰产权。……对采取联户承包的集体林地，要将林权份额量化到户，鼓励建立股份合作经营机制。对仍由农村集体经济组织统一经营管理的林地,要依法将股权量化到户、股权证发放到户,发展多种形式的股份合作。

四、引导集体林适度规模经营

(十一)积极稳妥流转集体林权。鼓励集体林权有序流转,支持公开市场交易。……创新流转和经营方式,引导各类生产经营主体开展联合、合作经营。

(十二)培育壮大规模经营主体。采取多种方式兴办家庭林场、股份合作林场等,逐步扩大其承担的涉林项目规模。

(十三)建立健全多种形式利益联结机制。鼓励工商资本与农户开展股份合作经营,推进农村一二三产业融合发展,带动农户从涉林经营中受益。

五、加强集体林业管理和服务

(十八)完善社会化服务体系。……积极发展林业电子商务,健全林产品交易市场服务体系,鼓励引导电商企业与家庭林场、股份合作林场、农民合作社对接,建立特色林产品直采直供机制。

《全国农产品加工业与农村一二三产业融合发展规划(2016—2020年)》
农业部
农加发〔2016〕5 号
(2016 年 11 月 17 日)

一、环境条件

(一)发展基础

1.农业农村经济形势持续向好,奠定了产业融合的坚实基础。……农村改革深入推进,家庭经营、合作经营、集体经营、企业经营等多种经营方式共同发展的格局初步形成。

3.新型经营主体蓬勃发展,构筑了产业融合的重要支撑。……各类新型农业经营主体通过入股入社、订单合同、托管联耕等多种形式开展联合与合作,融合机制不断健全,融合发展能力不断增强,在大宗农产品生产供给、产前、产中及产后服务和带动农民进入市场等方面提供了重要支撑。

(三)面临挑战

3.股份合作数量较少,利益联结关系不够紧密。农业集约化和农民组织化程度偏低,农民与企业之间订单交易普遍缺乏法律约束力,有些合同不够规范,履约率不高,双方利益都得不到有效保障。受风险防范和法律制度等方面的制约,合作、股份合作等紧密型利益联结方式数量不多。

二、总体要求

（二）基本原则

1. 坚持创新驱动，激发融合活力。把创新作为引领产业融合发展的第一动力，着力实施创新驱动战略。树立"大食物、大农业、大资源、大生态"观念，深入开展产业融合理论创新；大力发展合作制、股份合作制和股份制，逐步推进产业融合制度创新；积极应用互联网、智能制造、绿色制造等现代技术，切实加大产业融合科技创新。

（三）发展目标

——产业融合机制进一步完善。农业产加销衔接更加紧密，产业融合深度显著提升，产业链更加完整，价值链明显提升。产业融合主体明显增加，农村资源要素充分激活，股份合作等利益联结方式更加多元，农民共享产业融合发展增值收益不断增加。

三、主要任务

（二）做强农产品加工业，提升产业融合发展带动能力

3. 努力推动农产品及加工副产物综合利用。……坚持资源化、减量化、可循环发展方向，促进综合利用企业与农民合作社等新型经营主体有机结合，调整种养业主体生产方式，使副产物更加符合循环利用要求和加工标准。

（四）创新融合机制，激发产业融合发展内生动力

1. 培育多元化产业融合主体。强化家庭农场、农民合作社的基础作用，促进农民合作社规范发展，引导大中专毕业生、新型职业农民、务工经商返乡人员以及各类农业服务主体兴办家庭农场、农民合作社，发展农业生产、农产品加工、流通、销售，开展休闲农业和乡村旅游等经营活动。培育壮大农业产业化龙头企业，引导其发挥引领示范作用，重点发展农产品加工流通、电子商务和社会化服务，建设标准化和规模化的原料生产基地，带动农户和农民合作社发展适度规模经营。

2. 发展多类型产业融合方式。延伸农业产业链，积极鼓励家庭农场、农民合作社等主体向生产性服务业、农产品加工流通和休闲农业延伸；积极支持企业前延后伸建设标准化原料生产基地、发展精深加工、物流配送和市场营销体系，探索推广"龙头企业＋合作社＋基地＋农户"的组织模式。

3. 建立多形式利益联结机制。创新发展订单农业，引导支持企业在平等互利基础上，与农户、家庭农场、农民合作社签订购销合同、提供贷款担保、资助农户参加农业保险，鼓励农产品产销合作，建立技术开发、生产标准和质量追溯体系，打造联合品牌，实现利益共享。鼓励发展农民股份合作，加快推进

将集体经营性资产折股量化到农户,探索不同区域的农用地基准地价评估,为农户土地入股或流转提供依据,探索形成以农民土地经营权入股的利润分配机制。

四、重点布局

(一)融合发展区域功能定位

1. 粮油生产核心区。……在东北、华北、长江中下游、大宗粮油作物生产核心区形成初加工产业带,引导生产合作组织、创新联盟发挥更大作用,建立更加专业、便捷的粮油生产仓储、物流、金融、信贷平台与服务网络,打造自然生态与传统文化结合的休闲农业发展模式。

5. 贫困地区。……以农民合作社、企业等新型经营主体为龙头,立足当地资源,与农户建立稳固的利益联结机制,发展农产品生产、加工、储藏保鲜、销售及休闲、服务等融合经营,确保贫困人口精准受益。

五、重大工程

(三)休闲农业和乡村旅游提升工程

……以建设美丽乡村美丽中国为目标,依托农村绿水青山、田园风光、乡土文化等资源,强化规划引导,注重规范管理、内涵提升、公共服务、文化发掘和宣传推介,积极扶持农民发展休闲农业专业合作社,引导和支持社会资本开发农民参与度高、受益面广的休闲旅游项目,推动休闲农业和乡村旅游提档升级。

(四)产业融合试点示范工程

专栏4:产业融合试点示范工程

1. 推动产业融合试点示范。采取政府引导、市场运作、多方参与的方式,鼓励和支持农业产业化龙头企业、农民合作社、家庭农场和物流企业、农产品电商平台、专业协会等积极开展种养加结合型、农产品加工业引领型、休闲农业带动型、“互联网＋”支撑型、产业园区整合型等多种产业融合模式的试点示范,完善利益联结机制,让农民从产业链增值中获取更多利益,合理分享初级产品进入加工销售领域后的增值利润。

4. 支持优势特色产区和贫困地区产业融合发展。采用先建后补、以奖代补、贷款贴息和产业基金等方式,以能够让农民分享增值收益的新型经营主体为扶持对象,重点支持鼓励主产区和贫困地区农民合作社兴办加工流通、加工流通企业与农民股份合作建设标准化原料基地、休闲农业公共设施建设、电子商务企业建设配送体系等。

六、保障措施

（二）完善产业扶持政策

设立产业融合发展引导专项资金,重点支持农民、农民合作社开展农产品产地加工、产品直销和农家乐,支持农业产业化龙头企业与农户建立紧密的利益联结机制。

《国务院办公厅关于支持返乡下乡人员创业创新促进农村一二三产业融合发展的意见》

国务院办公厅

国办发〔2016〕84 号

（2016 年 11 月 18 日）

一、重点领域和发展方向

（二）丰富创业创新方式。鼓励和引导返乡下乡人员按照法律法规和政策规定,通过承包、租赁、入股、合作等多种形式,创办领办家庭农场林场、农民合作社、农业企业、农业社会化服务组织等新型农业经营主体。……通过发展合作制、股份合作制、股份制等形式,培育产权清晰、利益共享、机制灵活的创业创新共同体。

二、政策措施

（八）开展创业培训。……鼓励各类培训资源参与返乡下乡人员培训,支持各类园区、星创天地、农民合作社、中高等院校、农业企业等建立创业创新实训基地。

（十一）创建创业园区（基地）。按照政府搭建平台、平台聚集资源、资源服务创业的思路,依托现有开发区、农业产业园等各类园区以及专业市场、农民合作社、农业规模种养基地等,整合创建一批具有区域特色的返乡下乡人员创业创新园区（基地）,建立开放式服务窗口,形成合力。

《国务院办公厅关于完善支持政策促进农民持续增收的若干意见》

国务院办公厅

国办发〔2016〕87 号

（2016 年 11 月 24 日）

二、完善农业支持保护制度,挖掘农业内部增收潜力

（八）健全新型农业经营主体支持政策。完善财税、信贷、保险、用地、项目支持等政策,培育发展家庭农场、专业大户、农民合作社、农业产业化龙头企业

等新型农业经营主体。……加强农民合作社规范化建设,相关扶持政策向规范化、示范性农民合作社倾斜。……支持各类农业社会化服务组织发展,推广农业生产经营环节服务外包、土地托管、代耕代种、联耕联种等综合服务模式,建设一批集收储、烘干、加工、配送、销售等于一体的粮食服务中心。

(九)加强农村金融服务。……规范发展农村合作金融,鼓励符合条件的农民合作社开展内部信用合作。积极引导互联网金融、产业资本开展农村金融服务。推进农村信用体系建设,健全农户、农民合作社、农村小微企业等信用信息征集和评价体系。

三、强化就业创业扶持政策,拓宽农民增收渠道

(十二)加强新型职业农民培育。……实施新型职业农民培育工程,加强县级培训基地和农业田间学校建设,推进新型农业经营主体带头人培育行动。依托农业技术推广单位、涉农企业、农民合作组织、涉农职业院校和农林示范基地,围绕特色产业发展急需的关键技术开展培训。

(十三)完善城乡劳动者平等就业制度。……支持农村社区组建农民劳务合作社,开展劳务培训和协作。

(十六)健全产业链利益联结机制。深入总结各地经验,引导龙头企业创办或入股合作组织,支持农民合作社入股或兴办龙头企业,发展农业产业化经营联合体。……探索建立新型农民合作社管理体系,拓展合作领域和服务内容。……以土地、林地为基础的各种形式合作,凡是享受财政投入或政策支持的承包经营者均应成为股东方,并采取"保底收益+按股分红"等形式,让农户分享加工、销售环节收益。

四、构建城乡一体化发展长效机制,释放农民增收新动能

(十七)深化农村集体产权制度改革。……有序推进农村经营性资产股份合作制改革,以股份或份额形式量化到本集体经济组织成员。……完善集体林权制度,引导林权规范有序流转,鼓励发展家庭林场、股份合作林场。

五、健全困难群体收入保障机制,确保实现全面小康

(二十)强化精准扶贫、精准脱贫。……强化贫困地区农民合作社、龙头企业与建档立卡贫困户的利益联结机制。

《国务院办公厅关于进一步促进农产品加工业发展的意见》

国务院办公厅

国办发〔2016〕93 号

（2016 年 12 月 17 日）

二、优化结构布局

（五）加快农产品初加工发展。以粮食、油料、薯类、果品、蔬菜、茶叶、菌类和中药材等为重点，支持农户和农民合作社改善储藏、保鲜、烘干、清选分级、包装等设施装备条件，促进商品化处理，减少产后损失。

三、推进多种业态发展

（九）支持农民合作社等发展加工流通。扶持农民合作社、种养大户、家庭农场建设烘储、直供直销等设施，发展"农户＋合作社＋企业"模式，引导农民以土地经营权、林权和设施装备等入股农民合作社和企业。推进"粮食银行"健康发展，探索粮食产后统一烘干、贮藏、加工和销售的经营方式。

五、完善政策措施

（十九）强化金融服务。……政策性金融机构要在业务范围内适当扩大农产品加工担保业务规模，完善银担合作和风险分担机制，为农产品加工企业融资增信。将农民合作社兴办加工流通企业列入农业担保体系支持范围。

《中共中央　国务院关于稳步推进农村集体产权制度改革的意见》

中共中央　国务院

中发〔2016〕37 号

（2016 年 12 月 26 日）

一、重大意义

（一）农村集体产权制度改革是巩固社会主义公有制、完善农村基本经营制度的必然要求。农村集体经济是集体成员利用集体所有的资源要素，通过合作与联合实现共同发展的一种经济形态，是社会主义公有制经济的重要形式。

四、由点及面开展集体经营性资产产权制度改革

（九）有序推进经营性资产股份合作制改革。将农村集体经营性资产以股份或者份额形式量化到本集体成员，作为其参加集体收益分配的基本依据。……农村集体经营性资产的股份合作制改革，不同于工商企业的股份制改造，要体现成员集体所有和特有的社区性，只能在农村集体经济组织内部进行。

五、因地制宜探索农村集体经济有效实现形式

(十二)发挥农村集体经济组织功能作用。农村集体经济组织是集体资产管理的主体,是特殊的经济组织,可以称为经济合作社,也可以称为股份经济合作社。

2017 年

《中共中央　国务院关于深入推进农业供给侧结构性改革加快培育农业农村发展新动能的若干意见》

中共中央　国务院

中发〔2017〕1 号

(2016 年 12 月 31 日)

一、优化产品产业结构,着力推进农业提质增效

6.积极发展适度规模经营。大力培育新型农业经营主体和服务主体,通过经营权流转、股份合作、代耕代种、土地托管等多种方式,加快发展土地流转型、服务带动型等多种形式规模经营。……加强农民合作社规范化建设,积极发展生产、供销、信用"三位一体"综合合作。

三、壮大新产业新业态,拓展农业产业链价值链

13.大力发展乡村休闲旅游产业。……鼓励农村集体经济组织创办乡村旅游合作社,或与社会资本联办乡村旅游企业。

16.培育宜居宜业特色村镇。……支持有条件的乡村建设以农民合作社为主要载体、让农民充分参与和受益,集循环农业、创意农业、农事体验于一体的田园综合体,通过农业综合开发、农村综合改革转移支付等渠道开展试点示范。

四、强化科技创新驱动,引领现代农业加快发展

18.强化农业科技推广。……鼓励地方建立农科教产学研一体化农业技术推广联盟,支持农技推广人员与家庭农场、农民合作社、龙头企业开展技术合作。

六、加大农村改革力度,激活农业农村内生发展动力

26.深化粮食等重要农产品价格形成机制和收储制度改革。……支持家庭农场、农民合作社科学储粮。

28.改革财政支农投入机制。……对各级财政支持的各类小型项目,优先安排农村集体经济组织、农民合作组织等作为建设管护主体,强化农民参与和全程监督。

29.加快农村金融创新。……开展农民合作社内部信用合作试点,鼓励发展农业互助保险。

30.深化农村集体产权制度改革。……稳妥有序、由点及面推进农村集体经营性资产股份合作制改革,确认成员身份,量化经营性资产,保障农民集体资产权利。

33.统筹推进农村各项改革。继续深化供销合作社综合改革,增强为农服务能力。

《关于进一步利用开发性和政策性金融推进林业生态建设的通知》

国家发展改革委　国家林业局　国家开发银行　中国农业发展银行

发改农经〔2017〕140 号

(2017 年 1 月 20 日)

三、支持政策

(四)建立林业生态建设扶贫机制。发挥林业政策贷款项目的带动作用,推行政府引导、企业带动、专业合作社组织联动、农户参与的建设模式,提高建档立卡贫困人口的参与度与受益度。……通过集体林权股份合作经营模式,以及吸纳贫困人口参与工程建设、安排生态护林员等方式,增加贫困人口的财产性收入和工资性收入,带动贫困人口脱贫增收。

《农业部关于推进农业供给侧结构性改革的实施意见》

农业部

农发〔2017〕1 号

(2017 年 1 月 26 日)

二、推进结构调整,提高农业供给体系质量和效率

11.积极发展休闲农业与乡村旅游。拓展农业多种功能,推进农业与休闲旅游、教育文化、健康养生等深度融合,发展观光农业、体验农业、创意农业等新产业新业态。……鼓励农村集体经济组织创办乡村旅游合作社,或与社会资本联办乡村旅游企业。

四、推进创新驱动,增强农业科技支撑能力

22.推进基层农技推广体系改革。……完善人员聘用和培训机制,提升农技推广人员素质,增强农技服务能力,鼓励与家庭农场、合作社、龙头企业开展技术合作。

23.加强新型职业农民和新型农业经营主体培育。……推动出台构建培

育新型农业经营主体政策体系的意见,启用新型经营主体生产经营直报平台。……推进农民合作社示范社创建,引导合作社健康发展,支持农民合作社组建联合社。……优化农业从业者结构,深入开展现代青年农场主培养计划、新型农业经营主体带头人轮训计划和农村实用人才带头人示范培训,把返乡农民工纳入培训计划,培育100万人次,探索培育农业职业经理人。探索建立职业农民扶持制度,继续开展"全国十佳农民"资助项目遴选工作。

五、推进农村改革,激发农业农村发展活力

26.稳步推进农村集体产权制度改革。……全面总结农村集体资产股份权能改革试点经验,扩大改革试点范围,再选择一批改革基础较好的县(市、区)开展农村集体经营性资产股份合作制改革试点,确认成员身份,量化经营性资产,保障农民集体资产权利。

27.积极发展农业适度规模经营。完善土地流转和适度规模经营健康发展的政策措施,大力培育新型农业经营主体和服务主体,通过经营权流转、股份合作、代耕代种、联耕联种、土地托管等多种方式,加快发展土地流转型、服务带动型等多种形式规模经营。……加强农民合作社规范化建设,积极发展生产、供销、信用"三位一体"综合合作。

《国务院办公厅关于创新农村基础设施投融资体制机制的指导意见》

国务院办公厅

国办发〔2017〕17号

(2017年2月6日)

三、完善建设管护机制,保障工程长期发挥效益

(十三)加快农村供水设施产权制度改革。……以政府投入为主兴建、规模较小的农村供水基础设施,资产交由农村集体经济组织或农民用水合作组织所有。……鼓励开展农村供水设施产权交易,通过拍卖、租赁、承包、股份合作、委托经营等方式将一定期限内的管护权、收益权划归社会投资者。

《关于加强乡镇政府服务能力建设的意见》

中共中央办公厅　国务院办公厅

中办发〔2017〕11号

(2017年2月20日)

四、创新乡镇公共服务供给方式

(十一)建立公共服务多元供给机制。……鼓励发展专业合作、股份合作

等多种形式的农民合作组织，扶持社会力量兴办为民服务的公益性机构和经济实体。

（十二）加大政府购买服务力度。……鼓励和引导具备法人资格的农村集体经济组织、农民专业合作组织、社会组织、公益性服务机构，以及其他经济组织和个体工商户等承接政府购买服务项目。

《2017年重点强农惠农政策》

农业部　财政部

（2017年3月23日）

二、支持新型农业经营主体发展

4.新型职业农民培育。将专业大户、家庭农场、农民合作社、农业企业、返乡涉农创业者等新型农业经营主体带头人作为重点培育对象，开展针对性培训，提升生产技能和经营管理水平。

5.农民合作社和家庭农场能力建设。以制度健全、管理规范、带动力强的国家农民合作社示范社、农民合作社联合社和示范家庭农场为扶持对象，支持发展绿色农业、生态农业，提高农产品加工、标准化生产、市场营销等能力。

6.农业信贷担保体系建设。……重点服务种养大户、家庭农场、农民合作社等新型经营主体，以及农业社会化服务组织和农业小微企业，聚焦粮食生产、畜牧水产养殖、优势特色产业、农村新业态、农村一二三产业融合，以及高标准农田建设、农机装备设施、绿色生产和农业标准化等关键环节，提供方便快捷、费用低廉的信贷担保服务。

三、支持农业结构调整

8.粮改饲试点。……补助对象为规模化草食家畜养殖场（户）或专业青贮饲料收贮企业（合作社）。

9.高产优质苜蓿示范基地建设。在苜蓿优势产区和奶牛主产区实施，支持饲草生产合作社、饲草生产加工企业、奶牛养殖企业（场）和奶农合作社集中连片种植高产优质苜蓿。

六、支持农业资源生态保护和面源污染防治

18.发展南方现代草地畜牧业。以农牧业合作社和相关涉牧企业为主体，建设一批草地规模较大、养殖基础较好、发展优势较明显、示范带动能力强的牛羊肉生产基地，促进南方草地生态保护，发展草地畜牧业。

《国务院关于建立粮食生产功能区和重要农产品生产保护区的指导意见》

国务院

国发〔2017〕24 号

（2017 年 3 月 31 日）

四、切实强化"两区"监管

（十二）落实管护责任。各省（区、市）要按照"谁使用、谁受益、谁管护"的原则，将"两区"地块的农业基础设施管护责任落实到经营主体，督促和指导经营主体加强设施管护。创新农田水利工程建管模式，鼓励农民、农村集体经济组织、农民用水合作组织、新型经营主体等参与建设、管理和运营。

《农业生产发展资金管理办法》

财政部

财农〔2017〕41 号

（2017 年 4 月 28 日）

第二章　资金支出范围

第四条　农业生产发展资金主要用于耕地地力保护（直接发放给农民，下同）、适度规模经营、农机购置补贴、优势特色主导产业发展、绿色高效技术推广服务、畜牧水产发展、农村一二三产业融合、农民专业合作社发展、农业结构调整、地下水超采区综合治理（农业种植结构调整，下同）、新型职业农民培育等支出方向，以及党中央、国务院确定的支持农业生产发展的其他重点工作。

第十二条　农民专业合作社支出主要用于支持加快农民专业合作组织发展，提高农民组织化程度等方面。

《关于加快构建政策体系培育新型农业经营主体的意见》

中共中央办公厅　国务院办公厅

中办发〔2017〕38 号

（2017 年 5 月 31 日）

在坚持家庭承包经营基础上，培育从事农业生产和服务的新型农业经营主体是关系我国农业现代化的重大战略。加快培育新型农业经营主体，加快形成以农户家庭经营为基础、合作与联合为纽带、社会化服务为支撑的立体式复合型现代农业经营体系，对于推进农业供给侧结构性改革、引领农业适度规模经营发展、带动农民就业增收、增强农业农村发展新动能具有十分重要的意义。

一、总体要求

（二）基本原则

——坚持基本制度。坚持农村土地集体所有，坚持家庭经营基础性地位。既支持新型农业经营主体发展，又不忽视普通农户尤其是贫困农户，发挥新型农业经营主体对普通农户的辐射带动作用，推进家庭经营、集体经营、合作经营、企业经营共同发展。

二、发挥政策对新型农业经营主体发展的引导作用

（四）引导新型农业经营主体多元融合发展。……鼓励农民以土地、林权、资金、劳动、技术、产品为纽带，开展多种形式的合作与联合，积极发展生产、供销、信用"三位一体"综合合作，依法组建农民合作社联合社。支持农业产业化龙头企业和农民合作社开展农产品加工流通和社会化服务，带动农户发展规模经营。……大力发展农机作业、统防统治、集中育秧、加工储存等生产性服务组织。……促进各类新型农业经营主体融合发展，培育和发展农业产业化联合体，鼓励建立产业协会和产业联盟。

（五）引导新型农业经营主体多路径提升规模经营水平。……引导新型农业经营主体集群集聚发展，参与粮食生产功能区、重要农产品生产保护区、特色农产品优势区以及现代农业产业园、农业科技园、农业产业化示范基地等建设，促进农业专业化布局、规模化生产。支持新型农业经营主体建设形成一批一村一品、一县一业等特色优势产业和乡村旅游基地，提高产业整体规模效益。

（六）引导新型农业经营主体多模式完善利益分享机制。引导和支持新型农业经营主体发展新产业新业态，扩大就业容量，吸纳农户脱贫致富。总结土地经营权入股农业产业化经营试点经验，推广"保底收益＋按股分红"等模式。进一步完善订单带动、利润返还、股份合作等新型农业经营主体与农户的利益联结机制，让农民成为现代农业发展的参与者、受益者，防止被挤出、受损害。……鼓励地方将新型农业经营主体带动农户数量和成效作为相关财政支农资金和项目审批、验收的重要参考依据。允许将财政资金特别是扶贫资金量化到农村集体经济组织和农户后，以自愿入股方式投入新型农业经营主体，让农户共享发展收益。

（七）引导新型农业经营主体多形式提高发展质量。……引导农民合作社依照章程加强民主管理、民主监督，发挥成员积极性，共同办好合作社。……

深入推进示范家庭农场、农民合作社示范社、农业产业化示范基地、农业示范服务组织、一村一品示范村镇创建,发挥示范带动作用。

三、建立健全支持新型农业经营主体发展政策体系

(八)完善财政税收政策。加大新型农业经营主体发展支持力度,针对不同主体,综合采用直接补贴、政府购买服务、定向委托、以奖代补等方式,增强补贴政策的针对性实效性。农机具购置补贴等政策要向新型农业经营主体倾斜。支持新型农业经营主体发展加工流通、直供直销、休闲农业等,实现农村一二三产业融合发展。……落实农民合作社税收优惠政策。

(九)加强基础设施建设。各级财政支持的各类小型项目,优先安排农村集体经济组织、农民合作组织等作为建设管护主体,强化农民参与和全程监督。……统筹规划建设农村物流设施,重点支持一村一品示范村镇和农民合作社示范社建设电商平台基础设施,逐步带动形成以县、乡、村、社为支撑的农村物流网络体系。

(十)改善金融信贷服务。……建立健全全国农业信贷担保体系,确保对从事粮食生产和农业适度规模经营的新型农业经营主体的农业信贷担保余额不得低于总担保规模的70%。支持龙头企业为其带动的农户、家庭农场和农民合作社提供贷款担保。……鼓励发展新型农村合作金融,稳步扩大农民合作社内部信用合作试点。建立新型农业经营主体生产经营直报系统,点对点对接信贷、保险和补贴等服务,探索建立新型农业经营主体信用评价体系。

(十一)扩大保险支持范围。……稳步开展农民互助合作保险试点,鼓励有条件的地方积极探索符合实际的互助合作保险模式。

(十二)鼓励拓展营销市场。支持新型农业经营主体参与产销对接活动和在城市社区设立直销店(点)。落实鲜活农产品运输绿色通道、免征蔬菜流通环节增值税和支持批发市场建设等政策。鼓励有条件的地方对新型农业经营主体申请并获得专利、"三品一标"认证、品牌创建等给予适当奖励。加快实施"互联网+"现代农业行动,支持新型农业经营主体带动农户应用农业物联网和电子商务。

(十三)支持人才培养引进。……深入推行科技特派员制度,鼓励科研人员到农民合作社、龙头企业任职兼职,完善知识产权入股、参与分红等激励机制。建立产业专家帮扶和农技人员对口联系制度,发挥好县乡农民合作社辅导员的指导作用。

四、健全政策落实机制

(十五)搞好服务指导。……完善家庭农场认定办法,落实农民合作社年

度报告公示制度,开展重点龙头企业运行监测。鼓励有条件的地方建立新型农业经营主体名录并向社会公布,探索建立新型农业经营主体会计代理和财务审计制度,引导新型农业经营主体规范运行。

《国家农村产业融合发展示范园创建工作方案》

国家发展改革委　农业部　工业和信息化部　财政部

国土资源部　商务部　国家旅游局

发改农经〔2017〕1451 号

(2017 年 8 月 1 日)

二、示范任务

(五)培育多元化产业融合主体,激发产业融合发展活力。探索农民合作社、家庭农场、种养大户等在农村产业融合中更好发挥作用的有效途径,鼓励农民合作社发展农产品加工、销售,鼓励家庭农场、种养大户开展农产品直销。支持龙头企业通过直接投资、参股经营、签订长期供销合同等方式建设标准化、规模化原料生产基地以及营销设施,带动农户和农民合作社发展适度规模经营。

(六)健全利益联结机制,让农民更多分享产业增值收益。围绕股份合作、订单合同、服务协作、流转聘用等利益联结模式,建立龙头企业与农户风险共担的利益共同体。鼓励龙头企业带动合作社、家庭农场等新型经营主体形成一体化经营组织联盟。引导龙头企业创办或入股合作组织,支持农民合作社入股或兴办龙头企业,采取"保底收益、按股分红"的分配方式,实现龙头企业与农民合作社深度融合。

《关于加快发展农业生产性服务业的指导意见》

农业部　国家发展改革委　财政部

农经发〔2017〕6 号

(2017 年 8 月 16 日)

三、积极拓展服务领域

(十二)农机作业及维修服务。……打造区域农机安全应急救援中心和维修中心,以农机合作社维修间和农机企业"三包"服务网点为重点,推动专业维修网点转型升级。……在粮棉油糖作物主产区,依托农机服务主体探索建设一批"全程机械化＋综合农事"服务中心,为农户提供"一站式"田间服务。

四、大力培育服务组织

(十五)培育多元服务主体。按照主体多元、形式多样、服务专业、竞争充分的原则,加快培育各类服务组织,充分发挥不同服务主体各自的优势和功能。……鼓励农民合作社向社员提供各类生产经营服务,发挥其服务成员、引领农民对接市场的纽带作用。

(十六)推动服务主体联合融合发展。鼓励各类服务组织加强联合合作,推动服务链条横向拓展、纵向延伸,促进各主体多元互动、功能互补、融合发展。引导各类服务主体围绕同一产业或同一产品的生产,以资金、技术、服务等要素为纽带,积极发展服务联合体、服务联盟等新型组织形式,打造一体化的服务组织体系。支持各类服务主体与新型经营主体开展多种形式的合作与联合,建立紧密的利益联结和分享机制,壮大农村一二三产业融合主体。

六、加强指导服务

(二十三)加大政策落实力度。……落实农机服务税费优惠政策和有关设施农业用地政策,加快解决农机合作社的农机库棚、维修间、烘干间"用地难"问题。

《国务院办公厅关于加快推进农业供给侧结构性改革 大力发展粮食产业经济的意见》

国务院办公厅

国办发〔2017〕78 号

(2017 年 9 月 1 日)

二、培育壮大粮食产业主体

(四)增强粮食企业发展活力。……鼓励国有粮食企业依托现有收储网点,主动与新型农业经营主体等开展合作。培育、发展和壮大从事粮食收购和经营活动的多元粮食市场主体,建立健全统一、开放、竞争、有序的粮食市场体系。

(六)支持多元主体协同发展。发挥骨干企业的示范带动作用,鼓励多元主体开展多种形式的合作与融合,大力培育和发展粮食产业化联合体。支持符合条件的多元主体积极参与粮食仓储物流设施建设、产后服务体系建设等。

《国务院办公厅关于进一步加强农药兽药管理保障食品安全的通知》

国务院办公厅

国办发明电〔2017〕10 号

（2017 年 9 月 19 日）

二、加强农药兽药使用管理和指导。严格落实农药兽药使用管理相关制度。所有食用农产品生产企业和农民专业合作经济组织都要严格按照相关法律法规建立农产品生产过程农药兽药使用记录，如实、及时记录使用农药兽药的时间、品种和数量，记录留存不少于两年。

《关于促进农业产业化联合体发展的指导意见》

农业部　国家发展改革委　财政部　国土资源部　中国人民银行

国家税务总局

农经发〔2017〕9 号

（2017 年 10 月 13 日）

一、充分认识发展农业产业化联合体的重要意义

农业产业化联合体是龙头企业、农民合作社和家庭农场等新型农业经营主体以分工协作为前提，以规模经营为依托，以利益联结为纽带的一体化农业经营组织联盟。

（一）有利于构建现代农业经营体系。通过"公司＋农民合作社＋家庭农场"组织模式，让各类新型农业经营主体发挥各自优势、分工协作，促进家庭经营、合作经营、企业经营协同发展，加快推进农业供给侧结构性改革。

（二）有利于推进农村一二三产业融合发展。通过构建上下游相互衔接配套的全产业链，实现单一产品购销合作到多元要素融合共享的转变，推动订单农业和"公司＋农户"等经营模式创新，促进农业提质增效。

（三）有利于提高农业综合生产能力。通过推动产业链上下游长期合作，降低违约风险和交易成本，稳定经营预期，促进多元经营主体以市场为导向，加大要素投入，开展专业化、品牌化经营，提高土地产出率、资源利用率和劳动生产率。

（四）有利于促进农民持续增收。通过提升农业产业价值链，完善利益联结机制，引导龙头企业、农民合作社和家庭农场紧密合作，示范带动普通农户共同发展，将其引入现代农业发展轨道，同步分享农业现代化成果。

二、准确把握农业产业化联合体的基本特征

（一）独立经营，联合发展。农业产业化联合体不是独立法人，一般由一家牵头龙头企业和多个新型农业经营主体组成。各成员保持产权关系不变、开展独立经营，在平等、自愿、互惠互利的基础上，通过签订合同、协议或制定章程，形成紧密型农业经营组织联盟，实行一体化发展。

（二）龙头带动，合理分工。以龙头企业为引领、农民合作社为纽带、家庭农场为基础，各成员具有明确的功能定位，实现优势互补、共同发展。

（三）要素融通，稳定合作。立足主导产业、追求共同经营目标，各成员通过资金、技术、品牌、信息等要素融合渗透，形成比较稳定的长期合作关系，降低交易成本，提高资源配置效率。

（四）产业增值，农民受益。各成员之间以及与普通农户之间建立稳定的利益联结机制，促进土地流转型、服务带动型等多种形式规模经营协调发展，提高产品质量和附加值，实现全产业链增值增效，让农民有更多获得感。

三、培育和发展农业产业化联合体的总体要求

（一）坚持市场主导。充分发挥市场配置资源的决定性作用，尊重农户和新型农业经营主体的市场主体地位。政府重点做好扶持引导，成熟一个发展一个，防止片面追求数量和规模。

（二）坚持农民自愿。农业产业化经营有多种组织带动模式，农业产业化联合体在不同区域、不同产业有多种表现形式，具有各自的适应性和发展空间。是否发展农业产业化联合体、选择哪种合作模式，都要尊重农民的意愿，不搞拉郎配、一刀切。

（三）坚持民主合作。引导农业产业化联合体建立内部平等对话、沟通协商机制，兼顾农户、家庭农场、农民合作社、龙头企业等各方利益诉求，共商合作、共议发展、共创事业。

（四）坚持兴农富农。把带动产业发展和农民增收作为基本宗旨，打造产业链、提升价值链，挖掘农业增值潜力，发挥农业产业化联合体对普通农户的辐射带动作用，保障农民获得合理的产业增值收益。

四、建立分工协作机制，引导多元新型农业经营主体组建农业产业化联合体

（一）增强龙头企业带动能力，发挥其在农业产业化联合体中的引领作用。……示范引导农民合作社和家庭农场从事标准化生产。……引导龙头企业发挥产业组织优势，以"公司＋农民合作社＋家庭农场""公司＋家庭农场"等形式，联手农民合作社、家庭农场组建农业产业化联合体，实行产加销一体

化经营。

（二）提升农民合作社服务能力，发挥其在农业产业化联合体中的纽带作用。鼓励普通农户、家庭农场组建农民合作社，积极发展生产、供销、信用"三位一体"综合合作。引导农民合作社依照法律和章程加强民主管理、民主监督，保障成员物质利益和民主权利，发挥成员积极性，共同办好合作社。支持农民合作社围绕产前、产中、产后环节从事生产经营和服务，引导农户发展专业化生产，促进龙头企业发展加工流通，使合作社成为农业产业化联合体的"黏合剂"和"润滑剂"。

（三）强化家庭农场生产能力，发挥其在农业产业化联合体中的基础作用。按照依法自愿有偿原则，鼓励农户流转承包土地经营权，培育发展适度规模经营的家庭农场。……引导家庭农场与农民合作社、龙头企业开展产品对接、要素联结和服务衔接，实现节本增效。

（四）完善内部组织制度，引导各成员高效沟通协作。坚持民主决策、合作共赢，农业产业化联合体成员之间地位平等。引导各成员在充分协商基础上，制定共同章程，明确权利、责任和义务，提高运行管理效率。鼓励农业产业化联合体探索治理机制，制发成员统一标识，增强成员归属感和责任感。

五、健全资源要素共享机制，推动农业产业化联合体融通发展

（一）发展土地适度规模经营。……鼓励农户以土地经营权入股家庭农场、农民合作社和龙头企业发展农业产业化经营。支持家庭农场、农民合作社和龙头企业为农户提供代耕代种、统防统治、代收代烘等农业生产托管服务。

（二）引导资金有效流动。支持龙头企业发挥自身优势，为家庭农场和农民合作社发展农业生产经营，提供贷款担保、资金垫付等服务。以农民合作社为依托，稳妥开展内部信用合作和资金互助，缓解农民生产资金短缺难题。

（三）促进科技转化应用。……鼓励龙头企业提供技术指导、技术培训等服务，向农民合作社和家庭农场推广新品种、新技术、新工艺，提高农业产业化联合体协同创新水平。

（四）加强市场信息互通。……积极发展电子商务、直供直销等，开拓农业产业化联合体农产品销售渠道。鼓励龙头企业强化信息化管理，把农业产业化联合体成员纳入企业信息资源管理体系，实现资金流、信息流和物资流的高度统一。

（五）推动品牌共创共享。……引导农业产业化联合体增强品牌意识，鼓励龙头企业协助农民合作社和家庭农场开展"三品一标"认证。扶持发展一村一品、一乡一业，培育特色农产品品牌。

六、完善利益共享机制,促进农业产业化联合体与农户共同发展

(一)提升产业链价值。引导农业产业化联合体围绕主导产业,进行种养结合、粮经结合、种养加一体化布局,积极发展绿色农业、循环农业和有机农业。

(二)促进互助服务。鼓励龙头企业将农资供应、技术培训、生产服务、贷款担保与订单相结合,全方位提升农民合作社和家庭农场适度规模经营水平。

(三)推动股份合作。……引导农民以土地经营权、林权、设施设备等入股家庭农场、农民合作社或龙头企业,采取"保底收入+股份分红"的分配方式,让农民以股东身份获得收益。

(四)实现共赢合作。……创新利益联结模式,促进长期稳定合作,形成利益共享、风险共担的责任共同体、经济共同体和命运共同体。

七、完善支持政策

(一)优化政策配套。落实中央各项支持政策,培育壮大新型农业经营主体。地方可结合本地实际,将现有支持龙头企业、农民合作社、家庭农场发展的农村一二三产业融合、农业综合开发等相关项目资金,向农业产业化联合体内符合条件的新型农业经营主体适当倾斜。支持龙头企业等新型农业经营主体参与产业扶贫,落实相关税收优惠政策。组织开展精准培训,提高龙头企业负责人、合作社理事长、家庭农场主的经营管理水平。

(二)加大金融支持。鼓励地方采取财政贴息、融资担保、扩大抵(质)押物范围等综合措施,努力解决新型农业经营主体融资难题。……鼓励具备条件的龙头企业发起组织农业互助保险,降低农业产业化联合体成员风险。

(三)落实用地保障。……指导开展村土地利用规划编制,年度建设用地计划优先支持龙头企业、农民合作社和家庭农场等新型农业经营主体建设农业配套辅助设施、开展农产品加工和流通。对新型农业经营主体发展较快、用地集约且需求大的地区,适当增加年度新增建设用地指标。

《特色农产品优势区建设规划纲要》

国家发展改革委　农业部　国家林业局

发改农经〔2017〕1805 号

(2017 年 10 月)

四、特优区主要建设内容

(二)加工基地

1.特色农产品产地初加工。支持农户和农民合作社改善储藏、保鲜、烘干、清选分级、包装等设施装备条件,促进商品化处理,减少产后损失。

（七）建设和运行机制

……特优区内各类龙头企业、合作社、家庭农场、种养大户等是自主经营的市场主体，按照市场化原则开展生产经营。鼓励新型经营主体发展特色农产品标准化生产，提升生产技术和产品品质，采用资源节约型、环境友好型生产模式，推动特优区可持续发展。引导特优区内新型经营主体与农民建立合理、长期、稳定的利益联结机制，带动特优区内农民持续增收，保障农民合理分享产业发展收益。

六、国家级特优区的管理

（二）国家级特优区认定标准

——产业发展方面。特色农产品产业规模居全国前列，标准化水平高，产业链条完整，建立了从种苗供应、生产加工、仓储物流、营销推介等关键环节的产业配套服务体系，一二三产业融合发展效果显著。具有以特色主导品种生产经营为主要业务的国家级、省级农业产业化龙头企业（含林业重点龙头企业）、农民合作社示范社等。

——利益联结方面。龙头企业、合作社和农户等市场主体间构建了股份合作、二次返利、委托生产、订单生产等稳定的利益联结机制，各市场主体能公平的分享特色农产品产业发展成果。

七、保障措施

（一）加强组织领导

……要积极引导特优区内的各类企业、农民合作社、家庭农场和普通农户充分参与特优区创建工作，形成高位推动、上下联合、多方共建的创建机制。

（三）完善支撑体系

1.培育新型经营主体。落实国家关于支持新型农业经营主体发展的财政税收、项目支持、用地、金融、保险等政策。在特优区内，重点鼓励、扶持和引导一批从事特色农业产业的新型经营主体和服务主体，带动普通农户连片种植、规模饲养，提供专业服务和生产托管等全程化服务。……深入推进示范家庭农场、农民合作社示范社、产业化示范基地、农业示范服务组织创建，发挥示范带动作用。

4.着力强化人才建设。加强农村实用人才带头人、现代青年农场主和新型农业经营主体带头人培训工作。……在特优区内，建立创业就业服务平台，引导有志投身特色农业产业建设的农村青年、返乡农民工、农村大中专毕业生创办领办家庭农场、农民合作社和农业企业（含林业企业），为特色农业发展注入"新鲜血液"，提升发展活力。

2018 年

《中共中央 国务院关于实施乡村振兴战略的意见》

中共中央 国务院

中发〔2018〕1 号

（2018 年 1 月 2 日）

三、提升农业发展质量，培育乡村发展新动能

（三）构建农村一二三产业融合发展体系。大力开发农业多种功能，延长产业链、提升价值链、完善利益链，通过保底分红、股份合作、利润返还等多种形式，让农民合理分享全产业链增值收益。

（五）促进小农户和现代农业发展有机衔接。统筹兼顾培育新型农业经营主体和扶持小农户，采取有针对性的措施，把小农生产引入现代农业发展轨道。培育各类专业化市场化服务组织，推进农业生产全程社会化服务，帮助小农户节本增效。发展多样化的联合与合作，提升小农户组织化程度。注重发挥新型农业经营主体带动作用，打造区域公用品牌，开展农超对接、农社对接，帮助小农户对接市场。扶持小农户发展生态农业、设施农业、体验农业、定制农业，提高产品档次和附加值，拓展增收空间。改善小农户生产设施条件，提升小农户抗风险能力。研究制定扶持小农生产的政策意见。

六、加强农村基层基础工作，构建乡村治理新体系

（二）深化村民自治实践。……维护村民委员会、农村集体经济组织、农村合作经济组织的特别法人地位和权利。

九、推进体制机制创新，强化乡村振兴制度性供给

（一）巩固和完善农村基本经营制度。……实施新型农业经营主体培育工程，培育发展家庭农场、合作社、龙头企业、社会化服务组织和农业产业化联合体，发展多种形式适度规模经营。

（三）深入推进农村集体产权制度改革。全面开展农村集体资产清产核资、集体成员身份确认，加快推进集体经营性资产股份合作制改革。……全面深化供销合作社综合改革，深入推进集体林权、水利设施产权等领域改革，做好农村综合改革、农村改革试验区等工作。

十、汇聚全社会力量，强化乡村振兴人才支撑

（一）大力培育新型职业农民。……创新培训机制，支持农民专业合作社、专业技术协会、龙头企业等主体承担培训。

《农村人居环境整治三年行动方案》

中共中央办公厅　国务院办公厅

中办发〔2018〕5 号

（2018 年 1 月 23 日）

三、发挥村民主体作用

（二）建立完善村规民约。将农村环境卫生、古树名木保护等要求纳入村规民约，通过群众评议等方式褒扬乡村新风，鼓励成立农村环保合作社，深化农民自我教育、自我管理。

《关于开展农业产业化联合体支持政策创新试点工作的通知》

农业部办公厅　国家农业综合开发办公室　中国农业银行办公室

农办经〔2018〕3 号

（2018 年 3 月 1 日）

一、试点任务和范围

各级农业产业化主管部门、农业综合开发机构、农业银行要大力扶持农业产业化联合体发展，把农业产业化联合体内符合政策要求的农业产业化龙头企业、农民合作社、家庭农场等新型农业经营主体列为重点支持对象。

二、支持方向和措施

试点省份每年安排一定数量的农业综合开发项目扶持当地农业产业化联合体发展，支持农业产业化联合体成员发挥优势、互补共赢。对龙头企业重点支持其发展农产品加工、冷链、物流和其他新业态；对农民合作社重点支持其提升农业服务能力、带动农户发展能力，实施农业标准化生产；对家庭农场重点支持其提升农业专业化、标准化、规模化、集约化生产水平。……地方可结合本地实际，将现有支持龙头企业、农民合作社、家庭农场发展的农村一二三产业融合等项目资金向符合条件的农业产业化联合体成员适当倾斜。

《2018 年财政重点强农惠农政策》

农业农村部　财政部

（2018 年 4 月 3 日）

二、支持新型农业经营主体发展

5. 新型职业农民培育。全面建立职业农民制度，将新型农业经营主体带头人、现代青年农场主、农业职业经理人、农业社会化服务骨干和农业产业扶贫对象作为重点培育对象,以提升生产技能和经营管理水平为主要内容,培训新型职业农民100万人次。鼓励通过政府购买服务的方式,支持有能力的农民合作社、专业技术协会、农业龙头企业等主体承担培训工作。

6.农民合作社和家庭农场能力建设。以制度健全、管理规范、带动力强的国家农民合作社示范社、农民合作社联合社和示范家庭农场为扶持对象,支持发展绿色农业、生态农业,提高标准化生产、农产品加工、市场营销等能力。

7.农业生产社会化服务。支持农村集体经济组织、专业化农业服务组织、服务型农民合作社等具有一定能力、可提供有效稳定服务的主体,针对粮食等主导产业和农民急需的关键环节,为从事粮棉油糖等重要农产品生产的主体提供社会化服务,集中连片推广绿色生态高效现代农业生产方式,实现小农户和现代农业发展有机衔接。

8.农业信贷担保体系建设。……重点服务种养大户、家庭农场、农民合作社等新型经营主体,以及农业社会化服务组织和农业小微企业,聚焦粮食生产、畜牧水产养殖、优势特色产业、农村新业态、农村一二三产业融合,以及高标准农田建设、农机装备设施、绿色生产和农业标准化等关键环节,提供方便快捷、费用低廉的信贷担保服务。

三、支持农业结构调整

10.粮改饲。……补助对象为规模化草食家畜养殖场(户)或专业青贮饲料收贮企业(合作社)。

11.高产优质苜蓿示范基地建设。在河北、山西等13个省(区)实施,支持饲草生产合作社、饲草生产加工企业、奶牛养殖企业(场)和奶农合作社集中连片种植高产优质苜蓿。

六、支持农业资源生态保护和面源污染防治

22.发展南方现代草地畜牧业。支持安徽、江西等8个省份实施南方现代草地畜牧业推进行动,以农牧业合作社和相关涉牧企业为主体,建设一批草地规模较大、养殖基础较好、发展优势较明显、示范带动能力强的牛羊生产基地,发展草地畜牧业。

《农业农村部关于大力实施乡村就业创业促进行动的通知》
农业农村部

农加发〔2018〕4 号

（2018 年 4 月 24 日）

三、进一步明确目标任务

（一）围绕培育主体促进就业创业。依托返乡创业培训五年行动计划、新型职业农民培育工程、农村实用人才带头人和大学生村官示范培训、农村青年创业致富"领头雁"计划、贫困村创业致富带头人培训工程、农村创业致富女带头人等项目,有针对性地开展创业创新人才培训。开展农村创业创新"百县千乡万名带头人"培育工作和百万人才培训行动,以农民合作社、家庭农场、专业大户、农业企业和纯农户、兼业户和职业户为重点,培育一批新型农业经营主体和新型职业农民。

《中共中央　国务院关于打赢脱贫攻坚战三年行动的指导意见》
中共中央　国务院

中发〔2018〕16 号

（2018 年 6 月 15 日）

三、强化到村到户到人精准帮扶举措

（一）加大产业扶贫力度

……完善新型农业经营主体与贫困户联动发展的利益联结机制,推广股份合作、订单帮扶、生产托管等有效做法,实现贫困户与现代农业发展有机衔接。

（四）加强生态扶贫

……探索天然林、集体公益林托管,推广"合作社＋管护＋贫困户"模式,吸纳贫困人口参与管护。建设生态扶贫专业合作社(队),吸纳贫困人口参与防沙治沙、石漠化治理、防护林建设和储备林营造。……深化贫困地区集体林权制度改革,鼓励贫困人口将林地经营权入股造林合作社,增加贫困人口资产性收入。

《农业农村部关于支持长江经济带农业农村绿色发展的实施意见》

农业农村部

农技发〔2018〕23 号

（2018 年 9 月 21 日）

（八）推进乡村产业振兴

打好产业扶贫三年攻坚战。指导支持长江经济带贫困县、贫困乡镇和贫困村加快发展对贫困户增收带动明显的种养业、林草业、农产品加工业、休闲农业和乡村旅游等，注重产业长期培育和发展，把绿水青山变成金山银山。加快培育龙头企业、农民合作社、农业社会化服务组织等新型经营主体，强化脱贫致富带头人和新型职业农民培育，吸引资本、技术、人才等要素向乡村流动，引导新型经营主体与贫困村、贫困户建立联动发展的利益联结机制。

《乡村振兴战略规划（2018—2022 年）》

中共中央　国务院

（2018 年 9 月 26 日）

第十三章　建立现代农业经营体系

坚持家庭经营在农业中的基础性地位，构建家庭经营、集体经营、合作经营、企业经营等共同发展的新型农业经营体系，发展多种形式适度规模经营，发展壮大农村集体经济，提高农业的集约化、专业化、组织化、社会化水平，有效带动小农户发展。

第二节　壮大新型农业经营主体

实施新型农业经营主体培育工程，鼓励通过多种形式开展适度规模经营。培育发展家庭农场，提升农民专业合作社规范化水平，鼓励发展农民专业合作社联合社。

第三节　发展新型农村集体经济

深入推进农村集体产权制度改革，推动资源变资产、资金变股金、农民变股东，发展多种形式的股份合作。

第四节　促进小农户生产和现代农业发展有机衔接

改善小农户生产设施条件，提高个体农户抵御自然风险能力。发展多样化的联合与合作，提升小农户组织化程度。鼓励新型经营主体与小农户建立契约型、股权型利益联结机制，带动小农户专业化生产，提高小农户自我发展能力。健全农业社会化服务体系，大力培育新型服务主体，加快发展"一站式"

农业生产性服务业。

第十七章　完善紧密型利益联结机制

第一节　提高农民参与程度

鼓励农民以土地、林权、资金、劳动、技术、产品为纽带,开展多种形式的合作与联合,依法组建农民专业合作社联合社,强化农民作为市场主体的平等地位。引导农村集体经济组织挖掘集体土地、房屋、设施等资源和资产潜力,依法通过股份制、合作制、股份合作制、租赁等形式,积极参与产业融合发展。

第二节　创新收益分享模式

鼓励行业协会或龙头企业与合作社、家庭农场、普通农户等组织共同营销,开展农产品销售推介和品牌运作,让农户更多分享产业链增值收益。鼓励农业产业化龙头企业通过设立风险资金、为农户提供信贷担保、领办或参办农民合作组织等多种形式,与农民建立稳定的订单和契约关系。

第三节　强化政策扶持引导

更好发挥政府扶持资金作用,强化龙头企业、合作组织联农带农激励机制,探索将新型农业经营主体带动农户数量和成效作为安排财政支持资金的重要参考依据。以土地、林权为基础的各种形式合作,凡是享受财政投入或政策支持的承包经营者均应成为股东方。

第二十五章　加强农村基层党组织对乡村振兴的全面领导

第一节　健全以党组织为核心的组织体系

坚持农村基层党组织领导核心地位,大力推进村党组织书记通过法定程序担任村民委员会主任和集体经济组织、农民合作组织负责人,推行村"两委"班子成员交叉任职。

第二十六章　促进自治法治德治有机结合

第二节　推进乡村法治建设

……维护村民委员会、农村集体经济组织、农村合作经济组织的特别法人地位和权利。

第三十二章　强化乡村振兴人才支撑

第一节　培育新型职业农民

……创新培训组织形式,探索田间课堂、网络教室等培训方式,支持农民专业合作社、专业技术协会、龙头企业等主体承担培训。鼓励各地开展职业农民职称评定试点。

第三十五章　加大金融支农力度

第一节　健全金融支农组织体系

引导农民合作金融健康有序发展。鼓励证券、保险、担保、基金、期货、租赁、信托等金融资源聚焦服务乡村振兴。

《关于促进乡村旅游可持续发展的指导意见》

文化和旅游部　国家发展改革委　工业和信息化部　财政部

人力资源社会保障部　自然资源部　生态环境部　住房城乡建设部

交通运输部　农业农村部　国家卫生健康委　中国人民银行

国家体育总局　中国银行保险监督管理委员会　国家林业和草原局

国家文物局　国务院扶贫办

文旅资源发〔2018〕98 号

（2018 年 11 月 15 日）

六、注重农民受益，助力脱贫攻坚

（十四）探索推广发展模式。……不断壮大企业主导乡村旅游经营，吸纳当地村民参与经营或管理的"公司＋农户"模式。引导规范专业化服务与规模化经营相结合的"合作社＋农户"模式。鼓励各地从实际出发，积极探索推广多方参与、机制完善、互利共赢的新模式新做法。

（十五）完善利益联结机制。……探索资源变资产、资金变股金、农民变股东的途径，引导村集体和村民利用资金、技术、土地、林地、房屋以及农村集体资产等入股乡村旅游合作社、旅游企业等获得收益，鼓励企业实行保底分红。

《国务院关于加快推进农业机械化和
农机装备产业转型升级的指导意见》

国务院

国发〔2018〕42 号

（2018 年 12 月 21 日）

二、加快推动农机装备产业高质量发展

（三）完善农机装备创新体系。……鼓励企业开展高端农机装备工程化验证，加强与新型农业经营主体对接，探索建立"企业＋合作社＋基地"的农机产品研发、生产、推广新模式，持续提升创新能力。

五、积极发展农机社会化服务

（十二）发展农机社会化服务组织。培育壮大农机大户、农机专业户以及农机合作社、农机作业公司等新型农机服务组织,支持农机服务组织开展多种形式适度规模经营,鼓励家庭农场、农业企业等新型农业经营主体从事农机作业服务。落实农机服务金融支持政策,引导金融机构加大对农机企业和新型农机服务组织的信贷投放,灵活开发各类信贷产品和提供个性化融资方案;在合规审慎的前提下,按规定程序开展面向家庭农场、农机合作社、农业企业等新型农业经营主体的农机融资租赁业务和信贷担保服务。

六、持续改善农机作业基础条件

(十五)改善农机作业配套设施条件。落实设施农用地、新型农业经营主体建设用地、农业生产用电等相关政策,支持农机合作社等农机服务组织生产条件建设。……在年度建设用地指标中,优先安排农机合作社等新型农业经营主体用地,并按规定减免相关税费。

七、切实加强农机人才培养

(十七)注重农机实用型人才培养。实施新型职业农民培育工程,加大对农机大户、农机合作社带头人的扶持力度。……通过购买服务、项目支持等方式,支持农机生产企业、农机合作社培养农机操作、维修等实用技能型人才。

《关于进一步促进奶业振兴的若干意见》

农业农村部　发展改革委　科技部　工业和信息化部　财政部
商务部　卫生健康委　市场监管总局　银保监会
农牧发〔2018〕18 号
(2018 年 12 月 24 日)

二、加快确立奶农规模化养殖的基础性地位

(一)支持农户适度规模养殖发展。研究完善促进农户规模奶牛养殖发展的政策措施,积极发展奶牛家庭牧场,培育壮大奶农合作组织,加强奶农培训和奶业社会化服务体系建设,构建"奶农＋合作社＋公司"的奶业发展模式,先行在内蒙古、黑龙江、河北等奶业主产省(区)试点,培育适度规模奶牛养殖主体。

(二)支持奶农发展乳制品加工。推进一二三产业融合发展,出台金融信贷支持、用地用电保障等相关配套政策,支持具备条件的奶牛养殖场、合作社生产带有地方特色的乳制品。……鼓励奶农、合作社将奶牛养殖与乳制品加工、增值服务等结合起来,在严格执行生产许可、食品安全标准等法律法规标准,确保乳品质量安全的前提下,推行生产加工销售一体化,发展居民小区和周边酒店、饭店、商店乳制品供应,重点生产巴氏杀菌乳、发酵乳、奶酪等乳制品,通过直营、电商等服务当地和周边群众,积极培育鲜奶消费市场,满足高品质、差异化、个性化需求。

《国务院办公厅关于深入开展消费扶贫助力打赢脱贫攻坚战的指导意见》

国务院办公厅

国办发〔2018〕129号

(2018年12月30日)

三、大力拓宽贫困地区农产品流通和销售渠道

(五)拓展销售途径。……指导贫困地区供销合作组织与农产品加工、流通企业建立长期稳定的产销联系,积极开展购销活动。

(六)加快流通服务网点建设。……鼓励供销合作社、邮政和大型电商企业、商贸流通企业、农产品批发市场等,整合产地物流设施资源,推动产地仓升级,增强仓储、分拣、包装、初加工、运输等综合服务能力,探索建立从产地到餐桌的冷链物流服务体系。

四、全面提升贫困地区农产品供给水平和质量

(八)提升农产品规模化供给水平。……鼓励龙头企业、农产品批发市场、电商企业、大型超市采取"农户＋合作社＋企业"等模式,在贫困地区建立生产基地,大力发展订单农业,提高农产品供给的规模化组织化水平,增强农产品持续供给能力。

(九)打造区域性特色农产品品牌。……加强对贫困地区农产品生产、加工、流通企业和相关合作社的信用监管,对市场主体实行守信激励、失信惩戒。

六、保障措施

(十五)完善利益机制。完善公司、合作社、致富带头人与贫困人口的利益联结机制,提高贫困人口在农产品销售和休闲农业、乡村旅游中的参与度,切实保障贫困人口分享收益。

(十六)加大政策激励。……探索建立消费扶贫台账,重点统计购买建档立卡贫困村、贫困户和带贫成效突出企业、合作社的产品相关数据,并作为政策支持、评先评优等重要依据。

2019 年

《中共中央　国务院关于坚持农业农村优先发展
做好"三农"工作的若干意见》

中共中央　国务院

中发〔2019〕1 号

（2019 年 1 月 3 日）

四、发展壮大乡村产业，拓宽农民增收渠道

（二）大力发展现代农产品加工业。……支持发展适合家庭农场和农民合作社经营的农产品初加工，支持县域发展农产品精深加工，建成一批农产品专业村镇和加工强县。

（三）发展乡村新型服务业。支持供销、邮政、农业服务公司、农民合作社等开展农技推广、土地托管、代耕代种、统防统治、烘干收储等农业生产性服务。

五、全面深化农村改革，激发乡村发展活力

（一）巩固和完善农村基本经营制度。……突出抓好家庭农场和农民合作社两类新型农业经营主体，启动家庭农场培育计划，开展农民合作社规范提升行动，深入推进示范合作社建设，建立健全支持家庭农场、农民合作社发展的政策体系和管理制度。落实扶持小农户和现代农业发展有机衔接的政策，完善"农户＋合作社""农户＋公司"利益联结机制。……继续深化供销合作社综合改革，制定供销合作社条例。

（三）深入推进农村集体产权制度改革。……加快推进农村集体经营性资产股份合作制改革，继续扩大试点范围。总结推广资源变资产、资金变股金、农民变股东经验。

《关于加强基层农村经营管理体系建设的意见》

中央农村工作领导小组办公室　农业农村部

中农发〔2019〕2 号

（2019 年 1 月 10 日）

二、全面开展基层农村经营管理各项工作

（四）指导健全新型农业经营体系。培育家庭农场、农民合作社及联合社、龙头企业等新型农业经营主体，落实相关扶持政策，组织开展示范创建及运行情况监测。指导发展多种形式的适度规模经营，支持引导农业社会化服务体系建设,指导开展农业生产托管服务,促进小农户与现代农业发展有机衔接。

(五)依法规范农村资源要素管理。落实土地管理法、农村土地承包法、农村土地承包经营纠纷调解仲裁法、农民专业合作社法等法律法规,开展普法宣传和相关法律知识培训。

《关于做好 2019 年农业农村工作的实施意见》

中央农村工作领导小组办公室　农业农村部

中农发〔2019〕1 号

(2019 年 1 月 21 日)

二、推进农业高质量发展,提高农业供给体系的保障能力和质量效率

7.实施奶业振兴行动。加强优质奶源基地建设,升级改造中小奶牛养殖场。积极发展奶牛家庭牧场,培育壮大奶农合作组织,支持和指导有条件的奶农发展乳制品加工。

10.提升农产品质量安全水平。实施农产品质量安全保障工程,健全监管体系、监测体系、追溯体系。实施国家质量兴农战略规划。健全农兽药残留标准,整建制推行标准化生产,鼓励龙头企业、农民合作社、家庭农场等新型经营主体按标生产。

12.推进农机化转型升级。……大力发展农机合作社等新型农机服务组织,推广"全程机械化＋综合农事服务"等社会化服务模式,实施深松深翻 1.4 亿亩以上。

三、发展壮大乡村产业,拓宽农民增收渠道

16.加快发展现代农产品加工业。实施农产品加工业提升行动,支持农户和农民合作社建设储藏、保鲜、烘干、清选分级、包装等设施装备,发展农产品初加工,支持主产区依托县域形成农产品加工产业集群,发展农产品精深加工,形成一批农产品专业村镇和加工强县,建设一批全国农产品精深加工示范基地,认定一批农业产业化国家重点龙头企业。

18.加快发展农业生产性服务业。大力培育新型服务主体,创新组织方式,提高农业生产薄弱环节和关键领域服务水平。通过政府购买服务、以奖代补、先服务后补助等方式,支持农业服务企业、农民合作社等开展农技推广、土地托管、代耕代种、烘干收储等面向小农户的生产性服务。

五、深化农村改革,激发农业农村发展活力

29.以家庭农场、农民合作社为重点培育各类新型经营主体。启动家庭农

场培育计划,加大支持力度,深入推进示范家庭农场创建和宣传推介,完善管理服务机制,引导和鼓励有稳定务农意愿和经营能力的农户创办家庭农场。研究制定促进农民合作社规范发展的政策文件,开展农民合作社规范提升行动,将农民合作社质量提升整县推进试点扩大到 150 个。开展农民合作社专项清理行动。支持创建一批农业产业化联合体。落实扶持小农户和现代农业发展有机衔接的政策,完善"农户＋合作社""农户＋公司"利益联结机制。引导龙头企业与合作社、农户建立股权式契约式利益分享机制。

《关于金融服务乡村振兴的指导意见》

中国人民银行　银保监会　证监会　财政部　农业农村部

银发〔2019〕11 号

(2019 年 1 月 29 日)

二、坚持农村金融改革发展的正确方向,健全适合乡村振兴发展的金融服务组织体系

(六)强化农村中小金融机构支农主力军作用。……积极发挥小额贷款公司等其他机构服务乡村振兴的有益补充作用,探索新型农村合作金融发展的有效途径,稳妥开展农民合作社内部信用合作试点。

三、明确金融重点支持领域,加大金融资源向乡村振兴重点领域和薄弱环节的倾斜力度

(十)重点做好新型农业经营主体和小农户的金融服务,有效满足其经营发展的资金需求。针对不同主体的特点,建立分层分类的农业经营主体金融支持体系。鼓励家庭农场、农民合作社、农业社会化服务组织、龙头企业等新型农业经营主体通过土地流转、土地入股、生产性托管服务等多种形式实现规模经营,探索完善对各类新型农业经营主体的风险管理模式,增强金融资源承载力。

六、加强金融基础设施建设,营造良好的农村金融生态环境

(二十一)加快推进农村信用体系建设。……稳步推进农户、家庭农场、农民合作社、农业社会化服务组织、农村企业等经济主体电子信用档案建设,多渠道整合社会信用信息,完善信用评价与共享机制,促进农村地区信息、信用、信贷联动。

八、加强组织领导,有效推动政策落实

(二十八)开展金融机构服务乡村振兴考核评估。根据乡村振兴战略目标,加强乡村振兴领域贷款监测,在完善新型农业经营主体认定标准的基础

上,探索建立家庭农场、农民合作社等新型农业经营主体贷款统计,及时动态跟踪金融机构服务乡村振兴的工作进展。

《国家质量兴农战略规划(2018—2022年)》

农业农村部　国家发展改革委　科技部　财政部　国家市场监督管理总局

国家粮食和物资储备局

农发〔2019〕1号

(2019年2月11日)

第五章　发展目标

到2022年,质量兴农制度框架基本建立,初步实现产品质量高、产业效益高、生产效率高、经营者素质高、国际竞争力强,农业高质量发展取得显著成效。

——经营者素质高。爱农业、懂技术、善经营的高素质农民队伍不断壮大,专业化、年轻化的新型职业农民比重大幅提升,新型经营主体、社会化服务组织更加规范,对质量兴农的示范带动作用不断增强。培育新型职业农民500万人以上,高中以上文化程度职业农民占比达到35%;县级以上示范家庭农场、国家农民专业合作社示范社认定数量分别达到100000家、10000家。

第九章　促进农业全产业链融合

第四节　创新农产品流通方式

……探索建立农产品产销对接服务体系,引导鼓励家庭农场、农民专业合作社依托产业化龙头企业,发展订单农业、定制农业。

第十一章　提高农产品质量安全水平

专栏6　农产品质量安全水平提升重大工程

4.农产品质量全程追溯体系建设。……支持县乡农产品质量安全监管机构装备条件和追溯点建设,引导规模生产经营主体实施农产品质量安全追溯管理,建立追溯管理与风险预警、应急召回联动机制。……到2022年,建设追溯示范点28万个,国家农产品质量安全县域内80%的农民专业合作社、农业产业化龙头企业等规模以上主体基本实现农产品可追溯。

第十三章　建设高素质农业人才队伍

第一节　发挥新型经营主体骨干带动作用

实施新型农业经营主体培育工程,鼓励通过多种形式开展适度规模经营,将新型经营主体培育成为推进质量兴农的主力军。……支持农民专业合作社质量提升,鼓励发展农民专业合作社联合社和产业化联合体,示范带动区域内小农户发展优质农产品。

第三节　培育专业化农业服务组织

健全农业社会化服务体系,支持有条件的农民专业合作社、联合社、农业企业等经营性服务组织和公益性服务组织建设区域性农业社会化服务综合平台,加快建设互联互通的国家农业社会化服务平台,畅通农业生产性服务供需对接,提高服务质量兴农的能力和水平。以质量效益为关键指标,鼓励地方探索建立生产托管服务主体名录和信用评价机制。大力发展主体多元、形式多样、竞争充分的农业社会化服务组织,推广农业生产托管等多样化服务模式,推进托管产业从粮棉油糖等大宗作物向特色经济作物、养殖业生产领域拓展。探索完善全程托管、"互联网＋农机作业""全程机械化＋综合农事"等农机服务新模式,加快发展智慧农机服务合作社。支持专业化服务组织与小农户开展多种形式的联合与合作,推进农业生产全程社会化服务,帮助小农户对接市场、节本增效。

《农业农村部关于乡村振兴战略下
加强水产技术推广工作的指导意见》

农业农村部

农渔发〔2019〕7 号

(2019 年 2 月 15 日)

二、稳定推广体系队伍,提升履职活力效能

(五)加强推广队伍建设。……建立健全推广队伍知识更新、技能提升长效机制,试点开展推广人员定向委培,鼓励基层推广人员参与科技研发创新项目,探索实施"特聘农技员"计划,鼓励科技教育、企业、合作社等参与技术推广服务,壮大基层服务力量。

四、强化实用人才培养,助力乡村人才振兴

(十一)培养推广服务领军人才。通过项目合作、部门协作、农企联作等方式,积极引导科研教育单位、龙头企业、专业合作社、协会学会、现代示范园区等多元主体的高水平技术人员开展推广公益性服务,加强技术推广服务的领军人才和骨干人才的遴选培养,壮大推广服务人才队伍。

七、健全基层公共服务组织,助力乡村组织振兴

(二十一)健全水产品质量安全技术服务体系。……强化水产健康养殖示范县(场)创建,推进企业和合作社建立水产品质量安全可追溯制度试点,加强养殖水产品质量监控技术服务。

八、切实加强组织领导，确保目标任务落实

（二十四）多方争取经费投入。……引导渔业科研教育机构、合作经济组织、龙头企业增加水产技术推广的投入，形成多元投入水产技术推广工作新格局。

《农业农村部　财政部关于做好 2019 年
农业生产发展等项目实施工作的通知》

农业农村部　财政部

农计财发〔2019〕6 号

（2019 年 4 月 4 日）

二、深入推进资金统筹整合，改进完善项目管理方式

鼓励各地利用现有资金渠道，强化政策衔接配合，推动相关项目在实施过程中整合。探索将耕地轮作休耕、粮改饲等种植结构调整政策统筹实施，将果菜茶有机肥替代化肥、畜禽粪污资源化利用、农作物秸秆综合利用、地膜回收利用等农业生态环境防治与资源循环利用政策统筹实施，将支持新型职业农民培育、农民合作社及家庭农场发展等培育壮大新型农业经营主体政策统筹实施，将耕地保护与质量提升、黑土地保护等政策与高标准农田建设统筹实施，在一个区域相对集中、整体推进，形成政策集聚效应，提高资金使用效益。

三、强化组织领导，做实做细项目实施各项工作

（一）细化省级方案。……要做实农业生产发展资金项目支持适度规模经营的资金，进一步明确支持内容，2019 年重点用于支持农民合作社及家庭农场等主体高质量发展、农业生产社会化服务、农业信贷担保费率补助及以奖代补。

（五）注重调度督导。各级农业农村、财政部门要建立项目执行定期调度督导机制，及时掌握项目执行和资金使用情况，对享受农民合作社、家庭农场、畜禽粪污资源化利用等补助政策的新型农业经营主体，要通过新型农业经营主体信息直报系统及时报送相关补贴发放情况。

《中共中央　国务院关于建立健全城乡融合发展体制机制和政策体系的意见》

中共中央　国务院

中发〔2019〕12 号

（2019 年 4 月 15 日）

三、建立健全有利于城乡基本公共服务普惠共享的体制机制

（十八）建立健全乡村治理机制。……强化农村基层党组织领导作用，全面推行村党组织书记通过法定程序担任村委会主任和村级集体经济组织、合作经济组织负责人，健全以财政投入为主的稳定的村级组织运转经费保障机制。加强农村新型经济组织和社会组织的党建工作，引导其坚持为农村服务。

六、建立健全有利于农民收入持续增长的体制机制

（二十九）健全农民经营性收入增长机制。完善财税、信贷、保险、用地等政策，加强职业农民培训，培育发展新型农业经营主体。建立农产品优质优价正向激励机制，支持新型经营主体发展"三品一标"农产品、打造区域公用品牌，提高产品档次和附加值。……促进小农户和现代农业发展有机衔接，突出抓好农民合作社和家庭农场两类农业经营主体发展，培育专业化市场化服务组织，帮助小农户节本增收。

（三十）建立农民财产性收入增长机制。以市场化改革为导向，深化农村集体产权制度改革，推动资源变资产、资金变股金、农民变股东。加快完成农村集体资产清产核资，把所有权确权到不同层级的农村集体经济组织成员集体。加快推进经营性资产股份合作制改革，将农村集体经营性资产以股份或者份额形式量化到本集体成员。

《2019 年重点强农惠农政策》

农业农村部　财政部

（2019 年 4 月 16 日）

一、农业生产发展与流通

7.奶业振兴行动。重点支持制约奶业发展的优质饲草种植、家庭牧场和奶业合作社发展。……将奶农发展家庭牧场、奶业合作社等纳入新型经营主体培育工程进行优先重点支持，支持建设优质奶源基地。

10.农业生产社会化服务。支持农村集体经济组织、专业化农业服务组织、服务型农民合作社、供销社等具有一定能力、可提供有效稳定服务的主体，

为从事粮棉油糖等重要农产品生产的农户提供农技推广、土地托管、代耕代种、统防统治、烘干收储等农业生产性服务。

四、农业科技人才支撑

28.农民合作社和家庭农场能力建设。支持县级以上农民合作社示范社及农民合作社联合社高质量发展,培育一大批规模适度的家庭农场。支持农民合作社和家庭农场建设清选包装、冷藏保鲜、烘干等产地初加工设施,开展"三品一标"、品牌建设等,提高产品质量安全水平和市场竞争力。

29.农业信贷担保服务。重点服务家庭农场、农民合作社、农业社会化服务组织、小微农业企业等农业适度规模经营主体。

30.新型职业农民培育。以农业职业经理人、现代青年农场主、农村实用人才带头人、新型农业经营主体骨干、农业产业扶贫对象作为重点培育对象,提升其生产技能和经营管理水平。支持有能力的农民合作社、专业技术协会、农业龙头企业等主体承担培训工作。

《数字乡村发展战略纲要》
中共中央办公厅　国务院办公厅
（2019 年 5 月 16 日）

三、重点任务

（八）激发乡村振兴内生动力

支持新型农业经营主体和服务主体发展。完善对农民合作社和家庭农场网络提速降费、平台资源、营销渠道、金融信贷、人才培训等政策支持,培育一批具有一定经营规模、信息化程度较高的生产经营组织和社会化服务组织,促进现代农业发展。

《职业技能提升行动方案（2019—2021 年）》
国务院办公厅
国办发〔2019〕24 号
（2019 年 5 月 18 日）

四、完善职业培训补贴政策,加强政府引导激励

（十一）落实职业培训补贴政策。……企业、农民专业合作社和扶贫车间等各类生产经营主体吸纳贫困劳动力就业并开展以工代训,以及参保企业吸纳就业困难人员、零就业家庭成员就业并开展以工代训的,给予一定期限的职业培训补贴,最长不超过 6 个月。

《关于加强和改进乡村治理的指导意见》

中共中央办公厅　国务院办公厅

（2019 年 6 月 23 日）

二、主要任务

（一）完善村党组织领导乡村治理的体制机制。建立以基层党组织为领导、村民自治组织和村务监督组织为基础、集体经济组织和农民合作组织为纽带、其他经济社会组织为补充的村级组织体系。村党组织全面领导村民委员会及村务监督委员会、村集体经济组织、农民合作组织和其他经济社会组织。……农民合作组织和其他经济社会组织要依照国家法律和各自章程充分行使职权。村党组织书记应当通过法定程序担任村民委员会主任和村级集体经济组织、合作经济组织负责人，村"两委"班子成员应当交叉任职。

《农民专业合作社解散、破产清算时接受国家财政
直接补助形成的财产处置暂行办法》

财政部　农业农村部

财资〔2019〕25 号

（2019 年 6 月 25 日）

第一条　为支持引导农民专业合作社健康发展，规范农民专业合作社解散、破产清算时接受国家财政直接补助形成的财产处置行为，根据《中华人民共和国农民专业合作社法》等法律规章制度，制定本办法。

第二条　本办法适用于农民专业合作社在解散、破产清算时，接受国家财政直接补助形成的财产处置行为。因合并或者分立需要解散的，不适用本办法。

第三条　负责组织实施农民专业合作社财政补助项目及资金拨付的县级以上人民政府有关部门，应当依据各自职责，加强对农民专业合作社接受国家财政直接补助形成的财产处置的指导和监管。

第四条　农民专业合作社解散、破产清算时，在清偿债务后如有剩余财产，清算组应当计算其中国家财政直接补助形成的财产总额。计算公式为：

剩余财产中国家财政直接补助形成的财产总额＝剩余财产金额×专项基金中国家财政直接补助金额/股金金额＋专项基金金额

第五条　剩余财产中国家财政直接补助形成的财产，应当优先划转至原农民专业合作社所在地的其他农民专业合作社，也可划转至原农民专业合作社所在地的村集体经济组织或者代行村集体经济组织职能的村民委员会。

因农业结构调整、生态环境保护等原因导致农民专业合作社解散、破产清算的，剩余财产中国家财政直接补助形成的财产，应当优先划转至原农民专业合作社成员新建农民专业合作社，促进转产转业。

涉及剩余财产中国家财政直接补助形成的财产划转的，清算组应当将划转情况反映在清算方案中，并将清算方案报县级农业农村部门、财政部门备案，同时做好相关财务账目、原始凭证等资料移交工作。

第六条　负责组织实施农民专业合作社财政补助项目及资金拨付的县级以上人民政府有关部门及其工作人员，违反本办法规定及存在其他滥用职权、玩忽职守、徇私舞弊等违法违纪行为的，依照《中华人民共和国农民专业合作社法》《中华人民共和国公务员法》《中华人民共和国监察法》《财政违法行为处罚处分条例》等国家有关规定追究相应责任；涉嫌犯罪的，依法移送有关机关处理。

清算组成员因故意或者重大过失造成国家直接补助形成的财产流失的，依法追究法律责任。

第七条　各省、自治区、直辖市和计划单列市财政部门，新疆生产建设兵团财政局可结合本地区实际，根据本办法，会同有关农业农村部门制定具体实施办法。

第八条　本办法由财政部会同农业农村部负责解释。

第九条　本办法自 2019 年 7 月 1 日起施行。

《关于支持做好新型农业经营主体培育的通知》

农业农村部办公厅　财政部办公厅

农办计财〔2019〕44 号

（2019 年 7 月 9 日）

一、重要意义

加大对农民合作社、家庭农场等新型农业经营主体的支持，是贯彻落实党中央、国务院关于支持新型农业经营主体发展、促进小农户和现代农业发展有机衔接等一系列部署要求的重要内容，也是加快推进农业农村现代化、夯实乡村振兴战略实施基础的重要举措。……加快扶持一批管理规范、运营良好、联农带农能力强的农民合作社、家庭农场，发展一批专业水平高、服务能力强、服务行为规范、覆盖农业产业链条的生产性服务组织，打造一批以龙头企业为引领、以农民合作社为纽带、以家庭农场和农户为基础的农业产业化联合体，增强乡村产业发展的内生动力。

二、总体要求

（一）指导思想。以习近平新时代中国特色社会主义思想为指导，全面贯彻党的十九大和十九届二中、三中全会精神，统筹谋划，整合资源，系统设计财政支持政策，推进农民合作社、家庭农场、农业产业化联合体等新型农业经营主体健康规范有序发展，引导新型农业经营主体提升关键发展能力、激发内生活力，开展集约化、标准化生产，完善利益分享机制，更好发挥带动小农户进入市场、增加收入、建设现代农业的引领作用。

三、支持内容

支持实施农民合作社规范提升行动和家庭农场培育计划，积极发展奶农合作社和奶牛家庭牧场，培育创建农业产业化联合体，加快培育新型农业经营主体，加快构建以农户家庭经营为基础、合作与联合为纽带、市场需求为导向的立体式复合型现代农业经营体系。

一是支持开展农产品初加工。支持农民合作社、家庭农场应用先进技术，提升绿色化标准化生产能力，开展农产品产地初加工、主食加工，建设清洗包装、冷藏保鲜、仓储烘干等设施。支持依托农业产业化龙头企业带动农民合作社和家庭农场，开展全产业链技术研发、集成中试、加工设施建设和技术装备改造升级。

二是提升产品质量安全水平。支持农民合作社、家庭农场、农业产业化联合体开展绿色食品、有机食品和地理标志农产品创建，建立完善投入品管理、档案记录、产品检测、合格证准出和质量追溯等制度，建设农产品质量安全检测相关设施设备，构建全程质量管理长效机制。支持奶农合作社和家庭牧场开展良种奶牛引进、饲草料生产、养殖设施设备升级及乳品加工和质量安全检测设施完善等。支持农业产业化龙头企业引领农民合作社、家庭农场开展质量管理控制体系认定和产品追溯系统建设。

三是加强优质特色品牌创建。支持农民合作社、家庭农场、农业产业化联合体等新型农业经营主体加快培育优势特色农业，加强绿色优质特色农产品品牌创建，创响一批"独一份""特别特""好中优"的"乡字号""土字号"特色产品品牌。

四、支持对象及方式

（一）支持对象

一是农民合作社，支持县级以上农民合作社示范社及联合社，国家贫困县可放宽到规范运营的其他农民合作社。……粮食类等大宗农产品生产的农民合作社、家庭农场等新型农业经营主体数量应占有一定比重。

（二）支持方式

各地可根据实际,统筹利用中央财政农业生产发展资金中的适度规模经营资金以及自有财力等渠道予以支持。鼓励各地采取先建后补、以奖代补等方式,对农民合作社、家庭农场、农业产业化联合体等新型农业经营主体实施政策措施给予适当支持。

五、保障措施

（一）强化政策组织领导。……各省要深入推进示范合作社建设,打造高质量发展的示范样板。

（二）完善利益联结机制。各地要指导农民合作社、家庭农场、农业产业化联合体等新型农业经营主体,完善"保底收益＋按股分红"、股份合作、订单农业等利益联结机制,组织带动小农户开展标准化生产,促进小农户与现代农业有机衔接,让更多农户分享乡村产业发展政策红利。中央财政直接补助农民合作社形成的资产要量化到农民合作社成员。

（三）创新资金监管方式。……获得适度规模经营资金补助支持的新型经营主体全部纳入直报系统认证管理,并及时填报支持内容、补助方式、补助金额等相关情况。

（四）加大宣传引导力度。各地要通过多渠道解读扶持农民合作社、家庭农场、农业产业化联合体等新型农业经营主体发展的政策内容,及时宣传各地好的做法和模式;……要加大对农民合作社示范社、示范家庭农场、农业产业化示范联合体等新型农业经营主体的宣传推介力度,让农民群众照着学、跟着干,营造推动新型农业经营主体发展的良好舆论氛围。

《关于开展农民合作社规范提升行动的若干意见》

中央农办　农业农村部　发展改革委　财政部　水利部　税务总局
市场监管总局　银保监会　林草局　供销合作总社　国务院扶贫办

中农发〔2019〕18 号

（2019 年 9 月 4 日）

一、总体要求

（一）指导思想。以习近平新时代中国特色社会主义思想为指导,全面贯彻党的十九大和十九届二中、三中全会精神,紧紧围绕统筹推进"五位一体"总体布局和协调推进"四个全面"战略布局,按照党中央、国务院决策部署,落实新发展理念,坚持以农民为主体,以满足农民群众对合作联合的需求为目标,围绕规范发展和质量提升,加强示范引领,优化扶持政策,强化指导服务,不断增强农民合作社经济实力、发展活力和带动能力,充分发挥其服务农民、帮助农民、提高农民、富裕农民的功能作用,赋予双层经营体制新的内涵,为推进乡村全面振兴、加快农业农村现代化提供有力支撑。

(二)基本原则。

坚持党的领导。全面加强农村基层党组织对农民合作社的领导,加强农民合作社的党建工作,充分发挥党组织战斗堡垒作用和党员先锋模范作用,引导农民合作社始终坚持为农服务的正确方向。

坚持高质量发展。把农民合作社规范运行作为指导服务的核心任务,把农民合作社带动服务农户能力作为政策支持的主要依据,把农民合作社发展质量作为绩效评价的首要标准,实现由注重数量增长向注重质量提升转变。

坚持服务成员。把握农民合作社"姓农属农为农"属性,尊重农民主体地位和首创精神,为农民合作社成员提供低成本便利化服务,切实解决小农户生产经营面临的困难。

坚持市场导向。发挥市场在资源配置中的决定性作用,运用市场手段促进生产要素向农民合作社优化配置,拓展农民合作社经营内容和领域,创新合作模式和机制,以市场需求引导农民合作社高质量发展。

坚持依法指导监督。更好发挥政府对农民合作社的指导扶持服务作用,增强针对性和有效性。推进依法办社和规范治理,强化督促检查,确保政策措施落实落地。

(三)主要目标。到 2020 年,农民合作社质量提升整县推进稳步扩大,运行管理制度更加健全,民主管理水平进一步提升,成员权利得到切实保障,支持政策更加完善。到 2022 年,农民合作社质量提升整县推进基本实现全覆盖,示范社创建取得重要进展,辅导员队伍基本建成,农民合作社规范运行水平大幅提高,服务能力和带动效应显著增强。

二、提升规范化水平

(四)完善章程制度。指导农民合作社参照示范章程制定符合自身特点的章程,并根据章程规定加强内部管理和从事生产经营活动。农民合作社要加强档案管理,建立健全基础台账,实行社务公开,逐步实现公开事项、方式、时间、地点的制度化。(农业农村部等负责)

(五)健全组织机构。农民合作社要依法建立成员(代表)大会、理事会、监事会等组织机构。各组织机构应密切配合、协调运转,分别履行好成员(代表)大会议事决策、理事会日常执行、监事会内部监督等职责。规范经理选聘程序和任职要求,明确其工作职责。理事长、理事、经理和财务会计人员不得兼任监事。推动在具备条件的农民合作社中建立党组织,加强对农民合作社成员的教育引导和组织发动,维护成员合法权益,增强党组织的政治功能和组织力。(农业农村部等负责)

(六)规范财务管理。指导农民合作社认真执行财务会计制度,合理配备财务会计人员或进行财务委托代理。鼓励地方探索建立农民合作社信息管理平台,推动农民合作社财务和运营管理规范化,建立农民合作社发展动态监测机制。农民合作社要按规定设置会计账簿,建立会计档案,规范会计核算,及时向所在地县级农业农村部门报送会计报表,定期公开财务报告。依法为农民合作社每个成员建立成员账户,加强内部审计监督。农民合作社与其成员和非成员的交易,应当分别核算。国家财政直接补助形成的财产应依法量化到每个成员,农民合作社解散、破产清算时要按照相关办法处置。财政补助形成资产由农民合作社持有管护的,应建立健全管护制度。(财政部、农业农村部等负责)

(七)合理分配收益。农民合作社应按照法律和章程制定盈余分配方案,经成员(代表)大会批准实施。农民合作社可以从当年盈余中提取公积金,用于弥补亏损、扩大生产经营或者转为成员出资。可分配盈余主要按照成员与所在农民合作社的交易量(额)比例返还。农民合作社可以按章程规定或经成员(代表)大会决定,对提供管理、技术、信息、商标使用许可等服务或作出其他突出贡献的成员,给予一定报酬或奖励,在提取可分配盈余之前列支。(农业农村部等负责)

(八)加强登记管理。严格依法开展农民合作社登记注册,对农民合作社所有成员予以备案。农民合作社要按时向登记机关报送年度报告,未按时报送年报、年报中弄虚作假、通过登记住所无法取得联系的,由市场监管部门依法依规列入经营异常名录,并推送至全国信用信息共享平台,通过国家企业信用信息公示系统进行公示。列入经营异常的农民合作社不得纳入示范社评定范围。(市场监管总局、发展改革委、农业农村部等负责)

三、增强服务带动能力

(九)发展乡村产业。鼓励农民合作社利用当地资源禀赋,带动成员开展连片种植、规模饲养,提高标准化生产能力,保障农产品质量安全,壮大优势特色产业。引导农民合作社推行绿色生产方式,发展循环农业,实现投入品减量化、生产清洁化、废弃物资源化利用。支持农民合作社开发农业多种功能,发展休闲农业、乡村旅游、民间工艺制造业、信息服务和电子商务等新产业新业态,培育农业品牌,积极开展绿色食品、有机农产品认证,加强地理标志保护和商标注册,强化品牌营销推介,提高品牌知名度和市场认可度。(农业农村部、文化和旅游部、市场监管总局、林草局、知识产权局等负责)

(十)强化服务功能。鼓励农民合作社加强农产品初加工、仓储物流、技术指导、市场营销等关键环节能力建设。鼓励农民合作社延伸产业链条,拓宽服务领域,由种养业向产加销一体化拓展。发挥供销合作社综合服务平台作用,领办创办农民合作社。支持农民合作社开展农业生产托管,为小农户和家庭农场提供农业生产性服务。鼓励农民合作社和农民合作社联合社依法依规开展互助保险。(农业农村部、财政部、银保监会、林草局、供销合作总社等负责)

(十一)参与乡村建设。鼓励农民合作社建设运营农业废弃物、农村垃圾处理和资源化利用等设施,参与农村基础设施建设,发挥其在农村人居环境整治、美丽乡村建设中的积极作用。引导农民合作社参与乡村文化建设。(发展改革委、财政部、住房城乡建设部、农业农村部、文化和旅游部、供销合作总社等负责)

(十二)加强利益联结。鼓励支持农民合作社与其成员、周边农户特别是贫困户建立紧密的利益联结关系,鼓励农民合作社成员用实物、知识产权、土地经营权、林权等可以依法转让的非货币财产作价出资。鼓励农民合作社吸纳有劳动能力的贫困户自愿入社发展生产经营。允许将财政资金量化到农村集体经济组织和农户后,以自愿出资的方式投入农民合作社,让农户共享发展收益。(农业农村部、财政部、林草局、扶贫办等负责)

(十三)推进合作与联合。积极引导家庭农场组建或加入农民合作社,开展统一生产经营服务。鼓励同业或产业密切关联的农民合作社在自愿前提下,通过兼并、合并等方式进行组织重构和资源整合。支持农民合作社依法自愿组建联合社,增强市场竞争力和抗风险能力。不得对新建农民合作社的数量下指标、定任务、纳入绩效考核。(农业农村部等负责)

四、开展"空壳社"专项清理

(十四)合理界定清理范围。清理工作按照农民合作社所在地实行属地管理。在对农民合作社发展情况摸底排查基础上,重点对被列入经营异常名录、群众反映和举报存在问题以及在"双随机"抽查中发现异常情形的农民合作社依法依规进行清理。(农业农村部、市场监管总局、水利部、林草局、扶贫办等负责)

(十五)实行分类处置。各地对列入清理范围的农民合作社,要逐一排查,精准甄别存在的问题。依托农民合作社综合协调机制共同会商,按照"清理整顿一批、规范提升一批、扶持壮大一批"的办法,实行分类处置。切实加强对清理工作的指导监督和协调配合,建立健全部门信息共享和通报工作机制。(农业农村部、市场监管总局、水利部、林草局、扶贫办等负责)

(十六)畅通退出机制。拓展企业简易注销登记适用范围,对企业简易注销登记改革试点地区符合条件的农民合作社,可适用简易注销程序退出市场。加强政策宣传和服务,为农民合作社自主申请注销提供便利服务。(市场监管总局、税务总局等负责)

五、加强试点示范引领

(十七)扎实开展质量提升整县推进试点。深入开展农民合作社质量提升整县推进试点,发展壮大单体农民合作社、培育发展农民合作社联合社、提升县域指导扶持服务水平。扩大试点范围,优先将贫困县纳入。建立县域内农民合作社登记协同监管机制。鼓励各地开展整县推进农民合作社规范化建设,创建一批农民合作社高质量发展示范县。(农业农村部等负责)

(十八)深入推进示范社创建。完善农民合作社示范社评定指标体系,持续开展示范社评定,建立示范社名录,推进国家、省、市、县级示范社四级联创。将农民合作社纳入农村信用体系建设范畴,鼓励各地建立农民合作社信用档案,对信用良好的农民合作社,在示范社评定和政策扶持方面予以倾斜。健全农民合作社示范社动态监测制度,及时淘汰不合格的农民合作社。(农业农村部、人民银行等负责)

(十九)充分发挥典型引领作用。认真总结各地整县推进农民合作社质量提升和示范社创建的经验做法,树立一批制度健全、运行规范的农民合作社典型,加大宣传推广力度。按照国家有关规定,对发展农民合作社事业作出突出贡献的单位和个人予以表彰奖励。(农业农村部、人力资源社会保障部等负责)

六、加大政策支持力度

(二十)加大财政项目扶持。统筹整合资金加大对农民合作社的支持力度,把深度贫困地区的农民合作社、县级及以上农民合作社示范社、农民合作社联合社等作为支持重点。各级财政支持的各类小型项目可以安排农民合作社作为建设管护主体。鼓励有条件的农民合作社参与实施农村土地整治、高标准农田建设、农技推广、农业社会化服务、现代农业产业园等涉农项目。落实农民合作社有关税收优惠政策。鼓励有条件的地方对农民合作社申请并获得农产品质量认证、品牌创建等给予适当奖励。(财政部、农业农村部、税务总局等负责)

（二十一）创新金融服务。支持金融机构结合职能定位和业务范围,对农民合作社提供金融支持。鼓励全国农业信贷担保体系创新开发适合农民合作社的担保产品,加大担保服务力度,着力解决农民合作社融资难、融资贵问题。开展中央财政对地方优势特色农产品保险奖补试点。鼓励各地探索开展产量保险、农产品价格和收入保险等保险责任广、保障水平高的农业保险品种,满足农民合作社多层次、多样化风险保障需求。鼓励各地利用新型农业经营主体信息直报系统,点对点为农民合作社对接信贷、保险等服务。探索构建农民合作社信用评价体系。防范以农民合作社名义开展非法集资活动。(人民银行、银保监会、财政部、农业农村部、林草局等负责)

（二十二）落实用地用电政策。农民合作社从事设施农业,其生产设施用地、附属设施用地、生产性配套辅助设施用地,符合国家有关规定的,按农用地管理。各地在安排土地利用年度计划时,加大对农民合作社的支持力度,保障其合理用地需求。鼓励支持农民合作社与农村集体经济组织合作,依法依规盘活现有农村集体建设用地发展产业。通过城乡建设用地增减挂钩节余的用地指标积极支持农民合作社开展生产经营。落实农民合作社从事农产品初加工等用电执行农业生产电价政策。(自然资源部、农业农村部、发展改革委等负责)

（二十三）强化人才支撑。分级建立农民合作社带头人人才库,分期分批开展农民合作社骨干培训。依托贫困村创业致富带头人培训,加大对农民合作社骨干的培育,增强其带贫减贫能力。鼓励支持各类乡村人才领办创办农民合作社,引导大中专毕业生到农民合作社工作。鼓励有条件的农民合作社聘请职业经理人。鼓励支持普通高校设置农民合作社相关课程、农业职业院校设立农民合作社相关专业或设置专门课程,为农民合作社培养专业人才。鼓励各地开展农民合作社国际交流合作。(教育部、人力资源社会保障部、农业农村部等负责)

七、强化指导服务

（二十四）建立综合协调工作机制。全国农民合作社发展部际联席会议成员单位要充分发挥职能作用,密切协调配合,合力推进农民合作社规范提升。地方各级政府要建立健全农业农村部门牵头的农民合作社工作综合协调机制,统筹指导、协调、推动农民合作社建设和发展。各地要强化指导服务,深入调查研究,加强形势研判,组织动员社会力量支持农民合作社发展。充分发挥农民合作社联合会在行业自律、信息交流、教育培训等方面的作用。(全国农民合作社发展部际联席会议各成员单位负责)

（二十五）建立健全辅导员队伍。重点加强县乡农民合作社辅导员队伍建设，有条件的地方可通过政府购买服务等方式，为乡镇选聘农民合作社辅导员，采取多种方式，对农民合作社登记注册、民主管理、市场营销等给予指导。大力开展基层农民合作社辅导员培训。（农业农村部等负责）

（二十六）加强基础性制度建设。抓紧修订农民合作社相关配套法规，完善农民合作社财务制度和会计制度。各地要加快制修订农民合作社地方性法规。大力开展农民合作社相关法律法规教育宣传，加强舆论引导，为促进农民合作社规范发展营造良好环境。（农业农村部、财政部等负责）

附录6：

最值得推荐阅读的农民合作社研究论著
（2007—2016 年）[①]

编者按：自 2007 年《农民专业合作社法》实施以来，我国农民合作社进入了蓬勃发展的阶段。与此相应的是，近十年来，有关我国农民合作社的研究文献可谓汗牛充栋，无论规范性分析还是实证性研究均取得了比较可观的成果。探索和记录在新的历史条件下我国农民合作社研究的路径和态势，关注和梳理在农民合作社发展过程中提出的理论观点和学术思想，从而为中国的农民合作社发展提供理论支持和实践指导，为世界的合作社运动描绘时代特色和中国篇章，无疑具有重大意义。因此，中国农村合作经济管理学会、浙江大学CARD 中国农民合作组织研究中心（CCFC）、农业部干部管理学院农民合作社发展中心通过相关研究人员推荐、关注度检索和转载引用情况等方面综合考量，遴选推出"最值得推荐阅读的农民合作社研究论著（2007—2016 年）"，其中理论型论文、应用型论文各十篇和理论专著十本，以飨相关研究者和实践者。

在我们的遴选过程中，或是从我们推介的研究论著中，不难看出，2007—2016 年诸多合作社研究的问题主要包括了农民合作社的质性规定和制度边界、制度变迁与成长机理、制度安排与运行机制、制度环境与制约因素、绩效评价与现实问题、国外经验借鉴与比较研究、合作社立法研究等方面，现有的研究热门领域已转变为农民合作社的制度安排、环境应对、组织变革、新兴形式等。其中，对制度安排和运行机制的研究是合作社研究的重中之重，也是研究最为集中的热点、焦点和难点，更能够反映人们对合作社发展的合意性、合宜性以及发展路径、组织演化的研判。

同时，随着农民合作社的实践发展，合作社的研究主题也在持续演化，这其中关键在于研究者们如何深入或跳出合作社看合作社；如何将合作社真正

[①] 《最值得推荐阅读的农民合作社研究论著（2007—2016 年）》旨在梳理自《农民专业合作社法》颁布实施十年来国内最值得阅读的农民合作社研究论著，精选共计 30 篇（部），其中大部分来自本中心历年发布的"最值得推荐阅读的农民合作社研究论著"（本中心创立于 2009 年，自 2010 年开始发布该推荐）。

置于演化进程中或时代背景中研究；如何提炼出具有普遍阐释价值的合作社理论体系，以及如何落实到合作社的具体运营中去。具体而言，理论界对于农民合作社的研究应更聚焦于对组织制度安排（特别是产权关系和治理结构）的深刻研究、对运行机制（特别是与相关产业主体的竞合关系）的深入探讨、对各类新型合作社形态及其成长的敏锐观照和对中国特色农民合作社理论体系的创新构建等方面，而且也应更提倡面对实际问题和应用需求的研究。

当然，需要申明和强调的是，我们的推介既非对该时期内农民合作社研究论著进行优秀评选，也不意味着对其他论著学术价值的否认，更难免挂一漏万，唯愿我们的工作能够帮助推动合作经济理论研究者与政府部门、实践者之间的互动交流，进一步提升理论研究成果的社会影响力，更好地促进中国农民合作社事业的蓬勃发展。

一、值得推荐阅读的农民合作社理论型论文(共 10 篇)[①]

1. 王曙光：《中国农民合作组织历史演进：一个基于契约——产权视角的分析》，《农业经济问题》2010 年第 11 期。

2. 刘西川、陈立辉、杨奇明：《成员主导型金融组织治理：理论框架与比较分析》，《农业经济问题》2014 年第 10 期。

3. 李琳琳、任大鹏：《不稳定的边界——合作社成员边界游移现象的研究》，《东岳论丛》2014 年第 4 期。

4. 苑鹏：《对马克思恩格斯有关合作制与集体所有制关系的再认识》，《中国农村观察》2015 年第 5 期。

5. 徐旭初：《农民专业合作社发展辨析：一个基于国内文献的讨论》，《中国农村观察》2012 年第 5 期。

6. 郭晓鸣、廖祖君、付娆：《龙头企业带动型、中介组织联动型和合作社一体化三种农业产业化模式的比较——基于制度经济学视角的分析》，《中国农村经济》2007 年第 4 期。

7. 黄宗智：《农业合作化路径选择的两大盲点：东亚农业合作化历史经验的启示》，《开放时代》2015 年第 5 期。

8. 黄胜忠、林坚、徐旭初：《农民专业合作社治理机制及其绩效实证分析》，《中国农村经济》2008 年第 3 期。

---

① 按第一作者姓氏笔画排名。下同。

9. 谭智心、孔祥智:《不完全契约、非对称信息与合作社经营者激励——农民专业合作社"委托—代理"理论模型的构建及其应用》,《中国人民大学学报》2011 年第 5 期。

10. 熊万胜:《合作社:作为制度化进程的意外后果》,《社会学研究》2009 年第 5 期。

二、值得推荐阅读的农民合作社应用型论文(共 10 篇)

1. 马彦丽、孟彩英:《我国农民专业合作社的双重委托—代理关系——兼论存在的问题及改进思路》,《农业经济问题》2008 年第 5 期。

2. 仝志辉、温铁军:《资本和部门下乡与小农户经济的组织化道路——兼对专业合作社道路提出质疑》,《开放时代》2009 年第 4 期。

3. 刘老石:《合作社实践与本土评价标准》,《开放时代》2010 年第 12 期。

4. 张颖、任大鹏:《论农民专业合作社的规范化——从合作社的真伪之辩谈起》,《农业经济问题》2010 年第 4 期。

5. 张晓山:《农民专业合作社的发展趋势探析》,《管理世界》2009 年第 5 期。

6. 邵科、徐旭初:《农民专业合作社发展的价值遵循、实践创新与未来取向》,《农村工作通讯》2014 年第 19 期。

7. 苑鹏:《中国特色的农民合作社制度的变异现象研究》,《中国农村观察》2013 年第 3 期。

8. 周应恒、胡凌啸:《中国农民专业合作社还能否实现"弱者的联合"?——基于中日实践的对比分析》,《中国农村经济》2016 年第 6 期。

9. 崔宝玉、陈强:《资本控制必然导致农民专业合作社功能弱化吗?》,《农业经济问题》2011 年第 2 期。

10. 潘劲:《中国农民专业合作社:数据背后的解读》,《中国农村观察》2011 年第 6 期。

三、值得推荐阅读的农民合作社理论专著(共 10 本)

1. 孔祥智,等:《中国农民专业合作社运行机制与社会效应研究——百社千户调查》,中国农业出版社,2012 年。

2. 仝志辉:《农民合作社本质论争》,社会科学文献出版社,2016 年。

3. 吴彬:《农民专业合作社治理结构:理论与实证研究》,浙江大学出版社,2014年。

4. 张晓山、苑鹏:《合作经济理论与中国农民合作社的实践》,首都经济贸易大学出版社,2009年。

5. 赵泉民:《政府·合作社·乡村社会:国民政府农村合作运动研究》,上海社会科学院出版社,2007年。

6. 赵晓峰:《新型农民合作社发展的社会机制研究》,社会科学文献出版社,2015年。

7. 高海:《土地承包经营权入股合作社法律制度研究》,法律出版社,2014年。

8. 唐宗焜:《合作社真谛》,知识产权出版社,2012年。

9. 黄胜忠:《转型时期农民专业合作社的组织行为研究:基于成员异质性的视角》,浙江大学出版社,2008年。

10. 崔宝玉:《农民专业合作社发展研究——资本控制、治理机制与政府规制》,中国科学技术大学出版社,2016年。

附录 7：

最值得推荐阅读的农民合作社研究论著
（2016—2018 年）

一、2016 年最值得推荐阅读的农民合作社研究论著

（一）值得推荐阅读的农民合作社理论型论文①

1. 王图展：《农民合作社议价权、自生能力与成员经济绩效——基于 381 份农民专业合作社调查问卷的实证分析》，《中国农村经济》2016 年第 1 期。

【摘要】农民合作社的议价权和自生能力是影响其经济绩效的两个关键因素，分别对应外部市场结构和内部制度安排。基于全国 381 家生产类农民合作社的大样本调查数据和 Probit 模型，本文研究发现：当前农民合作社普遍还不具备增强议价权的市场条件和相应能力，但是，在农产品供求关系、内外部规模和产业链环节的市场结构方面占有议价权优势的合作社，增进成员经济绩效的概率更高；农民合作社在实践中出现诸多不同于法律规定和传统原则的变异，但是，那些满足异质性成员及集体利益最大化要求的制度变迁是激励相容的，并构成了合作社自生能力的来源，能够增进成员经济绩效。本文间接揭示了当下中国农民合作社的演化趋势和深化变革的可能性。

2. 王敬培、任大鹏：《"典范"标准：农民专业合作社示范社评选标准的研究》，《中国农业大学学报（社会科学版）》2016 年第 3 期。

【摘要】农民专业合作社示范社的评选标准集中体现着政策对于我国合作社发展模式的引导。农民专业合作社示范社的评选一直都是以统一的政府文件为准。然而，在示范社的逐级申报过程中，各地区又普遍存在着对文件标准的选择性遵从。本研究在对我国东、中、西部部分示范社调研基础上，对文件标准和实践标准的关系及文件标准的实质作用进行了分析。研究发现，表面看来受到来自实践领域挑战的文件标准并未被简单地虚置。文件标准作为有

---

① 　按第一作者姓氏笔画排名。下同。

效的技术治理工具,借由示范社评选中的名额分配方式得以成功推行。虽然实践标准普遍存在且获得了其合法性,但这种表面路径上的偏离不仅并未妨碍文件标准实际目标的达成,反而强化了其推行的必要性。

3. 欧阳煌、李思:《创新扩散、制度网络与专业合作社发展——基于小世界网络视角》,《中国农村经济》2016 年第 8 期。

【摘要】本文运用小世界网络方法解构新型农业经营主体的创新扩散网络,发现经营主体在生产要素网络中的初始位置对创新扩散速度具有敏感性,节点初始位置越高,越能提高创新扩散速度;在社会网络中,节点的聚类系数越高,其产生的流行性影响力越强,越能促进创新扩散在具有较低传播临界值的潜在采用者之间传播。本文研究选择农户集中度较高的农民专业合作社代表新型农业经营主体,对湖南省 60 个县(区)的 2400 家农民专业合作社现状展开了问卷调查,构建制度网络、创新扩散与农民专业合作社发展的中介效应方程。研究发现,制度网络对农民专业合作社的创新扩散和发展具有显著的中介效应,创新扩散对制度网络具有正反馈作用。最后,本文根据创新扩散在农民专业合作社中的传播特征,提出应着力构建增强"互动效应""倍增效应"以及"衍生效应"的制度供给网络,完善促进农民专业合作社发展的现代农业科技创新体系。

4. 郑景元:《合作社商人化的共生结构》,《政法论坛》2016 年第 2 期。

【摘要】不同个体之间可以一定方式加以同构而形成彼此共生关系。就此,商法意义上的共生结构,既要满足多元融合的适法性,又要实现多元选择的法效性。为此,合作社商人化进程既是一个从非商人到商人的转化过程,也是一个在商法限度内从消极共生到积极共生的优化过程,更是一个从传统商法到现代商法的进化过程。合作社在商人化过程中,通过内核裂变,呈现出由交易、分配与权力所组成的三元结构,进而实现营利性理论新发展;合作社在完成商人化后,通过与公司关系的横向规制,实现多元融合新范式;通过与政府关系的纵向调整,实现以民主协商为内容的公私合作新常态。另外,合作社商人化还涉及现代性问题、源于协商民主的权利问题以及依托权利塑造商人社会问题。

5. 赵泉民、井世洁:《合作经济组织嵌入与村庄治理结构重构——村社共治中合作社"有限主导型"治理模式剖析》,《贵州社会科学》2016 年第 7 期。

【摘要】转型中乡村社会价值主体及利益诉求多样化,致使村庄由先前某单一主体的"管控型"治理向多元治理主体交互作用的"协商共治"型治理进化。地处我国北部的 H 省 A 县 M 村,在合作经济组织的发展基础上形成了

"合作社有限主导型"的村庄治理模式,即:合作社组织借助于"利益诱导"机制,使之成为村庄治理的一个"整合主体";并与村两委进行"相当的联合",村庄自治行政及社区事务管理仍由村干部及村委会掌握,合作社组织在村域经济领域发挥一定的主导作用,且处在由"一般参与者"向治理中的"主角"角色演化进程中。该种治理模式是转型中乡村社会客观现实形成之结果,也是现阶段绝大多数村庄走向"良治"进程中的"一种必然"。

6. 高海、杨永磊:《社区股份合作社集体股改造:存废二元路径》,《南京农业大学学报(社会科学版)》2016 年第 1 期。

【摘要】集体股利弊兼具,已引发集体股存废之争与地方立法样态不一。集体股设置与否以及如何设置,直接影响农村集体资产股份化之组织载体股份合作社的股权设置、治理机制、利益分配和亏损承担。权衡集体股的利弊,集体股存废之争的出路应是在授权集体成员民主议定集体股存废的基础上,拓补集体股的存或废之二元改造路径,即以优先股的思路规制集体股存续之弊端、以公益金的进路填补集体股废止之缺位;但最终理想的发展走向将是一元路径,即集体股废止之公益金替补方案。

7. 黄祖辉、朋文欢:《农民合作社的生产技术效率评析及其相关讨论——来自安徽砀山县 5 镇(乡)果农的证据》,《农业技术经济》2016 年第 8 期。

【摘要】本文借助安徽省砀山县水果种植户的调研数据,实证考察了果农参与合作社对其生产技术效率的影响。异质性随机前沿函数模型分析显示,在不考虑样本选择偏差的情况下,农户参与合作社能显著改进其生产技术效率,社员农户的平均效率值比非社员农户高 7.07%;然而,采用 PSM 法消除样本选择偏差后,参与合作社并未对社员农户的技术效率产生实质性影响,已有研究对样本选择偏差的忽视容易高估农民合作社在提高农户生产效率方面的作用;合作社服务功能的弱化是其难以提高农户效率的主因。因此,保证合作社的规范化运作、强化其服务功能性是后期的政策重心。

8. 崔宝玉、徐英婷、简鹏:《农民专业合作社效率测度与改进"悖论"》,《中国农村经济》2016 年第 1 期。

【摘要】农民专业合作社效率可以分为经济效率、社会效率和交易效率。本文基于安徽省 2014 年 299 家农民专业合作社的调查数据,运用 DEA 与 SFA 相结合的三阶段 DEA 方法,测度了农民专业合作社效率,并利用 Tobit 模型分析了农民专业合作社效率的影响因素。研究发现,农民专业合作社的经济效率、社会效率和交易效率水平都总体偏低,且社会效率水平最低。经济效率、社会效率和交易效率水平低下是由纯技术效率低下和规模效率低下共同造成的,其中,纯技术效率低下是农民专业合作社效率总体偏低的主要原因。农民专业合作社效率易受到农业总产值占比等外部环境变量的影响,但各外部环境影响变量对农民专业合作社效率的影响方向、作用程度与路径有所差异。改进农民专业合作社效率时,要注意改进"悖论",农民专业合作社应根据发展实际,合理搭配改进效率的诸项措施。

9. 傅琳琳、黄祖辉、徐旭初:《生猪产业组织体系、交易关系与治理机制——以合作社为考察对象的案例分析与比较》,《中国畜牧杂志》2016 年第16 期。

【摘要】本文以生猪产业为主要考察对象,探讨生猪合作社在养殖主体前后向交易关系中的作用,并按照"交易类型—治理机制"的分析架构,将生猪养殖主体的前后向交易关系分为四种类型,即:短期重复性、长期重复性、长期稳定性和部分纵向整合,同时,将这些类型相对应的治理机制设定为价格治理、契约治理、关系治理和产权治理。基于此分析思路,通过多案例的剖析,以合作社为考察对象,分析生猪养殖主体前后向交易关系的类型与特征,相关治理机制的作用,为我国生猪合作社的发展提供参考。

10. 蔡晶晶、熊航:《基于主体的灌溉合作行为形成机制研究》,《农业技术经济》2016 年第 7 期。

【摘要】本文将农村社区模拟为以农户为节点、以农户之间各种社会关系为连边的社会网络,应用计算机仿真考察在灌溉资源管理中影响农户个体达成集体自组织治理的因素。研究发现:无标度网络下合作扩散的广度具有较小不确定性,但扩散速度比随机网络的不确定性更大。对资源依赖性越大,政策补助比例越高,平均合作人数越多,合作广度的不确定性越低,但合作扩散速度差异较大。对无标度网络,先行者类型和资源依赖性不同,占用者的支付意愿均值与稳定性随着政策支持比例的变化有差异。占用者间的社会学习和政策支持在推动合作扩散时,初始已采纳者的数量并不是决定合作扩散成功与否的关键因素。初始采纳者比例与合作扩散之间的关系取决于特定的网络类型和先行者类型,这对制定合作推广策略具有一定的指导意义。

(二)值得推荐阅读的农民合作社应用型论文

1. 邓衡山、徐志刚、应瑞瑶、廖小静:《真正的农民专业合作社为何在中国难寻?——一个框架性解释与经验事实》,《中国农村经济》2016 年第 4 期。

【摘要】自《农民专业合作社法》出台以来,中国农民专业合作社数量突飞猛进。但是,本文通过随机抽样的大样本调查发现,现实中的合作社本质上多为其他生产经营模式的"组织",真正意义上的合作社凤毛麟角。本文尝试系统性地解释中国罕见真正意义合作社的原因。在运用交易成本理论厘清了合作社发展适宜条件的基础上,本文结合约束条件阐释了合作社在中国当前环境下的适应性和发展空间,并得出结论:在中国现阶段,由于农产品质量监管不完善,农户经营规模小且农户间异质性强和制度建构外部支持缺失,合作社降低交易成本、获取规模经济的优势难以发挥,而组织成本高昂的劣势却更加突出,这是真正意义的合作社在中国难寻的根本原因。

2. 刘成良、孙新华:《精英谋利、村社托底与地方政府行为:土地股份合作社发展的双重逻辑》,《中国农业大学学报(社会科学版)》2016 年第 3 期。

【摘要】在当前农业经营体系调整中,地方政府基于制度创新、农业治理、政绩等多方动机,积极推动农业经营主体转型,通过资金、项目、技术、政策等多种支持帮扶新型经营主体。而作为地方治理创新的土地股份合作社在此背景下呈现出两种发展逻辑:一种是由资本、大户等经济精英主导的以盈利为目的的合作社;另一种是迫于政府压力,为了完成行政任务而由政治精英成立并承担兜底职能的合作社。由此产生的社会后果是精英谋利、村社托底、土地股份合作社背离其制度设计初衷,这不仅不利于新型经营主体的培育和发展,排挤了小农利益,还增加了农业经营风险、威胁粮食安全。

3. 刘志彪:《苏南新集体经济的崛起:途径、特征与发展方向》,《南京大学学报(哲学·人文科学·社会科学)》2016 年第 2 期。

【摘要】近年来,苏南地区的农村改革,重构了市场运行的微观基础,各种股份合作社、经济合作社、股份公司等适应市场经济的新型集体经济组织大量涌现,使过去旧的集体经济模式的内涵发生了相当大的变化,激活了集体经济组织的活力、动力、能力和效力。这个现象称为苏南"新集体经济"的崛起。"新集体经济"普遍具有产权清晰、政经分开、定位准确、公平分配、管理民主等鲜明特征,体现了社会主义新农村的时代风貌,它更能体现出市场经济条件下社会主义制度的本质要求。从苏南实践看,发展"新集体经济"是一个重要的选择方向。

4. 许锦英:《社区性农民合作社及其制度功能研究》,《山东社会科学》2016 年第 1 期。

【摘要】社区性农民合作社,是指农村社区农民(股份)合作社和城镇化进程中"村改居"的社区农(居)民(股份)合作社。近年来不断涌现的农村社区性农民合作社,主要成因:一是政策导向;二是确保农民主体地位的内在要求;三是农村集体产权制度改革的制度选择;四是失地村庄确保农民财产权益的制度选择;五是村民自治制度无法解决日益严重的农村社会问题倒逼的结果;六是保障合作社真实性的理性选择等。社区性农民合作社的特殊功能:社区性农民合作社是完善农村双层经营体制的最佳制度安排;是能够公平体现农民对集体财产权益主体地位的制度平台;是农村一、二、三产业融合发展的有效组织载体;是完善农村社区治理结构的良好制度载体;是承载国家政府支持农业、农村政策的制度平台。

5. 杨灿君:《"能人治社"中的关系治理研究——基于35家能人领办型合作社的实证研究》,《南京农业大学学报(社会科学版)》2016年第2期。

【摘要】合作社的建立和发展是嵌入在农村社会的关系网络当中的,在能人治理合作社的过程中,由于缺乏与正式治理相契合的社会环境,关系治理成为合作社治理的重要机制。能人社长依赖乡土社会中的关系交往法则,利用熟人社会的信任惯习,强调互惠,打造社长个人声誉和合作社声誉,注重与社员沟通和协调等关系性规则进行组织治理,但也存在关系权威取代理性权威,利益分配的差序化,监督作用的削弱以及能人难以获得社会性激励等失范问题。能人的关系状态和关系行为对合作社的关系治理结构和治理过程有着重要影响,如何引导和规范能人领办型合作社的内部治理机制,真正形成高水平的合作,互惠互利,是值得今后深入探讨的问题。

6. 张连刚、支玲、谢彦明、张静:《农民合作社发展顶层设计:政策演变与前瞻——基于中央"一号文件"的政策回顾》,《中国农村观察》2016年第5期。

【摘要】本文以中央发布的18个"一号文件"为研究对象,系统梳理了"一号文件"有关农民合作社发展政策的演变轨迹与关注重点,主要包括合作社法律的制定与修订、合作社的规范化和示范社建设、合作社发展的政策支持、合作社开展信用合作工作的试点与推进、合作社联合社的创新与发展等七个方面的内容。中国未来的农民合作社政策将着力于进一步扩大财政资金对合作社的补贴范围、鼓励和加快合作社创新发展、加大对合作社示范社的规范化建设与监管力度、明确政府在合作社发展过程中的角色定位、鼓励和引导高校毕业生到合作社工作等七项工作。

7. 张益丰、陈莹钰、潘晓飞:《农民合作社功能"嵌入"与村治模式改良》,《西北农林科技大学学报(社会科学版)》2016年第6期。

【摘要】村治模式改良既关系到乡村综合治理的顺利开展,也为农业生产的可持续提供制度保障。通过多案例比较分析,研究证实乡村善治的基础是对社区经济资源的有效掌控;利用经济资源为农业社区提供优质的农村社会化服务将成为农业社区治理优化的保证;短期内实现合作社与村两委领导者职能重叠,达到经济发展与社会服务供给同步,可以降低农村社区综合治理成本,提高乡村治理成效;中长期内赋予农民合作社更多综合性服务功能,使其在发展农村合作经济的同时为农业社区提供社会化服务,形成乡村治理良性运作。

8. 陈立辉、刘西川:《农村资金互助社异化与治理制度重构》,《南京农业大学学报(社会科学版)》2016 年第 3 期。

【摘要】农村资金互助社是中国合作金融探索的新阶段。本文在论述农村资金互助社运行机制及制度优势的基础上,揭示农村资金互助社异化的具体形式、后果及原因,进而探讨重构其治理制度的原则与路径。农村资金互助社在资金来源、组织结构、管理、贷款产品和收益分配等方面均体现了合作金融自愿、互助、民主以及非营利等特征,具有较小存贷利差、股权激励以及微型金融贷款办法等制度优势。农村资金互助社异化在目标、产权、管理以及贷款四个方面均有体现,结果是互助合作属性丧失、风险增大以及资金动员困难。农村资金互助社发生异化的主要根源是净储蓄者—净借款者、小户—大户以及管理者—借款者之间未能实现激励相容。重构农村资金互助社治理制度,应遵从金融发展权利与激励相容两条基本原则,并从民主、产权及产品三个方面寻求重构路径。

9. 周应恒、胡凌啸:《中国农民专业合作社还能否实现"弱者的联合"? ——基于中日实践的对比分析》,《中国农村经济》2016 年第 6 期。

【摘要】本文架构了以实现"潜在利润"为核心的分析框架,旨在讨论中国农民专业合作社实现"弱者联合"的可能性。研究结果表明:农户特征的差异性、制度环境、市场环境和政策环境都会影响农民合作的潜在利润,进而决定农民合作能否实现及以何种形式实现。日本农协成功实现"弱者联合"的经验,验证了文章分析框架的适用性;而通过与日本的对比分析发现,中国现在实现"弱者联合"的诸条件发生了根本变化,要想在中国实现有效的"弱者联合"变得异常艰难。

10. 赵晓峰、邢成举:《农民合作社与精准扶贫协同发展机制构建:理论逻辑与实践路径》,《农业经济问题》2016 年第 4 期。

【摘要】农民合作社的制度安排具有益贫性的显著特征,这使其能够成为精准扶贫与精准脱贫的理想载体。农民合作社产权制度和治理结构不合理的根本原因在于普通农户无股权,使合作社与普通农户之间难以建立起紧密的利益联结机制。整合国家财政扶贫资源与合作社进行对接,再吸纳贫困农户的自有资源,一方面有助于依托合作社推动建立产业扶贫、资产收益扶贫、合作金融扶贫与农业科技扶贫相结合的精准扶贫体制机制,另一方面也有利于提高贫困农户在合作社中的股权份额,改善合作社的产权构成,使贫困农户能够更好地参与合作组织并逐步提升合作自治能力,推动合作社进一步完善治理结构,走上转型升级与可持续发展的道路。

(三)值得推荐阅读的农民合作社理论专著

1. 张德峰:《合作社社员权论》,法律出版社,2016年。

【摘要】在与自然和其他竞争者的生存斗争与竞争中处于弱势地位的个体,只有通过互助合作才能生存或过得更好。从本质上看,合作社就是个体为改变自身弱势地位和实现人的生存与发展联合起来进行互助合作的组织形式。可见,改变自身弱势地位和实现人的生存与发展,是社员参与互助合作活动的根本目的所在,也将是社员所有利益诉求的产生根源。本书由此出发,追溯社员权本源,考察分析国内外合作社立法并总结归纳其普遍做法,揭示社员权产生过程,构建个体社员权和集体社员权"二元社员权"理论体系,探究社员权的取得、消灭、行使、限制以及保护等基础理论问题,评析我国合作社立法与实践,思考我国合作社立法完善途径并提出相应方案。

2. 崔宝玉:《农民专业合作社发展研究:资本控制、治理机制与政府规制》,中国科学技术大学出版社,2016年。

【摘要】本书从农民专业合作社资本控制及相应政府规制的视角探讨农民专业合作社的发展与治理问题。在农民专业合作社资本控制的研究中,分析了农民专业合作社资本控制的逻辑,探讨了资本控制下农民专业合作社的功能与运行状态,总结了资本控制下的农民专业合作社的合作演进规律。在农民专业合作社治理机制的研究中,提出了农民专业合作社治理的"双重逻辑"与"双重控制机制",讨论了农民专业合作社的委托代理关系,总结了改进农民专业合作社治理的具体路径。在农民专业合作社政府规制的研究中,分析了当前农民专业合作社治理规范化的情况,探讨了现实中农民专业合作社的政府规制及政府俘获问题,提出了农民专业合作社政府规制改进的具体措施。

二、2017年最值得推荐阅读的农民合作社研究论著

(一)值得推荐阅读的农民合作社理论型论文

1. 邓宏图、马太超、徐宝亮:《理性的合作与理性的不合作——山西省榆社

县两个合作社不同命运的政治经济学透视》,《中国农村观察》2017年第4期。

【摘要】理性既可能诱发经济主体间的合作,也可能诱使交易各方选择不合作,二者的分界点在于交易成本的不同。本文发现,环境参数(地权约束、资本约束等)和交易维度(交易品自然属性、交易频率等)及其不同组合(和相互作用)将决定缔约各方选择集合的大小。给定环境参数,不确定性、交易频率、资产专用性、贸易(交易)半径、产品的自然属性等因素及其相关组合会直接影响交易性质并决定(潜在的)交易成本的大小,这意味着缔约双方或多方要通过缔结相应的合约来减少交易成本和降低经营风险。缔约各方对潜在交易成本和交易风险的不同反应会导致不同的缔约结构,有的缔约结构是有效率的,而有的缔约结构则缺乏效率。需要强调的是,理性诱导下的合作与不合作,都是在交易成本约束下的最优选择,都具备经济学意义上的合理性,但是,它们所蕴含的经济绩效却截然不同。

2.刘西川、徐建奎:《再论"中国到底有没有真正的农民合作社"——对〈合作社的本质规定与现实检视〉一文的评论》,《中国农村经济》2017年第7期。

【摘要】本文尝试概括、评价《合作社的本质规定与现实检视——中国到底有没有真正的农民合作社?》一文中的主要观点、研究视角以及有待探讨的地方,并在此基础上提出本文对合作社本质规定的认识——合作社是要素契约与商品契约相互治理的一种混合组织形式,其中特别强调了商品契约的反向治理作用。按照这个界定标准,本文在要素契约与商品契约相互治理的分析框架下重新考察该文所提供的6个典型案例,发现中国存在真正的合作社。本文预言,随着对农产品质量要求的不断提高,中国将会迎来合作社发展的新高潮。

3.杨丹、刘自敏:《农户专用性投资、农社关系与合作社增收效应》,《中国农村经济》2017年第5期。

【摘要】农户与合作社之间的关系(即"农社关系")对农户农业收入增长的影响是合作社政策效果评价中的重要问题。本文首先构建了一个农户专用性投资影响农社关系,进而导致农户农业收入差异的理论框架;然后利用中国15省微观调查数据建立内生转换回归(ESR)模型,通过构建反事实场景分析了差异化农社关系下农户的农业收入差异。研究结果表明:农户专用性投资有助于形成紧密的农社关系;随着农社关系由非社员逐步向影子社员、松散社员和紧密社员转变,农户的农业收入分别提高8.01%、1.65%和2.46%;而对政府更为关注的低收入农户而言,当农社关系由松散社员转向紧密社员时,合作社的扶贫增收效应更明显。

4.何宇飞:《新乡村建设运动中的困境:另类商品化与合作劳动——基于华南某乡村旅馆项目的案例分析》,《中国农村观察》2017年第6期。

【摘要】21世纪初兴起的中国当代新乡村建设对探索资本化、市场化之外的农村发展道路具有重要意义。本文结合Wright和Gibson-Graham对另类发展的认识范式,试图突破以往浪漫化抑或单纯质疑新乡村建设的二分视角,选取一个乡村旅馆合作经营的案例进行研究。本文指出了新乡村建设至少面临两个困境:一是通过"另类商品化"在经济过程中嵌入社会、文化、生态价值的困境,二是通过合作劳动维持"公地"运营的困境。这两个困境背后存在特定的社会再生产机制:前者主要是由于生产和生活商品化程度的加深强化了农民对现金的需求;后者则可以部分归因于土地个体经营的宏观制度与合作劳动中对劳动质量的评价标准的缺失。揭示这些结构性障碍并不是否定相关实践,而是期待在对实践作出反思的基础上,找寻行动的可能空间,给实践者提供尽可能多的参考。

5.应瑞瑶、朱哲毅、徐志刚:《中国农民专业合作社为什么选择"不规范"?》,《农业经济问题》2017年第11期。

【摘要】中国农民专业合作社发展不规范问题引起了社会各界的广泛讨论。本文基于3省9县331个村的农民专业合作社调查数据,对中国合作社"不规范"情况进行了甄别,并从激励相容视角剖析了异质性成员在不同服务功能下的参与约束和激励约束,解释了中国合作社普遍选择"不规范"的深层次原因。研究表明,严格实行"依法的盈余分配"制度所需条件较为苛刻,致使现实中的合作社极少选择。对大多数合作社而言,"不规范"是合作社成员参与约束与激励约束下的现实理性选择。面对中国合作社发展面临的约束条件,对合作社的发展定位需要重新认识,借鉴我国台湾省农业合作社和"农业产销班"并存的合作组织制度安排可能是一种更为现实的选择。

6.陈义媛:《大户主导型合作社是合作社发展的初级形态吗?》,《南京农业大学学报(社会科学版)》2017年第2期。

【摘要】基于对五个合作社的案例分析,从马克思主义政治经济学角度出发,考察了大户/农业资本如何,以及为何采取不同的形式将普通社员整合进合作社,从而服务于其自身的积累和扩大再生产。研究发现,由大户主导的合作社可能采取各种不同的形式来整合小户,但小户无论以什么形式加入合作社,其收益都仅相当于所投入劳动力的报酬,所得农业剩余极少。由于农产品市场结构的差异,大户/农业资本对小户的整合程度不一,但小户即便在生产上具有更高的自主性,依然无法通过加入合作社而形成积累,从而改变在合作社中的边缘地位。文章最后讨论了合作社的运作逻辑并没有内在地包含"去异化"的机制,如果村庄分化不能被抑制,合作社被大户控制的问题不仅仅存在合作社发展的初级阶段。

7.朋文欢、黄祖辉:《农民专业合作社有助于提高农户收入吗?——基于内生转换模型和合作社服务功能的考察》,《西北农林科技大学学报(社会科学版)》2017年第4期。

【摘要】由于研究方法的局限性以及对合作社服务功能的稍欠考虑,现有的关于合作社增收绩效的研究结论有偏差,因此借助内生转换模型(ESRM)来弥补已有研究在方法上的缺陷,并尝试将合作社的服务功能纳入实证分析框架。来自全国15省1243位农户的数据表明:(1)合作社并不必然提高社员收入,合作社只有在充分发挥其服务功能的情况下其增收效果才显著;(2)在合作社发挥其服务功能,并校正样本选择偏差的前提下,合作社对农户家庭农业收入的平均处理效应为0.706,并且非社员农户在参与合作社的反事实情境下,其收入的提升幅度将超过社员农户;(3)多方法的比较研究显示,内生转换模型是当前评价合作社增收绩效比较严谨的方法。

8.徐旭初、吴彬:《异化抑或创新?——对中国农民合作社特殊性的理论思考》,《中国农村经济》2017年第12期。

【摘要】本文试图探讨三个涉及中国农民合作社发展的根本问题:①中国的农民合作社是否特殊? ②如果中国农民合作社的特殊性是既定的,那么,它为什么特殊? ③这些"中国特色"的合作社还是不是"合作社"? 本文研究发现,基于Leavitt的组织模型,作为舶来品的合作社在目标、参与者(成员)、技术(文化)和社会结构等基本组织要素方面均呈现出鲜明的中国本土特色。从历史因素和制度因素考察,中国的农民合作社之所以会呈现出特色形态,是因为其背后隐含着两大关键机制——先赋的产业化机制与引致的合法化机制。通过回归合作社制度硬核,并适当放宽合作社的定义域,本文认为,可以将"惠顾"划分为"直接惠顾"和"间接惠顾"。进而,本文推断,当前中国大多数农民合作社是具有合作制属性、同时产业化和制度性色彩鲜明的股份合作制的改进型(且为过渡型)中间组织,这些合作社并非异化的或伪形的合作社,而是富有中国本土特色的创新形态。

9.崔宝玉、刘丽珍:《交易类型与农民专业合作社治理机制》,《中国农村观察》2017年第4期。

【摘要】社员与农民专业合作社之间形成了不同类型的交易,合作社治理本质上是对不同类型交易的治理。社员与农民专业合作社之间交易的类型对农民专业合作社治理机制的选择与调整具有决定作用。在外围社员与农民专业合作社的个别交易中,商品契约在农民专业合作社治理中居于主导地位,商品契约的风险已在交易过程中得到补偿,难以对要素契约形成反向治理效应,农民专业合作社一般不会按交易额分配盈余。在积极社员与农民专业合作社的重复交易中,关系治理机制的作用会被强化;在核心社员与农民专业合作社的长期交易中,要素契约的治理作用会得到增强;按交易额分配盈余实质上体现了对交易过程中商品契约的剩余风险以及对积极社员和核心社员参与农民专业合作社经营、组织与管理的补偿,而交易的关系治理机制也使按交易额分配盈余成为可能。

10.谭智心:《不完全契约、"准租金"配置与合作社联合社的产权》,《东岳论丛》2017 年第 1 期。

【摘要】农民合作社联合社的产权契约具有不完全性特征:成员财产产权的界定不完全且权能缺失,公共财产产权的模糊性导致易出现机会主义行为。合作社联合社进行产权安排实质上是内部成员之间缔结组织契约的过程,目的是为了攫取联合社产生的组织剩余("准租金"),从而导致成员合作社在产权安排过程中产生利益博弈,而联合社成员的要素资源禀赋将对博弈结果产生一定影响。

(二)值得推荐阅读的农民合作社应用型论文

1.孔祥智:《农村社区股份合作社的股权设置及权能研究》,《理论探索》2017 年第 7 期。

【摘要】农村社区股份合作社是指将农村集体净资产量化到成员后形成的合作经济组织,具有成员性、封闭性、民主性特点,其股权设置涉及三大方面问题,即是否设集体股、个人股如何设置,以及确权单元是个人还是农户。农村社区股份合作社的权能是指合作社的股权除了分红外,还可能具有继承、转让、抵押、担保等功能。实践中,农村社区股份合作社股权的管理方式有动态管理和静态管理两种类型,所体现的成员股份的权能也不一样。试点中需要重视成员股权退出、引入社会力量办社和成员决策权的行使等问题。

2.任大鹏:《〈农民专业合作社法〉的基本理论问题反思——兼议〈农民专业合作社法〉的修改》,《东岳论丛》2017 年第 1 期。

【摘要】从《农民专业合作法》人格独立性角度,通过文献梳理、实践判断和逻辑分析方法,本文形成以下结论:在"两分法"体系下,农民专业合作社具有营利性法人的特征;法律对农民专业合作社财产结构安排的核心是明确界定成员与合作社之间财产权利的边界；治理结构的完善应当以保护成员的最终控制权为目标，完善赋权机制，并保护成员退社自由的权利；对农民专业合作社进行特别扶持符合法理，法律不需要设立专门的监管机构，但不排除政府可以对合作社的税收豁免和财政补助资金使用情况等进行专项检查监督；在对农民专业合作社普遍给予反垄断豁免权的同时，须对联合社滥用市场优势地位的倾向持谨慎态度。

3. 孙迪亮：《近十年来我国农民合作社发展政策的实践创新与理论思考——以"中央一号文件"为中心的考察》，《中国特色社会主义研究》2017年第4期。

【摘要】基于对近10年来"中央一号文件"的解析，可见我国农民合作社发展政策的重大创新：在合作社的功能定位上，主张实现由市场流通中介组织到现代农业经营组织再到乡村协同治理组织的跃升；在合作社的组织形态上，主张在不断拓新服务内容的基础上寻求多样化发展；在合作社的发展原则上，主张在遵循法定基本原则的基础上加强规范化建设；在合作社的动力保障上，主张在优化法治环境的基础上予以多层面、实质性支持。在未来的政策完善和具体实践中，应该在农民合作社的内涵界定上予以"正名验身"，在农民合作社的预设目标上追求"提质增效"，在农民合作社的内部发展上发挥"羊群效应"，在农民合作社的外部环境上确保"良法善治"。

4. 李琳琳：《我国本土合作社的现实图景——对合作社"制度变异说"的反思与讨论》，《农业经济问题》2017年第7期。

【摘要】本文基于实地调查，尝试勾勒我国本土合作社的现实图景，同时兼与合作社"制度变异"说展开讨论。用西方经典合作社制度衡量我国合作社实践而后提出的"制度变异说"并不妥当，应建构适合我国本土的合作社评价标准。从实践来看，我国的合作社已经形成了若干较固定且具有普遍意义的制度设置，如成员身份是入股者或管理者或使用者，分配制度包括一次让利、按股分红和保底分红等方式，合作社的决策基础是不同成员具有的差异化社会资本等。这与合作社所嵌入的制度环境相一致，受到我国乡土社会"小同体合作"的理念、农村社会阶层分化及现代化农业的转型等方面的影响。

5. 张红宇、刘涛、杨春悦、罗鹏：《农民合作社：从量变到质变——四川省农民合作社的调研与思考》，《中国农民合作社》2017年第3期。

【摘要】在高速增长背后，特别在国民经济发展进入新常态、推进农业供给侧结构性改革背景下，如何促进合作社持续健康发展，需要厘清思路、把握方向，提升合作社的发展质量。农业部经管司调研组赴四川成都市温江区、郫县、崇州市和资阳市雁江区等地进行了调研,发现在调研区实践中,合作社创新发展已成为自觉行动,政府支持合作社提档升级有新举措,新常态下农民合作社发展有新思路,可为全国合作社发展提供有益借鉴。

6. 张晓山:《理想与现实的碰撞:〈农民专业合作社法〉修订引发的思考》,《求索》2017 年第 8 期。

【摘要】《农民专业合作社法》已经实施 10 年,修订《农民专业合作社法》的工作也已经启动。中国农业现代化的路径是龙头企业带动的中国农业产业化经营,龙头企业和农户之间是不平等的互利关系。《农民专业合作社法》为农业龙头企业进入合作社甚至领办合作社提供了法律依据,但龙头企业和农民之间公平合理的利益联结机制能否建立,要看社员(农业生产经营者)能否在合作社发展中逐渐成为合作社资产的主要所有者、合作社事务的控制决策者和合作社所提供服务的主要受益者。在《农民专业合作社法》的修订中,有两个问题应深入讨论:一是没有交易额的合作社是否还能算作合作社;二是公司能否加入合作社联合社。中国农民专业合作社未来的发展要通过社员入股或扩股,使资本从属于社员,使合作社服务的使用者与提供者身份相统一。要在理想和现实之间寻找平衡点,在守住底线的前提下,要保持和增强《农民专业合作社法》的灵活性和包容性,给予基层合作社更大的弹性活动空间。

7. 苑鹏:《深化供销合作社综合改革的进展与挑战初探》,《重庆社会科学》2017 年第 9 期。

【摘要】供销合作社按照"为农、务农、姓农"的改革方向,试点先行,全面推进综合改革,取得显著成效。供销合作社基层组织的覆盖面明显扩大、为农服务的领域拓宽、服务方式创新、服务能力明显提升,初步与农民建立起利益联结机制。当前供销合作社面临体制机制改革的创新手段不足,部分干部职工对综合改革认识不到位,基层组织建设仍然薄弱、人才队伍建设严重滞后,历史包袱重等问题。建议供销合作社加大综合改革的深度与广度,达成改革共识。

8. 周娟:《农民分化结构下农民合作组织的建设——韩国的经验与启示》,《农业经济问题》2017 年第 5 期。

【摘要】本文通过对韩国农民基层合作组织的建设与发展的考察,探讨在农民阶层分化和经营分化背景下如何避免农民合作组织的异化问题。本质上,分化的农民在面对市场压力时有一致的利益诉求,这形成了农民间、合作组织间联合而非竞争的基础。在农民分化背景下,以农民的异质性需求为基础,建立多层次多目的的合作组织,实现合作组织内部尽量同质化、合作组织间尽量异质化、政府支持的目标化和实体化,可实现农民与合作组织、合作组织与合作组织间的互补、合作、分利、共赢的关系,从而克服农民合作组织的异化问题。

9. 赵铁桥:《农村金融改革的主攻方向究竟何在——略谈发展新型农村合作金融的路径和目标》,《农村经营管理》2017 年第 12 期。

【摘要】探索发展新型农村合作金融,稳妥开展农民合作社内部信用合作试点是党中央、国务院提出的明确要求。由于种种现实约束,试点工作需要慎重稳妥开展,至少要做到"三个兼顾":一要兼顾风险防范和创新发展;二要兼顾试点地区的代表性;三要兼顾试点合作社的产业选择与发展水平。要补齐农村合作金融机构体系这块短板,应着力沿着农民合作社内部信用合作和新型社区性农村合作金融组织两个方向次第展开。进而,真正按照合作制原则,组建发展以服务小农和各类新型农业经营主体为唯一目标的全国性的农民合作银行体系,这是我国农村金融改革应有的重点路径目标和主攻方向。

10. 戴旭宏:《小规模合作:中国农民专业合作社发展的一种重要选择——基于连续八年对关坝养蜂专业合作社发展观察》,《农村经济》2017 第 10 期。

【摘要】21 世纪初,政府出台了一系列政策来推进农村各种形式的农民合作社发展,目前看来取得了一定的成效,并成为扭转乡村失序、建设农村文化、保护在地生态环境等方面的重要组织载体。然而近年来,随着农村分工分业深化,农民专业合作社的发展出现了很多新情况和新问题。本文以四川省平武县关坝养蜂专业合作社作为样本,经过 8 年的持续观察和研究,认为在一部分行业和地区,小规模的合作社更适应现阶段的农村生产关系,政府应该改变目前对大规模合作社的政策支持偏好、支持标准、范围及方式;不应单纯以人数、规模等来作为合作社的支持标准,而是也要从产品安全、合作社运行绩效与环境承载、保护和可持续发展来考量。

(三)值得推荐阅读的农民合作社理论专著

缺

三、2018 年最值得推荐阅读的农民合作社研究论著

(一)值得推荐阅读的农民合作社理论型论文

1. 马池春、马华:《农村集体产权制度改革的三重维度与秩序均衡——一

个政治经济学的分析框架》,《农业经济问题》2018年第2期。

【摘要】集体所有制是中国农村社会的制度根基,其四十年改革变迁是农村生产关系不断调整和完善的反映,农民利益保护与利益发展始终是这一进程的核心议题。从国家维度分析,农村集体产权制度是农民利益保护的主要制度基础;从市场维度分析,合理有效的产权配置是解决农民利益发展市场化的关键;从农民维度分析,产权要素与市场要素集聚混合所带来的发展新动能与风险并存。农村过渡性市场是集体产权制度改革进程中的秩序均衡策略,其对农村产权安排的稳定性具有调控作用,对农民利益发展具有推动作用。

2. 孔祥智、岳振飞、张琛:《合作社联合的本质——一个交易成本解释框架及其应用》,《新疆师范大学学报(哲学社会科学版)》2018年第1期。

【摘要】联合社是合作社发展到一定程度,为了扩大规模,联合其他合作社成立的一种新型合作经济组织。本文运用交易成本理论,对合作社联合的本质进行了探讨,解释了联合社的成因并进行了案例实证分析。联合社本质上是一种治理结构,是合作社扩大规模时,在市场、吸收新社员与建立联合社三种治理结构之间进行选择的结果。合作社选择联合的原因是在三种治理结构中,联合社节约的外部交易成本与产生的内部交易成本(治理成本)之差最大。案例分析表明:吉林星海联合社的成立能够以较低的成本迅速扩大合作社经营规模,实现规模收益;合作社社员关系的稳定性决定了联合社是扩大经营规模的现实选择;依托成员社能够降低联合社的治理成本。

3. 刘西川、钟觅琦:《合作金融组织剩余控制权安排的另一种可能——分权型及半阁村实例》,《财贸经济》2018年第10期。

【摘要】除由发起人集中负责实施剩余控制权的发起人控制模式之外,合作金融组织剩余控制权安排还存在另一种可能——分权型模式,即根据风险与权利对应原则由成员采取分散化方式来实施剩余控制权。本文提出一个合作金融组织剩余控制权安排的分析框架,并在该框架下实证分析半阁村信诚农村信用互助专业合作社剩余控制权的分配与实施过程及其特点,初步验证了分权型模式的内在逻辑,即分权型模式可以根据入股情况在成员中间分配剩余控制权,通过明确和具体的成员担保机制来分散化实施剩余控制权。分权型模式的理论启示在于其揭示了剩余控制权实施存在非唯一性的可能。最后从剩余控制权"可分"的角度对当前合作金融组织实践与政策领域存在的一些问题进行反思并提出相关建议。

4. 吴理财、方坤:《典型何以可能:县域政治视角下的典型治理行为分析——对HF农业合作社典型生成过程的考察》,《河南师范大学学报(哲学社会科学版）》2018 年第 2 期。

【摘要】当前政府在合作社治理中的典型偏好有其独特的产生过程和机制。地方政府的治理困境、政绩压力以及合作社内在的发展需求，共同推动着合作社典型治理的生成。典型治理是政府在社会动员不足情况下的一种选择性治理，是政府通过"以点带面"的方式推动多元主体参与政策实施的一种手段。县域典型治理是在政府推动下对典型地区的复制与强化，政府、精英与市场之间的互动是典型治理的动力源头。具体而言，政府治理困境和治理压力是典型治理的现实动力，市场的选择偏好是典型治理的外部推力。但典型治理主要关注政府层级内部的运转，忽视了人民群众的利益。要转变这种现状，就必须通过制度设计保障人民群众的治理主体性。

5. 张琛、孔祥智：《农民专业合作社成长演化机制分析——基于组织生态学视角》，《中国农村观察》2018 年第 3 期。

【摘要】基于"变异—演化—发展"的研究主线，本文采用案例分析方法刻画了两家农民专业合作社的成长演化历程，从合作社成长演化变异因素入手，深入探究合作社成长演化机制，从组织生态学视角归纳出合作社的成长演化分析模型。研究表明：合作社成长演化的变异因素是其生存空间的扩展、优势资源的利用和组织模式的创新，其成长演化的机制体现为组织惯性的合理化、组织合法性程度的增强和组织生态位的跃升。因此，合作社的成长演化需要合理界定其变异因素，科学运用成长演化机制。

6. 苑鹏、陆雷：《俄国村社制度变迁及其对我国农村集体产权制度改革的启示》，《东岳论丛》2018 年第 7 期。

【摘要】通过对农村集体经济组织制度遗产、俄国村社制度历史演进的初步梳理发现，村社制度自中世纪至 19 世纪中叶前在俄国农村长期占据主体地位。1649 年实施的农奴制强化了村社制度，使村社兼具成员自治组织和国家基层组织的双重属性；1861 年农民革命使村社制度走向官方机制化，共同体属性被明显削弱。1906 年斯托雷平改革强制农民迁出村社、实行土地私有化，加速村社制度的瓦解，造成农民严重分化和社会的不稳定。俄国村社制度变迁带给我们的主要启示是深化农村集体产权改革应顺应城镇化、市场化进程稳步推进，有效利用村庄共同体制度遗产发展集体经济，是引领弱势农户群体实现共同富裕的重要途径。

7. 朋文欢、傅琳琳：《贫困地区农户参与合作社的行为机理分析——来自广西富川县的经验》，《农业经济问题》2018 年第 11 期。

【摘要】本文从农户入社需求和合作社吸纳意愿两个视角对农户入社的行

为机理进行了理论解读和实证检验。广西富川县的经验表明,农户能否入社不仅取决于农户的入社需求,更有赖于合作社对其的吸纳意愿。然而,双变量Probit模型的验证结果显示,农户与合作社在决策中关注的焦点迥异,前者希望入社以改善其贫困弱势,节约交易费用并规避经营风险,因此,贫困建档立卡户或有专用性投资的农户入社更积极;后者对贫困户并未表现出青睐,经营规模大、有专用性投资或以非粮作物经营为主的农户才是其吸纳重点。二者期许的"鸿沟"构成了农户入社意愿难以向实际入社行为转换的主因。人际关系、邻里行为也是合作社与农户决策的重要参考。比较可发现,依据单变量二值选择模型的结果可能会对农户的行为机制做出错误解读。

8. 赵新龙:《合作社决议效力规则的立法构造及其适用》,《农业经济问题》2018年第3期。

【摘要】决议纠纷是合作社治理纠纷的主要类型,其裁判关键是明确决议效力规则。新修订的《农民专业合作社法》对此存在明显疏漏,司法实践亦缺乏裁判依据,亟须构造决议效力规则。我国应当采取效力瑕疵形态的"三分法"模式,并根据相应的构成要件明确具体适用情形。进而,可以从形成规则、瑕疵规则、拘束力规则和救济规则等方面出台司法解释或通过合作社章程明确有关决议效力规则;法院按照正当性、必要性和实效性的标准采取有限干预原则,并运用社员权利平等规则、意思表示真实规则、正当程序规则和不违反强制性规定规则具体认定合作社决议的效力。

9. 黄祖辉:《改革开放四十年:中国农业产业组织的变革与前瞻》,《农业经济问题》2018年第11期。

【摘要】本文回顾与研究新中国建立以来尤其是改革开放四十年来我国农业产业组织与组织体系的演变、存在问题及未来发展。论文首先从产业组织三维观察视角与农业产业组织制度特征分析入手,阐述了我国农业产业组织尤其是农民合作组织的变革过程与轨迹,揭示了改革开放前30年农民合作组织的形成与异化,改革开放后30年农民合作组织的缺位和成因,近10年农民合作组织的发展和特征。其次,对当前我国农业产业组织异化现象和主体行为扭曲、转型过程中异质性农民组织化滞后、产业融合发展中不同组织利益连接机制、信息化与互联网发展对农业产业组织影响、集体经济组织与农民专业合作组织兼容等问题作了剖析。而后,对我国农业产业组织进一步发展作了五个方面的前瞻和政策提示。

10. 崔宝玉、孙迪:《"关系产权"的边界与运行逻辑——安徽省L农民合作社联合社个案研究》,《中国农村经济》2018年第10期。

【摘要】"关系产权"具有组织自主治理和适应环境功能,也具有资源配置功能。本文通过对安徽省 L 农民合作社联合社的个案研究发现,农民合作社联合社可以选择"关系产权"和"权利产权"来配置权利,资源的市场化程度和交易特征以及社会共享观念是影响产权结构选择的重要因素。当"关系产权"配置权利的收益超过其配置权利的交易成本与"权利产权"配置权利的净收益之和时,农民合作社联合社会选择"关系产权"来配置权利。"关系产权"可以使农民合作社联合社获得非市场化资源和"圈内人"的身份信号,并强化"关系圈"内制度环境的同构性。产权融合程度降低和社会关联强度减小,会影响农民合作社联合社内部"关系产权"的均衡性,也会降低农民合作社联合社外部"关系产权"的稳定性,最终导致"关系产权"呈现出非均衡性特征。农民合作社联合社需要对产权融合的程度和社会关联的强度进行调整,防止"关系圈"内权利主体集体非理性的出现。

(二)值得推荐阅读的农民合作社应用型论文

1. 马彦丽、胡一宁、郗悦平:《中国农民专业合作社的异化及未来发展》,《农村经济》2018 年第 5 期。

【摘要】虽然中国农民对合作社的需求意愿毋庸置疑,但是从合作意愿到行为的转换,还需要满足一系列前提条件。中国农民专业合作社发展的约束条件和制度障碍在于社员缺乏合作理念和民主精神、兼业小农难以采取有效的集体行动、以业缘为基础的制度设计未能充分考虑兼业小农的合作需求、过早面对产业纵向一体化浪潮对资金的迫切需求、允许异质性社员共组合作社却未提供防止合作社异化的制度安排。未来几十年,中国将保持规模农场与兼业小农并存的局面,应当重视引导新型职业农民对专业合作社的有效需求,同时尝试以地缘为基础的综合性合作社为兼业小农提供服务,并从制度和政策供给两方面拓展农民专业合作社的发展空间。

2. 毕美家:《关于新时代农民合作社发展的几个问题》,《中国农民合作社》2018 年第 4 期。

【摘要】正视问题,理性思考,从实际出发寻找解决路径,才是促进合作社持续健康发展的科学态度。文章讨论了合作社自身发展水平还需要进一步提升、合作社外部发展环境还需要进一步优化、如何理性看待理论与实践之间的偏差问题、如何在新时期发挥合作社更大的功能价值等现实问题。

3. 任大鹏:《合作社法的制度创新与实施的注意事项》,《中国合作经济》2018 年第 8 期。

【摘要】在《农民专业合作社法》新法实施的背景下,文章集中讨论了取消"同类"限制、土地经营权可以入股、合作社可以对企业进行投资、联合社制度、除名制度和退出机制、严格代表大会制度等六方面的制度创新,进而分析了法律实施中在此六方面可能出现的新问题。

4. 孙同全:《从制度变迁的多重逻辑看农民资金互助监管的困境与出路》,《中国农村经济》2018 年第 4 期。

【摘要】农民资金互助监管缺失与监管过度并存的状态严重制约了其良性发展。这种困境在很大程度上受到制度变迁多重逻辑的影响。其中,从国家逻辑来看,需要农民资金互助活动的规范健康发展;从农民资金互助组织逻辑看,需要外部监管提供规范有序的经营环境。这种困境的根源在于,从政府金融监管系统的科层制逻辑来看,在现有金融监管体制单一、监管资源严重不足的情况下,面对数量大、覆盖面广、行为不确定性高的农民资金互助组织,金融监管系统及其从业人员基于成本收益的考量,从本部门和自身利益出发,权衡监管利弊后,选择了过度监管或不予监管,从而规避可能影响其职业发展的风险。四川省仪陇县民富农村可持续发展服务中心受政府主管部门委托监管扶贫互助社,取得了良好效果。因此,本文认为,对农民资金互助应建立"双层＋双线＋委托"的监管体制。

5. 吴重庆、张慧鹏:《以农民组织化重建乡村主体性:新时代乡村振兴的基础》,《中国农业大学学报(社会科学版)》2018 年第 6 期。

【摘要】改革开放以来形成的主流发展理念和发展模式具有浓厚的城市中心主义色彩,乡村不是作为独立的发展主体,而是作为现代化过程中需要被解决的问题,从属和依附于城市,乡村的人财物等资源向城市单向流动。乡村的去主体性还表现在农民的去组织化,村社共同体逐渐解体,乡村社会丧失凝聚力和内生发展动力。新时代的乡村振兴,必须以农民的组织化重建乡村的主体性,以乡村为主体吸纳整合各种资源要素,培育乡村内生发展动力,重塑城乡关系。

6. 金炜玲:《农业产业化组织形式研究:土地股份合作社与微型企业的比较》,《中国农业大学学报(社会科学版)》2018 年第 2 期。

【摘要】文章对城镇化背景下成渝地区两种农业产业化组织形式——"土地股份合作社"和"微型企业"进行了比较。两种组织形式在利益分配上存在差别:土地股份合作社通过土地折股将产业化经营的收益按股均分;微型企业则通过反租倒包由资本扶植建立小型农业公司,不以农业经营收益为主,其间产生大量的其他利益由地方政府与资本共享。相比土地股份合作社,微型企业数量更多、规模更大,这是因为在微型企业的运行中,地方政府与资本产生了合作共赢的关系:政府通过与资本合作,获得资金、捆绑项目,以谋发展;资本通过与政府合作,获得政策补贴、项目集聚的实惠,并可以通过整理土地获取建设用地指标。政府与资本的合作关系也进一步影响了当地城镇化的建设样貌。

7. 赵翠萍、侯鹏、刘阳、余燕:《传统农耕村的土地股份合作社实践——豫省 L 村案例》,《农业经济问题》2018 年第 12 期。

【摘要】基于河南省沈丘县一个普通农耕村的跟踪调研,对其土地股份合作社的发生背景及产权设置、经营管理、盈余分配等主要做法进行了分析,认为,该合作社得以产生并稳定运营主要归因于农业生产主体的结构性弱化、家户农业经营的低效、农村能人的威权信任以及强化村级治理的现实需求。尽管合作社发展取得了经济以及社会方面的双重外部效应,但是,其在治理方式、制度规范、经营管理等方面仍然面临难题。提出,传统农耕村的土地股份合作社发展,应本着自下而上的内生原则因地制宜发展、应始终置于合作社基本框架下规范发展、不能简单放弃"政社合一"的治理模式,地方政府应该在发现人才和地方立法两个方面给予更多支持。

8. 夏英、钟桂荔、曲颂、郭君平:《我国农村集体产权制度改革试点:做法、成效及推进对策》,《农业经济问题》2018 年第 4 期。

【摘要】本文对大兴、闵行、南海等 12 个试点县(市、区)进行调查研究,对改革主体、客体、股权设置和管理、股份权能赋予、政社分离等方面做出经验性总结。改革面临着集体经济组织成员结构复杂、资格认定难度大、大多数村庄"政社分离"条件尚不成熟、激励机制不健全、组织成员获得感有待加强、改革细则亟须从法律层面认定等问题。本文根据这些问题提出了建立健全法律法规、健全监管机制、加强政策配套支持以及探索发展壮大农村集体经济的有效途径等对策。

9. 徐旭初、金建东、吴彬:《"三位一体"综合合作的浙江实践及思考》,《农业经济问题》2018 年第 6 期。

【摘要】浙江省"三位一体"综合合作实践源于习近平"三位一体"综合合作思想,落实为浙江农合联组织体系构建,具有显著的推广可能。本文梳理了浙江省"三位一体"综合合作的实践概况及其特点,进而对其中若干关键问题进行了进一步思考。研究发现,浙江农合联的实质是与供销社综合改革紧密结合的、具有创新生态系统属性的联盟性中介组织,其实践启示在于以农合联为"体",让供销社充当农合联执委会并承担相应功能,以增量改革推动供销社深化改革、回归农民怀抱。

10. 徐建群:《关于农民合作社成员建设的思考》,《中国农民合作社》2018年第 1 期。

【摘要】随着农民合作社的蓬勃发展,两个问题会越来越困扰合作社:合作社规范化建设的有效着力点在哪里? 合作社再发展的新动力在哪里? 不同角度有不同的答案。本文从成员建设与合作社内部规范化建设、合作社外部效益化追求关系出发,分析合作社成员建设的重要性及当前存在的问题,提出循序渐进推进合作社成员建设的对策建议。

(三)值得推荐阅读的农民合作社理论专著

缺

图书在版编目（CIP）数据

中国农民合作社发展报告. 2019 / 浙江大学 CARD 中国农民合作组织研究中心编著. —杭州：浙江大学出版社，2020.5
　ISBN 978-7-308-20123-0

　Ⅰ. ①中… Ⅱ. ①浙… Ⅲ. ①农业合作社－研究报告－中国－2019 Ⅳ. ①F321.42

中国版本图书馆 CIP 数据核字（2020）第 049735 号

中国农民合作社发展报告 2019

浙江大学 CARD 中国农民合作组织研究中心　　编著

责任编辑	马一萍
责任校对	汪　潇
封面设计	春天书装
出版发行	浙江大学出版社
	（杭州市天目山路 148 号　邮政编码 310007）
	（网址：http://www.zjupress.com）
排　　版	浙江时代出版服务有限公司
印　　刷	杭州高腾印务有限公司
开　　本	710mm×1000mm　1/16
印　　张	14.5
字　　数	265 千
版 印 次	2020 年 5 月第 1 版　2020 年 5 月第 1 次印刷
书　　号	ISBN 978-7-308-20123-0
定　　价	50.00 元